U0939209

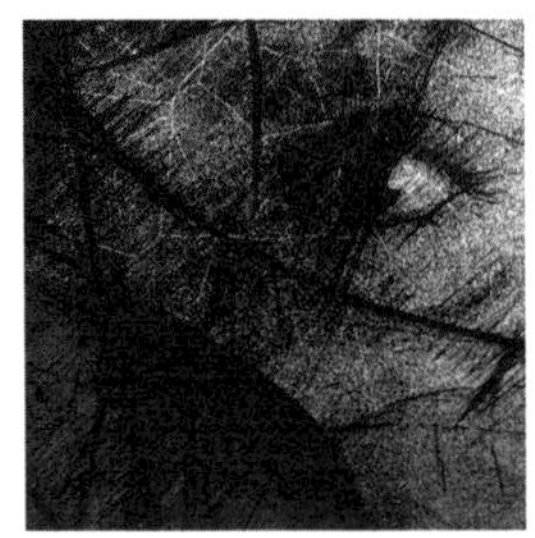

Chinese

Social

Psychology

中国社会心理学

王小章 /主编

ZHEJIANG UNIVERSITY PRESS
浙江大学出版社

图书在版编目（CIP）数据

中国社会心理学／王小章主编．—杭州：浙江大学出版社，2019.2

ISBN 978-7-308-17569-2

Ⅰ.①中… Ⅱ.①王… Ⅲ.①社会心理学—中国—文集Ⅳ.①C912.6—53

中国版本图书馆CIP数据核字（2017）第262309号

中国社会心理学

王小章　主编

责任编辑　葛　娟
责任校对　杨利军　於国娟
封面设计　春天书装
出版发行　浙江大学出版社
（杭州市天目山路148号　邮政编码310007）
（网址：http://www.zjupress.com）
排　　版　杭州中大图文设计有限公司
印　　刷　杭州杭新印务有限公司
开　　本　710mm×1000mm　1/16
印　　张　15.75
字　　数　274千
版 印 次　2019年2月第1版　2019年2月第1次印刷
书　　号　ISBN 978-7-308-17569-2
定　　价　45.00元

再版说明

浙江大学出版社要再次重印这本教材，问我是不是趁机索性修订一下，出个新版。我说："好。"

但实际上，相比于原版，修改其实并不多。一是由郎晓波对第二章、第四章、第五章作了一些修改，补充了一些内容；二是由陈建胜对第七章作了修改，增加了第六节；三是增加了阐述社会心理之现代变动、揭示社会心理在现代性形塑下呈现出来的某些共同趋向的第八章，由我自己撰写。

最后，针对近年来在国人中越来越盛行的"中国特殊论"，我想在此特别强调一下，虽然本教材着力于分析阐释中国人社会心理的特征，但并非想加入"中国特殊论"的合唱。中国人的心理当然有中国人独特的一面，但这并不意味着其身上不存在人类共通的心理性向。实际上，每一个人的整体人格就像一个同心圆，这个同心圆至少包括三层：最中心的一层是每一个人作为马克思所说的"类存在物"所普遍赋有的共通的"人性"（马克思说："人所具有的我都具有。"）；中间的一层是每一个人所从属的特定社群赋予他的心理性格特征，包括民族性、阶级（阶层）性、性别特征等等；最外在的一层则是源于每一个个体的特定遗传和后天生活经历的个性特征。本书阐述的重点在第二个层面，但并不意味着否定其他层面的存在。

王小章

2018年2月

目　录

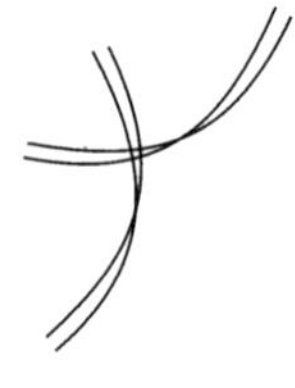

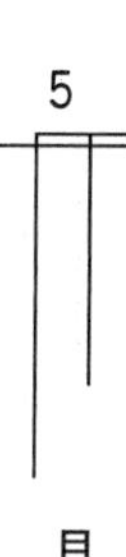

导 论 社会心理学的百年历程

作为研究探讨“生活在特定的社会环境下、具有独特的文化和完整的人格结构的人对各种简单与复杂的社会刺激所做的反应(包括内隐与外显两个方面)”的一门学科①,社会心理学无疑要比其他许多学科,甚至是“心理学的其他分支更依赖于它从中诞生的社会、政治、文化的背景”②。因此,尽管在严格的意义上没有“中国(人)的数学”(Chinese mathematics)、“中国(人)的化学”(Chinese chemistry)、“中国(人)的物理学”(Chinese physics),甚至没有“中国(人)的生理心理学”(Chinese physiological psychology)等等,只有“在中国”(in China)的数学、化学、物理学、生理心理学,但是,却毫无疑义地有“中国(人)的社会心理学”。并且,假如我们期望切实提升社会心理学这门学科在中国现实社会生活中的解释力和应用价值,帮助人们真切理解、认识、适应中国人的社会生活、社会行为,那么,就必须在研究一般的人类社会心理现象的一般的社会心理学的基础上,进一步发展出研究探讨生长、生活于特定的中国社会、中国文化中的中国人的社会心理、社会行为的“中国社会心理学”。而这,实际上也正是社会心理学这门学科在中国恢复近30年,特别是自20世纪90年代以来,国内学者们所努力的方向。

不过,为了更好地把握“中国社会心理学”及其研究成果,更好地理解认识生长、生活于特定的中国社会、中国文化中的中国人的社会心理、社会行为,我们首先应该来了解一下一般意义上的社会心理学的发展状况,了解一下这门学科的由来以及走过的大体历程。而要考察社会心理学的由来和发展历史,则首先面临一个确定这门学科正式诞生之年的问题。尽管对于社会心理学来说,正如下面我们将看到的,这是个众说纷纭、没有定论的问题。一些学者常常笼统

---

① 周晓虹:《现代社会心理学》,上海人民出版社1997年版,第11页。

② 泰菲尔语,见:Cohen, D., Psychologists on Psychology. New York: Taplinger, 1977, 300.

地用几个阶段来概括社会心理学的发展历史：如美国当代社会心理学家 E. P. 霍兰德（E. P. Holland）将社会心理学的发展历史分为“社会哲学”“社会经验论”和“社会分析学”三大阶段；[①]另一位美国学者威廉·S. 萨哈金（William S. Sahakian）则将社会心理学的历史归结为从“欲图创立完整而博大体系”的阶段到“强调方法论的意义，其特点是专门化和诸家学派的竞争”的阶段，再到“将主要兴趣集中于学科的范围、方法论以及研究、理论和应用三者的结合”的阶段的过程。[②] 但无论怎样来划分社会心理学的发展阶段，在比较笼统的意义上，学者们大体上都倾向于认为社会心理学作为一门独立的学科形成于 19 世纪末 20 世纪初，也就是说，至今已走过一个多世纪。而如果从被某些学者看作是现代社会心理学诞生之象征性标志的一年（1908 年），英国心理学家麦独孤（Willian McDougall）和美国社会学家罗斯分别在大西洋两岸同时出版了以“社会心理学”命名的两本教材算起——那么，到如今也已走过了一百多年历程。

第一节　社会心理学的孕育与诞生

心理学家艾宾浩斯（Hermann Ebbinghaus）说过，心理学有一个短暂的历史，但却有一个漫长的过去。这话也适用于社会心理学。事实上，任何一门与人类自身的生活经验紧密相关的学科，在它正式诞生之前都有一个漫长的孕育过程。作为人类了解自身及其社会生活的一种尝试，无论在西方还是在东方，人们对于社会心理现象的关注和兴趣都由来已久。围绕着社会心理和社会行为的起源、性质和作用等等，古代的思想家们提出了不少精辟的、至今足资参考的见解。在西方，如古希腊的演说家狄莫克内西就注意到要利用情绪的感染来达到鼓动宣传的目的，赫拉克里特和德莫克里特则认识到“模仿”对于人类生活的重要意义。特别是，围绕着“人性”的本质及其发展变化，形成了以苏格拉底和柏拉图为一方代表、以亚里士多德为另一方代表的两条基本的理论线索。前者认为，人虽然不能完全摆脱生物遗传因素的支配，但却可以受到社会环境和教育的深刻影响。苏格拉底说：“如若善不是由于本性就是善的，岂不是由于教

---

① Hollander, E. P., Principles and Methods of Social Psychology. New York: Oxford, 1976, 32-34.

② 威廉·S. 萨哈金：《社会心理学的历史与体系》，周晓虹等译，贵州人民出版社 1991 年版，第 3 页。

育而成的吗?"而柏拉图则在《理想国》设计了一种社会，在其中，孩子可以因适当的教育而得到适当的塑造。柏拉图还对人的灵魂作了具体的说明，他认为人的灵魂分为理性、意志和情欲三个方面。理性是最高的，人只有通过理性才能认识理念世界，达于至善；意志和情欲是在理性的支配下活动的，其圆满的活动就是善理念在现世的表现。理性表现为智慧，意志表现为勇敢，情欲则是低下的，应予节制。与苏格拉底和柏拉图相反，亚里士多德认为人性主要是由生物的或本能的力量所决定的，不可能有很大改变，因此想通过建立理想国来改变人的本性的主张是无法实现的。苏格拉底和柏拉图的思想后来为中世纪哲学家、神学家、基督教神父奥古斯丁所继承，并进而为近代的思想家康德、歌德、卢梭等人所进一步研究发展。在这些思想家看来，人具有潜在的善性，只是有缺陷的社会才使人趋于邪恶，因此，只有改变社会才能达到改变人的目的。亚里士多德的观点也同样不乏继承者。从某种意义上讲，马基耶维利、霍布斯、边沁等人都可以说是这一脉的传人。如马基耶维利认为，人性是自私、贪婪、伪善、忘恩负义和对别人充满敌意的，保存生命和追求财产是人性的普遍要求。霍布斯也认为，人的本性是无休止地追逐个人的利益和权力，采取一切手段去占有一切。在他们看来，人的这种本性无法从根本上改变，社会(君王)所能做的也只是认清它之后而以一定的手段加以操纵和控制。

上述两种关于"人性"的基本理论线索，在今天的社会心理学理论中依然可以发现其痕迹，如社会学习理论强调环境对人的行为的决定性影响，显然与苏格拉底和柏拉图的传统有相同之处；而弗洛伊德的精神分析理论显然又与亚里士多德的传统一脉相承。难怪苏联社会心理学家安德列耶娃(Galina M. Andreeva)在追溯社会心理学的起源时认为："社会心理学的大多数问题，产生于古代哲学体系。……通过哲学知识发展的整个阶段可以看到，在哲学知识内部建立了社会心理学的主要思想。在古代哲学中，除了柏拉图的哲学之外，还有亚里士多德的哲学。"①

很早就对现今社会心理学的"大多数问题"作过论述的不仅只有西方的古代哲学。中国古代的思想家同样也很早就开始关注和研究社会心理现象，甚至比西方更早。围绕着人性、人格的形成与塑造(人的社会化)、社会交往、群体心理等等，从孔子、孟子、荀子到王充、诸葛亮，再到朱熹、王安石、王夫之等等，中国古代的思想家、学者提出了大量有关人类社会心理和社会行为的有价值的思

① 安德列耶娃:《社会心理学》，南开大学社会学系译，南开大学出版社 1984 年版，第 24 页。

想。关于人性，孟子和荀子提出了两种对立的见解：前者认为“人性之善也，犹水之就下也”[1]，仁、义、礼、智四端“犹其有四体也”[2]；而后者则认为“人之性恶，其善者伪也”[3]。关于人格的形成和塑造或者说人的社会化问题，中国古代的思想家都十分重视社会环境的影响和后天学习的意义。如孔子说：“性相近也，习相远也。”[4]墨子说：“人性如素丝，染于苍则苍，染于黄则黄，……故染不可不慎也。”[5]王充也说：“夫人之性，犹蓬纱也，在所渐染而善恶变也。”[6]而明清之际的思想家王夫之则更为具体地指出：“夫性者，生理（生之理）也，日生而日成也，……是人之自幼讫老无一日而非此生者也……故性屡移而异。未成可成，已成可革。”[7]关于社会交往，孔子力主广交朋友，认为“乐多贤友，益矣”[8]。孟子则指出在交友、择友原则上，要“不挟长”“不挟贵”“不挟兄弟”而应“友其德”；[9]并还说：“敬人者，人敬之；爱人者，人爱之。”[10]特别值得一提的是关于群体心理，中国古代的思想家不仅提出了“民心”这一属于现代社会心理学范畴的概念，还深刻地揭示了民心与治国的关系。比如春秋时齐国宰相管仲就提出了“同人心”的思想。所谓“同人心”就是指群体成员的社会心理的一致性，或者说群体内部人际关系的协调性。他在总结商朝灭亡和周朝兴起的历史教训时说：“纣有臣亿万亦有亿万之心，武王有臣三千而一心，故纣以亿万之心而亡，武王以一心存，故有国之君，苟不能同人心，……则虽有广地众民，犹不能以为安也。”[11]同样，孟子在分析商朝灭亡的历史教训时也指出：“桀纣之失天下也，失其民也，失其民者，失其心也！”他还指出，在一个群体中要想成员们同心，就应当有作为群体规范或行为准则的公理和公义来维系：“心之所同然者何也？谓理也，义也。”[12]并认为群体中不同角色都应该有自己的角色规范，即所谓“父子有

① 《孟子·告子上》。
② 《孟子·公孙丑上》。
③ 《荀子·性恶篇》。
④ 《论语·阳货篇》。
⑤ 《墨子·所染》。
⑥ 《论衡·率性》。
⑦ 《尚书引义》卷3，《大甲二》。
⑧ 《论语·季氏》。
⑨ 《孟子·万章下》。
⑩ 《孟子·离娄下》。
⑪ 《管子·法案》。
⑫ 《孟子·告子上》。

章，君臣有义，夫妇有别，长幼有序，朋友有信”①。

但是，应该看到，古代的这些中外思想家们对于人类社会心理现象所做的上述种种考察探究阐述虽然为日后独立的社会心理学的形成提供了丰富的思想资源，但就其本身的形态而言，则基本上或流于哲学的思辨，或只是一些经验的直观描述，尚不是近代严格意义上的真正的科学研究。它们有孕育之功，却尚未到达分娩之时。作为一门真正对社会心理现象进行系统研究并具有自身体系的独立学科的社会心理学的正式形成是到了近代以后的事了，更明确地说，是近一个世纪的事。19 世纪下半叶到 20 世纪初，是人类社会发生重大历史变化的时期，伴随着工业文明的进步和由此而来的整个资本主义世界的相对稳定的发展，许多学科都取得了很大的发展和进步，其中包括那些同社会生活的各个过程有直接关系的学科。社会学、心理学、文化人类学等与社会心理学相邻近的学科都在这一阶段逐步地建立起来，这一切，连同不断增长的社会需求，为社会心理学的诞生提供了条件。

国内外许多学者都曾试图明确划定社会心理学的正式形成的标志。一种意见认为应以将心理学作为一门独立学科的奠基人冯特(W. Wundt)所著的《民族心理学》的出版(1900—1920 年)为社会心理学诞生的标志。关于民族心理学，在冯特之前，其同胞拉扎鲁斯(M. Lazarus)和施坦塔尔(H. Steinthal)于 1859 年已创办了《民族心理学和语言学》杂志，并在该杂志上发表了文章《民族心理学序言》，认为民族心理学的任务就是通过对艺术、宗教、语言、神话、风俗习惯等的研究，从心理方面认识民族精神的本质，揭示民族精神活动的规律。冯特进一步发展丰富了拉扎鲁斯和施坦塔尔的研究和思想，在其上述这部共十大卷约 500 万字的巨著中，冯特收集了大量有关民族风俗、语言、神话、艺术、宗教的材料，并对这些“由共同的人类生活所创造的精神产品”②进行认真的考察和研究。但是，许多人对以冯特《民族心理学》的出版作为社会心理学形成的标志表示异议。如苏联心理学家维果茨基(Lev Vygotsky)便十分反对把冯特的民族心理学列入社会心理学的范畴。他认为社会心理学不应该把“思想的凝结块”“结晶”作为自己的研究对象，而冯特恰恰混淆了“社会心理学”和“民俗学”的界线。另一种意见认为社会心理学以 19 世纪法国学者们创立“群众心理学”为形成的标志。而塔德(G. Trade)、涂尔干(E. Durkhelm)和黎朋(G. Lebon)则构成了群众心理学的三座重镇。前者沿着心理学的方向(唯名论的还原论的方

① 《孟子·滕文公上》。

② Wundt, W., Elements of Folk Psychology. New York: Macmillan, 1916, 8.

向)研究群众心理和行为,后两者沿着社会学的方向研究群众心理和行为。在其《模仿律》(1890 年)一书中,塔德用"模仿"来解释一切社会行为,认为模仿是一切社会现象的原因,习俗是对过去事情的模仿,风尚是对现在事情的模仿。而模仿是个体活动,因此,团体行为要由个体行为来说明,团体心理学可以还原为个体心理学。与塔德的观点相对立,现代社会学的主要奠基人之一涂尔干始终从群体的方面论及人的行为,强调群体在决定人的行为方面的重要意义,认为群体意识(集体意识)不是个体意识相加之和,前者大于后者并决定后者,社会心理学不能还原为个体心理学。黎朋的观点基本上和涂尔干相一致。在其于 1895 年出版的《群众》一书中,黎朋从暗示、感染的角度分析解释了"群众"心理和行为,认为"群众"活动是受"群众"气氛影响的,这种"群众"气氛形成"群众"的共同意志、共同情绪、共同精神,而处于其中的个体则会失去理智,降低自我意识和责任感,以致使"群众"行为带有冲动性、盲目性以及对现存社会秩序的冲击性。但是,对于以法国"群众心理学"的创立为社会心理学正式形成的标志也有人反对,因为法国的这些学者所研究的是一种特殊的社会心理现象,他们并没有提出作为一门严谨学科的社会心理学体系的概念。关于社会心理学形成标志的第三种意见,也是目前大多数人的意见,认为应该把 1908 年作为社会心理学的正式诞生之年。这一年,英国心理学家麦独孤和美国社会学家罗斯分别在大西洋两岸同时出版了以"社会心理学"命名的两本教材。① 前者挟达尔文进化论的影响"使本能成为关键概念"之势,"使本能成为理解社会行为的钥匙"②。认为先天的或遗传的倾向是一切思想和行动(无论是个体还是集体)的基本源泉和动力,是个人与民族的性格和意志在智能的引导下由之逐渐形成和发展的基础。麦独孤在该书中列举了求食、拒绝、好奇、逃避、争斗、繁殖、父母性、合群、支配、服从、贪得、建设等 12 种本能,并认为,它们是全部社会生活和社会现象背后的根源。与麦独孤的这种本能心理学的研究解释取向不同,身为社会学家的罗斯主要继承了法国群众心理学的传统,着重从社会学的角度研究社会心理和社会行为。罗斯将社会心理学区分为两个不均等的部分:(1)社会

---

① 最早在现代意义上使用"社会心理学"一词的是德国学者舍夫勒,在其于 1875 年出版的《社会躯体的结构及其生活》一书中,在论述社会生活中的心理状况和民族意识的一般现象时,使用了该词;在美国最先使用"社会心理学"一词的是斯莫尔和文森特,1894 年,他们将"社会心理学"列为《社会研究导论》一书的主要章节。

② 加德纳・墨菲、约瑟夫・柯瓦齐:《近代心理学历史导引》,林方译,商务印书馆 1980 年版,第 632 页。

支配性，即由群体支配的个体，它又可以分成社会影响和社会控制两部分；(2)个体支配性，即由个体组成的群体。这两个方面构成了“多数人对一个人的决定和一个人对多数人的决定，以及社会环境对一个普通人的塑造和一个非凡的人对社会环境的塑造”①。由于麦独孤和罗斯不同的学科背景以及明显不同的研究倾向，许多人也往往把他们的这两本教科书的出版看作是社会心理学研究的社会学取向和心理学取向的形成的标志。

也许要明确地划定一个社会心理学正式诞生的标志性年代或事件还会有许多不同意见，但是假如我们比较笼统地说社会心理学是在 19 和 20 世纪之交，在许多学者的共同努力之下而从社会学、心理学等母体学科之中正式分娩诞生的，则大概不会有什么异议。古代思想家们有关社会心理、社会行为的思想言论为社会心理学的发育提供了丰富的养料，而于此时形成的德国的民族心理学、英国的本能心理学、法国的群众心理学则是它的三个直接的来源。需要指出的是，正如古代思想家对社会心理现象的考察探究是出于政治等社会实践的需要，同样社会心理学的正式形成也恰如墨菲所说的那样是应运而生，是资产阶级革命、工业革命带来的社会变革、近代民族国家的形成，是资本主义的海外拓殖运动等时代背景的呼唤，从社会方面促使了作为一门独立学科的社会心理学的诞生。②

第二节　社会心理学的发展与繁荣

一、社会心理学美国传统的形成

如果说社会心理学的诞生主要是欧洲学者的功劳的话，那么，在它诞生之后却主要是在美国确立自己的影响和地位，并获得了长足的发展。由此，社会心理学的确立、成长和发展还伴随着一个由欧洲传统向美国传统转变的过程。事实上，早在 19 世纪和 20 世纪之交也即社会心理学诞生之时，美国的一些学

---

① Ross, E. A., Social Psychology: An Outline and Source Book. New York: Macmillan, 1908, 4-5；转引自威廉·S. 萨哈金：《社会心理学的历史与体系》，周晓虹等译，贵州人民出版社 1991 年版，第 139 页。

② 加德纳·墨菲、约瑟夫·柯瓦齐：《近代心理学历史导引》，林方译，商务印书馆 1980 年版，第 607 页。

者即开始将社会心理学的薪火从欧洲传到美国，这不仅是指1908年出版的两本最早的社会心理学教材中有美国社会学家罗斯的一本（顺便值得一提的是，后来麦独孤也移居到了美国），还包括其他学者如莱斯特·F.沃德（Lester Frank Ward）、雷兰克林·吉丁斯（Franklin Gittings）、威廉·G.萨姆纳（William Graham Summer）等人的功劳。沃德兼收并蓄孔德和斯宾塞的思想，并将斯宾塞的“生物还原主义”推演为“心理还原主义”，认为支配社会运动的根本力量是心理力量，而欲望是最根本的心理力量，人类通过他所说的“社会导进”，按各种社会实用方式对自己的种种欲望加以限制、控制和引导，从而使社会进化成为一个有目的的过程。吉丁斯接过沃德的心理还原主义，并在一定程度上吸收涂尔干的观点，从而发展为一种群体的心理还原主义，认为：“一切真正的社会事实就其本质而言，都是心理事实。”①作为斯宾塞的忠实信徒，萨姆纳则在其《民俗论》一书中指出，社会习俗和个人习惯的产生，根源在于人的生物学基础。导致习俗的形成有两个直接的因素，一是个人和集团的生存利益，二是饥饿、性欲、恐惧和虚荣四种本能欲望。而社会群体则可以根据人们对某一社会习俗是否遵从而划分为内群和外群。但是，19世纪和20世纪之交的这些美国社会学家所从事的社会心理学研究基本上都是沿着欧洲学者的思想理路和研究模式而展开的，在他们那里，我们还看不出有多少美国风格。真正在社会心理学的研究中开始形成美国传统并逐步取代、压倒欧洲传统而成为社会心理学研究的主导模式是20世纪20年代以后的事。随着欧洲传统向美国传统的转变，社会心理学研究出现了一系列明显的变化。套用霍兰德的说法，总的来说就是由“社会经验论”阶段过渡到了“社会分析学”阶段。具体说，则主要表现为：在研究的方式方法上，从经验描述转变为科学实证，从定性研究转变为定量研究；在研究的取向上，从偏重理论转变为基础理论和实际应用并重；在研究对象上，从注重大群体分析转变为注重小群体和个体的社会心理的研究。社会心理学研究的这种历史性的转变当然和勇于进取、注重经验、强调实用的美国精神有关，可以说，正是这种美国精神潜移默化的影响促使美国的学者们在其社会心理学的研究中自觉不自觉地建立起了美国的风格。

在为促进社会心理学的发展和美国式研究传统的形成做21出过历史性贡献的学者中，首先应该提到的是心理学家F.H.奥尔波特（Floyd Harry Allport）。虽然，由于具有极端的个体心理学的倾向，F.H.奥尔波特的社会心理学

① Giddings, F. H., The Principles of Sociology. New York: Macmillan, 1896, 3.

理论体系已不为今人所重视，但他综合前人成果而创立的社会心理学研究的实验方法及有关的实验成果却在社会心理学发展历史上具有划时代的意义。1916 至 1919 年间，F. H. 奥尔波特在其同胞特里普里特关于他人在场与竞争对个人行为影响的实验以及德国人 W. 莫德关于群体对个人行为影响的实验的基础上，进行了一系列有关“社会促进”和“社会抑制”的实验，并在后来将这些实验成果写进了他的那本于 1924 年出版的影响深远的教材《社会心理学》①，从而将心理学的实验方法正式引进了社会心理学的研究领域，从此以后，实验社会心理学便成为社会心理学的主流。

F. H. 奥尔波特对心理学实验方法的引进促进了社会心理学之小群体研究和个体社会心理研究的开展。这当中比较著名的包括瑟斯顿和李凯尔特的态度测量研究、谢里夫关于社会规范形成的实验研究等。不过，在此特别应该提到 K. 勒温的贡献。勒温是出生于德国的犹太裔心理学家，希特勒上台以后为避难来到美国，并于 1944 年在麻省理工学院创立了群体动力学研究中心。许多学者把勒温看作是现代社会心理学的奠基人。他为推动社会心理学的发展所作的贡献是杰出的，并且是全方位的。他的学生、著名的社会心理学家费斯汀格甚至说：“我们今天 95% 的社会心理学研究领域都属于勒温和他的群体动力学所激发的研究范畴。”②他提出了“场”理论，认为人的行为是人本身的需求、人格、能力等特征与环境相互作用的产物，用他的公式表示即 $B=f(PE)$；他“为社会心理学划定了比前人更加广泛而又清晰的研究范围”③；他“第一个为心理学和社会心理学的研究建立和分析方法论的逻辑问题，并且至今为心理学家和社会心理学家所使用”；④他所创立的群体动力学研究中心一方面围绕着人际关系、群体的形成、群体凝聚力、领导作风、种族歧视、社区关系等等展开了大量的理论和实验研究，发表了大量的影响深远的研究成果，另一方面也吸引、培养、造就了许多杰出的社会心理学人才，包括费斯汀格、李皮特、道奇、凯利、蒂博特、佩皮通、卡特赖特等等，这些人后来成了美国社会心理学的中坚力量；勒温

① 也有学者认为，社会心理学的正式诞生应以 F. H. 奥尔波特这本教科书的出版为标志，见张志光：《建立我国教育社会心理学刍议》，《北京师范大学学报》（社科版），1985 年第 2 期。

② Marrow, A. J., The Practical Theorist: The Life and Work of Kurt Lewin. Basic Books, 1969, 232.

③ 杜加克斯、赖兹曼：《八十年代社会心理学》，矫佩民、高佳、吴克译，三联书店 1988 年版，第 5 页。

④ 威廉·S. 萨哈金：《社会心理学的历史与体系》，周晓虹等译，贵州人民出版社 1991 年版，第 460 页。

还推动了社会心理学应用研究的发展以及理论研究和应用研究的相互促进，他认为："理论心理学和应用心理学的紧密结合是可以完成的，……如果理论家们不是带有'高级趣味'的反感或对社会成员的恐惧去看待实际问题，而应用心理学家们也认识到没有一种东西会比理论更具有应用意义的话。"①

除了F. H. 奥尔波特、勒温这些心理学家的贡献，在社会心理学的成长发展时期，在由欧洲传统向美国传统转换的过程中，同样如在诞生之初那样有社会学家的贡献。在理论方面，乔治·米德(George Mead)吸取威廉·詹姆斯、查尔斯·库利、威廉·托马斯、约翰·杜威等人的观点，将原先欧洲社会学家所偏重的对社会的宏观分析转换为微观分析，把社会行为看成是两个或两个以上的人之间的互动，而把社会看成是互动的模式与过程。乔治·米德的兼有哲学、社会学、社会心理学色彩的思想为后来被赫伯特·布鲁默命名为"符号互动论"的社会心理学理论奠定了基础，同时也直接孕育了日后的诸多社会学取向的社会心理学理论，包括角色理论、参照群体理论、社会拟剧理论、社会标签理论等等。在经验研究方面，社会学家此时有关社会心理问题的研究也可与心理学家的实验研究相媲美。如关于社会心理和社会分层、社会流动的调查，代表性的成果有罗伯特·林顿的《中镇》，沃纳的《扬基城》，乔治·盖洛普于1935年运用分层抽样法进行的民意测验，等等。

在推动社会心理学的发展和走向繁荣的动力方面还不能不提到第二次世界大战。战争的爆发以及在战争中出现的社会心理问题使"许多人开始认识到理解人类行为的重要性。人们常常提出这样的问题，希特勒是怎样篡权的？我们怎样才能避免战争？实际上，人们为进行战争所做的努力也刺激了一般心理学家对具体社会问题的研究。例如，怎样鼓舞军队的士气，怎样说服人们吃廉价的食物，以便节省牛肉支援正在战斗的士兵"。② 此时许多社会心理学的研究直接服务于战争的需要，研究的主要课题包括信仰、偏见、说服、宣传、态度改变、大众传播等。其中比较有名的研究有：霍兰德进行的沟通与说服和态度改变的研究；勒温与著名文化人类学家玛格丽特·米德(Margaret Mead)及美国国家研究委员会的其他人员进行的改变美国公民饮食习惯的研究；美拉扎斯菲尔德对1940年大战时美国总统选举进行的调查，他在此调查的基础上于1944

---

① 杜加克斯、赖兹曼：《八十年代社会心理学》，矫佩民、高佳、吴克译，三联书店1988年版，第378页。

② 杜加克斯、赖兹曼：《八十年代社会心理学》，矫佩民、高佳、吴克译，三联书店1988年版，第4—5页。

年出版了《人民的选择》一书，提出了“二级传播理论”；塞缪尔·斯托夫等人对美军人员的素质和心理状况的调查研究，在由此写成的《美国士兵》一书中提出了“相对剥夺”的概念，丰富了由海曼提出的参照群体理论。

第二次世界大战以后，社会心理学在美国开始逐步出现繁荣的局面。研究的课题领域更加广泛，举凡个体的社会心理、人际社会心理、群体社会心理等社会心理学的基本领域均已涉及，基本奠定了现代社会心理学的知识体系。社会心理学的研究队伍也空前壮大，到20世纪60年代，美国从事社会心理学研究工作的专业人员达五千多人，占全世界社会心理学者的90%以上。1968年，由林泽、阿伦森主编的皇皇五大卷共计约250万字的《社会心理学手册》可以说是美国社会心理学鼎盛的一个标志。与此同时，社会心理学理论也有了长足的发展，至今仍然深刻地影响乃至于左右着社会心理学的研究倾向、发展方向的各大主要理论流派于此时基本上发展成熟了。

二、西方社会心理学诸理论

关于西方社会心理学究竟可以划分出多少理论流派，不同的学者从不同的角度出发有不同的观点。有人认为可以划分为十大流派①，也有人认为主要只有三大理论②。在此我们主要根据理论至今所具有的影响力和解释社会行为的角度的不同而介绍四个流派，即精神分析理论、社会学习理论、社会认知理论和符号互动理论。

（一）精神分析理论

苏联社会心理学家安德列耶娃说：“不考察精神分析的影响，就不可能理解现代西方社会心理学的整个面貌及其某些根本特征和方向。”③精神分析理论是奥地利精神病医生弗洛伊德创立的，但是这种学说由学院外进入学院内，并且由一种单纯的临床精神病学理论发展演变为一种一般心理学和社会心理学的理论，乃至广泛运用到人类社会生活和文化历史发展的各个领域的一种社会文化理论，则和美国有关。1909年，弗洛伊德和他的几个亲密的追随者应美国著名心理学家、克拉克大学校长G.S.霍尔之邀而赴美在该校举办系列讲座，这标志着弗洛伊德开始获得学院的承认；第二年，弗洛伊德将这些讲座的讲稿汇编

① 周晓虹：《现代西方社会心理学流派》，南京大学出版社1990年版。

② 杜加克斯、赖兹曼：《八十年代社会心理学》，矫佩民、高佳、吴克译，三联书店1988年版，第一章。

③ 安德列耶娃：《西方现代社会心理学》，人民教育出版社1987年版，第133—144页。

成《精神分析引论》一书出版，这标志着精神分析理论进入了一个新的阶段，分析的对象由精神病患者扩大到整个人类。

精神分析理论主要从人的原始冲动、本能欲望和文化理想、道德要求之间的冲突的角度来解释、理解人的社会心理和行为。在其早期著作中，弗洛伊德把人的精神世界主要划分为意识和潜意识两大部分。意识是可以直接感知到的有关心理内容；潜意识则包含了人的原始冲动和本能欲望，其内部以沸腾的性驱力（“力比多”）为动力源，是人的自我意识所意识不到的部分。在意识和潜意识之间又有一个前意识，其作用是将人的原始欲望压迫于意识之下，并能召回在潜意识中的一部分。根据这一设想，弗洛伊德后来提出了三个相应的人格组织结构，即本我、自我和超我。本我是心理能量的基本源泉，它奉行“唯乐原则”而不受理智、逻辑、道德的约束，不顾一切满足本能的需要；自我位于本我和超我之间，主要对两者加以控制和统辖，它遵循“现实原则”，其作用是将“唯乐原则”现实化，以此调整和外部世界的关系，达到真正能满足需要的作用；超我是人格的最上层，主要以道德和理想为原则，代表着社会的道德和行为规范。弗洛伊德认为，人格的这三个组成部分之间相互对抗冲突，因而人时常处于焦虑之中。为了摆脱化解焦虑，调节个体的情绪，人又不自觉地发展形成了各种心理防卫机制。弗洛伊德对于人格结构的这种说明，后来成了社会心理学中阐述人的攻击行为、态度的形成和改变、人际关系的形成和改善等等社会心理现象的理论基础。

弗洛伊德不仅提出了人格结构的理论，也提出了关于人格发展阶段的理论（口唇期、肛门期、生殖器期），这（后经新精神分析学家艾里克森修正发展为八个阶段）构成了社会心理学关于社会化过程的一家之言。弗洛伊德把人的本能当成人格发展的根本动力，还提出，在人格发展的不同阶段，如果个体的需要得不到适当满足，就会使其人格的发展出现消极的状态，即固恋和退化。弗洛伊德着重强调，在人的个性发展的过程中，童年时期的经验会影响个体的一生，因此，在解释青年人、中年人，甚至老年人的心理行为习惯和方式时，常常需要追溯到童年时的生活经验。这后来成了许多社会心理学家在分析人的行为模式的来源时所遵循的一条基本原则。

1921年，弗洛伊德出版了《群体心理学和自我分析》一书，把精神分析理论直接应用于社会心理学的分析研究，揭示群体联系实质和群体动力的本质。他从家庭这种初级群体入手探讨这些问题，进而推及各种人类群体的心理机制。他认为，情绪性的、“力比多”性质的联系系统构成了群体联系的本质。个体心理在群体中会发生变化，其原因在于以“性”为目的的“力比多”在群体中转化为“爱”，群体中的情绪联系是靠“爱”来维系的。弗洛伊德还指出，领袖在群体中起着关键的作用，他是群体成员情绪取向的共同对象，是他们的父亲形象的转换。

弗洛伊德的精神分析理论在其后继者荣格、阿德勒、霍妮、弗洛姆那里经历了较大的修正。有人特别将后三者的理论看作是“精神分析的社会心理学理论”①。阿德勒开始将兴趣更多地集中于社会力量对个人心理产生的影响上，他还认为，人的行为主要地并不是由过去（童年）经验所决定的，而是决定于为克服原始自卑而不断追求超越的意向，因而行为的动力在未来，而不在过去。霍妮以基本焦虑概念为基础，也强调了社会文化对于人格的重要影响，由此开创了精神分析的“社会文化学派”。弗洛姆可以说是新精神分析理论的集大成者，其理论全部命题的中心在于人和社会的关系，认为人的个性化是在社会的各种复杂关系中实现的。他提出了“社会潜意识”的概念（从弗洛伊德的“个体潜意识”到荣格的“集体潜意识”再到弗洛姆的“社会潜意识”可以说是潜意识理论发展的三个里程碑），认为“理解个体的潜意识必须以批判地分析他那个社会为前提”②，“从而把心理分析学从原先主要是一种‘个体心理学’改造成一种‘社会心理学’”③。

（二）社会学习理论

社会学习理论主要关注个体社会行为模式的学习获得过程和机制，强调外界环境刺激对于个体行为的塑造作用。

学习理论发端于约翰·华生的行为主义心理学，在霍尔、斯金纳等人那里获得修正和发展。该理论的核心就是分析刺激和反应（S-R）之间的关系，把复杂的行为看作是一连串更简单的（S-R）之间的联合。刺激是改变人们行为的外部或内部条件。因刺激而产生的行为的改变称之为反应。如果某个反应产生了对人有利的后果，则强化，也就是说，人因其反应而获得了回报，进而他将更有可能重复这一行为。相反，对于没有回报的行动，人们一般是不会重复的。同时人们还努力避免采取那些受到惩罚（负强化）的行动。关于刺激、反应、强化的观念构成了学习理论的基本思想。1941 年，耶鲁大学的两位心理学家米勒

① 马尔库塞：《爱欲与文明》，上海译文出版社 1987 年版，第 141 页。

② 弗洛姆：《弗洛伊德的使命》，三联书店 1988 年版，第 129 页。

③ 弗洛姆：《为自己的人》，三联书店 1988 年版，中译本序，第 3 页。

和多拉德首先运用这些概念来解释人们的模仿行为，提出了刺激—线索—反应—强化的模式，从而奠定了当代社会学习理论的基础。米勒和多拉德的基本假设是：像大多数的人类行为一样，模仿也是学习得来的；而通过利用一般的学习原理也就可以理解社会行为和社会学习。他们在解释儿童怎样学习社会性行为时，把模仿置于核心地位。社会学习理论的当代代表和集大成者是班杜拉。根据班杜拉的观点，社会学习过程可以通过直接的反应而发生，但更经常的是通过对其他人行为的观察而发生。另一个人的行为可以成为信息的来源，观察者可以利用这些信息去产生同样或类似的行为。班杜拉认为，一个观察性的学习过程一般包括以下四个步骤：首先是注意过程，观察者必须注意对象，一个对象会不会被注意到取决于对象的特征，也取决于观察者的特征；其次是认识保持过程，观察者将所观察到的事件变成头脑中的信息并保存在长时记忆系统中；再次是动作再现过程，观察者把以符号编码保存的示范者的行为转译成新的反应模式；最后是动机或激励过程，如果强化物（外在的、替代的或自我强化物）有可能出现，个体就表现出示范者的行为。与早期学习理论相比，班杜拉的社会学习理论表现出了一些明显的不同。一是注重认知过程，二是注意到强化形式的多样性，三是认为强化作用对于一个习得的行为是否发生有重要影响，但对于最初是否学习这种行为没有多少影响。

值得一提的是，社会交换理论，特别是乔治·霍曼斯的社会交换理论可以看作是学习理论的一个变种。霍曼斯以斯金纳的操作条件作用学说为基础，结合了一些基本的经济交换的原则，提出了一个社会交换的模式。他认为，人是享乐主义者，也是理性主义者，人们追求最大的快乐和最小的痛苦。在人与人的相互作用中，人们寻求报酬大于成本的行为关系，回避成本大于报酬的行为关系。在霍曼斯这里，成本和报酬并不一定是物质性的，像认可、赞同、服从、权威等都可以成为社会交换中的成本和报酬，因此，通过形形色色的交换人们可以寻求各自的乐趣。除了霍曼斯之外，社会心理学家约翰·蒂博特和哈德罗·凯利也用社会交换模式来揭示诸如合作、竞争、婚姻关系、权利关系、谈判等社会关系和过程。

（三）社会认知理论

认知理论是作为学习理论的对立面出现的。它着重从人的内部认知过程和认知结构来说明行为的动力。认为个体的一切社会行为都是以其对自身和特定环境的认知为基础，要理解并预测人的行为必须从了解其认知过程着手构成了社会认知理论的核心思想。

格式塔心理学理论、现象学方法和勒温的场理论为认知理论提供了思想基础。格式塔心理学家强调知觉和思想的作用。他们提出"整体大于各个部分之和"的关于认知的基本假设,并在关于问题解决的研究中认识到,学习并不仅仅是一个重复试错的过程,在学习过程中通常会经历到包含着思想的广泛重组的突然洞察。这样格式塔心理学家就从对外部的刺激和反应的分析转向了对内部认识过程的研究。现象学的观点则认为,如果我们知道了一个人怎样看待世界,我们就能理解他的行为;刺激和反应只有在它们显现在人的意识中时才起作用。勒温的"场理论"强调"生活空间"即个体所知觉到的环境的思想,显然与现象学的方法一脉相通。在上述三者的影响下,认知心理学家的兴趣集中在两个问题上,即心理表象(mental representation)和心智过程(mental processing)。表象就是用某样东西来代表另外一样东西,因此所谓心理表象就是某一事件或经验在心灵中的呈现或表达。有人将心理表象比作建筑的砖块,不过建筑的不是物理的结构,而是认知的结构。心智过程指的是心灵的作用:我们怎样知觉,怎样记忆,以及认知怎样引导行动,等等;换言之,心智过程要解决的是怎样将那些砖块组合起来,怎样储存,以及它们怎样影响我们的所作所为。

社会认知是认知的一种特定形式,专门指对人以及我们的社会环境方面的认识。人的世界和物的世界是很不同的。社会认知是一个相互的过程,你看别人时,别人会回看你,但你看一块石头时,石头却不会回看你。较早对社会认知进行研究的是格式塔心理学的信徒、勒温的亲密同事海德。1944 年,他在《社会知觉和现象的因果关系》一文中阐述了这样一种思想:人们倾向于形成一种有秩序、有联系的关于世界的观念。1947 年,美国心理学家布伦纳也论述了"社会知觉"的观念,不过他强调的是知觉过程受社会因素的影响。社会认知研究真正在社会心理学中形成一股颇具声势的潮流是在 20 世纪 50 年代。人们围绕着从社会知觉到社会印象再到社会判断这个完整的社会认知过程展开了全面的研究,并形成了形形色色的认知学说,其中较著名的有海德的"认知平衡理论"、纽科姆的"认知均衡理论"、费斯汀格的"认知失调理论"等,它们常常被统称为"认知一致性理论"。20 世纪 60 年代中期以后,社会认知理论的发展出现了一系列变化。具体表现在:(1)人们不再满足于对社会认知过程的笼统研究,也很少再试图建立一种能够阐明社会认知整个过程的理论模式,社会认知研究趋于具体化、微观化和数量化,这体现归因于研究,也体现在态度改变的研究中;(2)归因研究取代认知一致性而成为中心研究课题;(3)社会认知理论作为一种方法论已突破社会认知研究本身,而日渐成为一种普遍的思潮渗透到社会

心理学的其他研究领域中。

(四)符号互动理论

如果说,学习理论旨在解释人们的行为模式如何形成,认知理论和精神分析理论分别意在说明人们行为的理性和非理性的心理基础和动力的话,那么,作为社会学取向的社会心理学理论,符号互动理论则揭示了在社会情境中人与人之间的互动得以顺利进行和维持的文化前提,并由此说明个体与社会的连续性。

如前所述,为“符号互动理论”命名的是布鲁默,但真正奠定符号互动理论的基础的是布鲁默的老师乔治·米德。乔治·米德在美国的文化精神氛围中,兼收并蓄进化论思想、实用主义哲学、行为主义心理学方法,熔詹姆斯、库利关于自我的思想、托马斯关于“情境定义”的思想、杜威关于“精神”的思想于一炉,形成了自己关于自我、互动、社会的系统理论,而其《精神、自我与社会》一书,则成了符号互动理论的“圣经”。乔治·米德指出,人类生存的世界,不仅仅是自然的世界,而主要是一个符号的世界。这个世界的创造和维持依赖于人类通过符号进行创造、操纵和互动的能力。人区别于动物的根本特征就在于人能创造并应用符号。“如果人不具备使用符号的能力,那么精神、自我和社会就会处于一片混乱之中,或者失去了存在的根据。”①符号互动是人的心理形成的开端,精神和自我就是在使用符号特别是语言符号的过程中产生的。乔治·米德指出,符号互动与动物的生物反射不同,在此,个体的反应和他人先前向他发出的行为之间有一个中介过程,也即他要对别人的行为加以解释,确定其意义,然后才能确定自己适当的反应行为。这个中介过程离不开符号的运用。而“精神”事实上就是运用符号进行这种解释、定义、选择、预测的一种内在的深思熟虑的过程。正如“精神”能够用符号来表示环境中的其他行动者一样,他也可以用符号把自己表示为客体,即他能够扮演他人角色,从他人的角度来对自己做出反应和评价。自我正是这样产生和发展的。这种运用符号扮演他人角色的能力有一个发展的过程,在这个过程中,乔治·米德认为重要的是,随着有机体的成熟,从每一个互动场合里对具体他人的扮演中所形成的暂时的“自我想象”,最终将化为相对稳定的、把自己归属于某类客体的自我概念。乔治·米德把这一过程分为三个阶段,即预备阶段、玩耍阶段和游戏阶段。只有经过了这些阶段,个体才具有了扮演“概化他人”的角色的能力,以有组织的、一致的方式处理事情,以一致的观点看待自己,也就是说,形成了稳定的、统一的、连贯的自我概

① 玛格丽特·波洛玛:《当代社会学理论》,华夏出版社1989年版,第123页。

念。乔治·米德"扮演他人角色"的概念不仅揭示出自我的形成机制,也隐含了对自我结构的分析。自我既是主体,能主动地扮演他人角色,也可以被从他人的角度来观察、审视。于是,他吸取詹姆斯关于"主我"(I)和"宾我"(me)的划分。"主我"是思想和行动的主体,"宾我"是个体对为他人而存在的世界里的作为客体的自我的认知。乔治·米德把社会看作是不同个人之间有组织的互动或定型化的互动,这样的互动组织形式依赖于精神的作用,即使用符号进行角色扮演并选择自己的反应的能力。如果没有这种能力,个体就无法使他们的行动协调一致,也就形成不了社会。由此可见,社会不是"存在"的,而是随着互动中的人们的行动而不断地被创造和再创造的,是发生于互动中的事件之流。这样,乔治·米德也就接受了库利的观点:"社会和个人是孪生子。"

作为乔治·米德的学生,布鲁默花了大量的精力对老师的思想进行了提炼和发展。在其《符号互动论:理论与方法》一书中,他总结符号互动理论三个基本原理:第一,我们依据我们对事物所赋予的意义而对其采取行动;第二,我们所赋予事物的意义源于社会互动;第三,在任何情况下,为了赋予某种情境以意义,并决定怎样采取行动,我们都要经历一个内在的阐释过程,即我们"与我们自己交流"。

如前所述,关于社会互动的其他一些理论如角色理论(包括结构角色理论和过程角色理论)、参照群体理论、拟剧理论等在某种意义上都可以是由乔治·米德奠基的符号互动理论衍变而来。

第三节 社会心理学的危机与挫折

社会心理学有丰富的思想来源,有相对良好的开端,又有一段颇具活力的成年史。到 20 世纪 60 年代,从不同的角度解释人类社会行为、从而左右着社会心理学家的研究进路和社会心理学知识增长的方向的各主要理论流派也已基本成型。但是社会心理学的发展道路却并不是自始至终都那么一帆风顺,而是充满了曲折和坎坷。择其大者而言,它自身发展方向和研究模式上的问题造成了以美国为代表的西方社会心理学的危机,而政治意识形态的干扰则又使它在苏联与中国的发展受到严重的挫折。

一、西方社会心理学的危机

只要考察一下美国社会心理学发展中出现的问题就可以对整个西方社会

心理学的危机有个大体的了解。这是因为，如上所述，欧洲尽管是现代社会心理学的发源地，但是像其他许多门类的社会科学一样，随着美国成为世界经济、政治的中心，社会心理学研究的大本营也逐渐地移到了美国。经过20世纪初和20世纪三四十年代社会心理学的思想中心两次从欧洲向美国的迁移，社会心理学在它的诞生之地反而渐趋式微了。特别是第二次迁移，由于欧洲的许多社会心理学家为躲避纳粹德国的迫害而纷纷逃亡美国，因而它事实上是包括思想和产生这些思想的思想家在内的一次彻底的"搬迁"。欧洲老家的家底空了。社会心理学"开始成为美国的特产"。因此，当二战结束，欧洲社会心理学因美国的影响而重建时，它实际上成了美国社会心理学的"特殊翻版"。西方事实上也便只存在一种模式的社会心理学，那就是"美国式的社会心理学"。

前面已经指出，美国社会心理学发展到20世纪五六十年代时已经出现了一派繁荣鼎盛的局面：从出版物到研究队伍，从研究手段到研究资金都是一片兴旺景象，社会上一般公众对这门学科也寄予了厚望，社会心理学家们自己也都一个个踌躇满志。但这都是表面现象，危机早已在下面潜伏着，只是人们一时还觉察不到而已。因此，当伯克威茨率先猛然以严峻的口气指出："据我看来，社会心理学现在正处于一个危机时期。……我们似乎对我们的研究和理论所要探讨的重要问题和所要应用的模型方面，有点完全不知所措。要去估量和看一看我们此刻的处境和我们应当走的方向，的确现在已经是时候了。"①并且紧接着斯维尔曼(J. Silvermen)以更激烈的言辞在《美国心理学家》上撰文批评美国社会心理学中存在的种种弊端，②一时立即引起了人们的强烈反应。

要否认刚刚还引以为豪的表面繁荣和良好的自我感觉来承认危机不免有些尴尬和难堪，但是，危机的存在实际上是无可讳言的。如果说，一门科学的生命力，包括它在公众中的信誉至少一半要取决于它对现实社会的干预能力的话，那么，美国社会心理学危机的症状正在于此。20世纪60年代末，特别是进入70年代以后，美国社会经历了战后最严重的危机，黑人运动、妇女运动、反越战运动以及以"全球大造反"为标志的青年运动此起彼伏。久已对社会心理学抱有很高期望的人们此时自然期望它能够对解决这种社会危机有所作为，许多人呼吁社会心理学家"应该走上街头，迅速解决最为迫切的社会问题"③。但是，

---

① 转引自《胡寄南心理学文献》，学林出版社1985年版，第264页。

② Silvermen, J., "The Crisis of Social Psychology". American Psychologist, 1971, Vol. 26.

③ 伯克威茨：《社会心理学》，吉林人民出版社1988年版，第4页。

面对严峻的现实,平时在实验室中像魔术师一般神通的社会心理学家们此时却变得不知所措,一筹莫展。这不能不让人感到失望。不过,这只是危机的征候和表现,不是结果,如果要想走出危机,变危机为转机,则问题的关键还在于要找出危机的成因。对此,学者们花费了大量的笔墨从各个方面进行了讨论。而总结他们所反思的病因,则不外乎以下几个方面。

第一,意识形态的偏见。霍根和埃默勒指出,理性主义、个体主义和自由主义是现代社会心理学意识形态的三大支柱,它们渗透到研究的各个侧面,在任何一个社会心理学的领域中都可以看到它们的影子。这种意识形态渗透的结果,便是使美国社会心理学成为F.萨普辛所说的产生和服务于“男性统治的、清教伦理的、中产阶级的、自由资本主义的社会”的需要的社会心理学。①

第二,研究取向问题。自从1924年F.H.奥尔波特的教科书奠定了美国实验社会心理学的基础之后,心理学取向的社会心理学一直在美国占据着主导地位。其间,虽然勒温于1945年所提出的要“把文化人类学、心理学和社会学整合进一门社会科学”的倡言也曾激发过一些学者的热情,但是整合的宏愿毕竟没有达成。相反,二战以后,社会心理学反而进一步分化。心理学取向的实验社会心理学依然是主流,占据绝对的优势地位,而心理人类学、精神分析、现象社会学则成为旁流,以至于人们一提到社会心理学便等同于心理学的实验社会心理学。这种研究取向与意识形态的偏见相呼应,形成和加强了美国社会心理学以个体为中心的倾向,而“降低或者忽视了被试作为其成员的社会结构的本质”,忽视了个体与社会的统一。而即使是社会学的取向,也往往只注意微观的人际关系,而无视决定这人际关系的宏观的社会关系。

第三,和心理学取向占主导地位相关联,是研究方法的问题。虽然实验法的应用为社会心理学的发展开辟了道路,特别是为社会心理学以一门科学的形象立足于实证主义科学方法论当道盛行的美国铺平了道路,但它也为社会心理学带来了严重的后遗症。实验室的配备破坏了自然的情境,随意组成的被试群体与现实群体有很大的差异,由这样的实验得来的结论和实际情形有多少相关其实很令人怀疑。用墨菲的话来说:“从实验室中的‘社会助长’问题研究到理解校园内的动机或国际的仇恨还有很长一段距离。”②

第四,是理论和实践,基础研究和应用研究的分裂脱节问题。而这个问题

① 成伯清:《社会心理学向何处去?》,南开大学社会学系硕士毕业论文(未发表)1993年。

② 加德纳·墨菲、约瑟夫·柯瓦齐:《近代心理学历史导引》,林方译,商务印书馆1980年版,第635页。

和上一个问题又紧密相连:在实验室中产生的知识最终也无法走出实验室。如前所述,勒温曾经倡导并身体力行理论研究和应用研究的结合。但是正如他的学生道奇所指出的那样:在勒温去世后,他的学生李比特代表了社会心理学应用的一面,而费斯汀格则代表了严格实验和理论的一面,在大约二十年的时间里,两者存在着分裂和抵触。① 而且事实是在很大程度上后者压制了前者。而显然的是,离开了理论的应用和离开了应用的理论都无法很好地回答和解决重大现实问题。理论或者变为智力游戏,或者过上寂寞生活,应用则流于零打碎敲。

以上是人们所分析的造成美国社会心理学危机的四个方面的原因。不过,从中我们其实可以发现一个共同的实质,那就是美国的社会心理学失去了社会性,换句话说,20 世纪五六十年代的社会心理学尽管从表面上看起来是极度繁荣的,但其知识体系却产生于"真空"之中,与现实失去了联系。它"过于注重个体及个体内在的心理过程的研究,却忽略了从人际关系乃至整个社会的层面来研究人的行为。这使社会心理学越来越脱离社会现实及其客观因素"②。而这种和现实的脱节首先发生在研究的内容上。20 世纪五六十年代相对稳定繁荣的社会环境使学者们一个个走入象牙塔去从事所谓的"纯研究",而不像在二战期间或是以前那样,学者们在一系列迫在眉睫的重大问题的驱使下纷纷走上社会,于是社会心理学遂成为纯粹是大学课堂内的东西,成为抽象之物。恰如美国学者卡尔·拉塔纳一针见血地指出的那样:美国社会心理学的主要问题在于它的抽象性,这种抽象性不仅仅在于实验方法的人为性,而更在于就心理现象所提出的问题本身是抽象的。事实上,并不是像许多人所认为的那样是实验室实验、心理学取向这种方法上的问题导致了社会心理学研究内容脱离现实,而是恰恰相反,实验室实验、心理学取向等等问题本身就是社会心理学研究抽象问题的结果。③ 只是这种问题在相对稳定的 20 世纪五六十年代显示不出来,只有到了社会出现一系列新问题的 20 世纪六七十年代之交才会显现。

而美国社会心理学的弊病也正是欧洲社会心理学的弊病,因为如前所述,战后欧洲社会心理学只是美国社会心理学的一个特殊的翻版。而且,考虑到文

① Aron, A., Aron, E. N., The Heart of Social Psychology. Lexington Books, 1986, 123.

② 威廉·S. 萨哈金:《社会心理学的历史与体系》,周晓虹等译,贵州人民出版社 1991 年版,中译本序,第 7 页。

③ 卡尔·拉塔纳:《美国社会心理学的历史与现状》,《中国社会科学》,1984 年第 2 期。

化差异，欧洲社会心理学脱离现实的情形可能更严重。因为，如果说美国式的社会心理学相对于个人主义、实用主义盛行的美国文化背景尚有一定的现实合理性的话，那么，当它被移植到欧洲后，就完全脱离现实社会了。

二、社会心理学在苏联和中国的挫折

如果说，社会心理学在西方的危机主要是由自身发展方向和研究模式的失误造成的话，那么，它在苏联和中国的挫折则主要是政治意识形态的横加干扰造成的。

在苏联，社会心理学的发展可谓经历了一个复杂而曲折的历程。早年，俄国早期的马克思主义者普列汉诺夫在他的许多著作中都直接论述过社会心理学的问题，分析了社会心理学和意识形态的关系，从马克思主义的观点阐明了社会心理学的实质和作用，指出，如果对社会心理学没有精深的研究和了解，要想对意识形态、社会意识以及社会存在的反作用做出历史唯物主义的解释是根本不可能的。不仅如此，他还直接提出了要建立社会心理学的任务。普列汉诺夫的这些思想对确立马克思主义的社会心理学的方法论做出了重要贡献。在他的这些思想的推动下，十月革命后的 20 世纪二三十年代，苏联学术界曾热烈讨论过诸如社会心理学的研究对象、范畴、特点以及在苏联社会主义建设中的地位、任务等许多问题。当时的各主要心理学派别，如传统心理学的维护者、反射学派、反应学派、社会文化历史学派等都提出了各自的社会心理学观点。一些人主张社会心理学应建立在马克思主义的基础上；另一些人主张应建立在自然科学的基础上，并试图使该学科更接近生物学。有的学者还研究了苏联特有的社会心理问题，如社会主义竞赛、集体社会心理现象等，B. M. 别赫捷列夫还出版了《集体反射学》专著。

这本是个很好的开端。但是，到 20 世纪 30 年代中期以后，极左路线开始冲击社会心理学。1936 年 7 月，联共(布)中央发布《关于教育人民委员会系统中儿童学的谬论的决定》，“儿童学”受到激烈批判，社会心理学根据官方意识形态也成了资产阶级伪科学，从此被打入了“冷宫”。苏联心理学界当时最大的权威鲁宾斯坦也跟着全盘否定社会心理学，认为所谓社会心理学“实质上不是别的，而是使社会学心理学化亦即把唯心主义搬运到研究社会现象的领域中来”①。他认为，主张建立社会心理学就是企图用它来代替历史唯物主义，从而

① C. A. 鲁宾斯坦：《存在与意识》，人民教育出版社 1981 年版，第 297 页。

取消马克思主义。这种观点在官方意识形态的支持下统治了苏联学界达二十余年。直到1959年，列宁格勒大学（现已改名为圣彼得堡大学）心理学系教授科瓦列夫等人才对此提出反驳。发表在该校学报的题为“论社会心理学”的文章中，他们有力地批评了当时存在的各种对社会心理学的错误观念，由此引发了当时苏联学术界围绕着社会心理学的基本问题的一场大辩论。但是一直到1962年，在列宁格勒由苏联科学院、苏联医学科学院、苏联教育科学院和苏联高教部联合召开的关于高级神经活动生理学和心理学的哲学问题联席会议上，以及紧接着在1963年的苏联心理学会召开的第二次代表大会上，对于社会心理学的错误观念才算基本得到澄清，苏联的社会心理学才又基本走上正轨。

社会心理学在我国的情形大体与在苏联的情形相似。1949年以前，我国现代意义上的社会心理学是清末随着西学东渐而从西方引进的。不过严格说来，它作为一门独立的学科在我国的发展则始于20世纪20年代。这一时期，我国翻译出版了法、英、美等国的社会心理学的各种重要著作。如黎朋的《群众心理学》、麦独孤的《社会心理学导论》、F. H. 奥尔波特的《社会心理学》等。此外，我国学者还联系我国实际进行了研究，发表了一些有价值的著作。如陆志韦的《社会心理学新论》、高觉敷的《群众心理学》、陈东原的《群众心理ABC》、张九如的《群众心理和群众领域》，尤其是潘菽的《社会的心理》一书，被认为是我国早期最好的社会心理学著作。20世纪40年代，我国社会心理学还围绕抗战的课题开展研究。1942年，成立了中国心理建设学会，并提出了八大心理建设任务，即：(1)敌忾同仇，坚定必胜心理；(2)振衰起弊，坚定复兴心理；(3)遵守纪律，坚定自尊心理；(4)惜物节约，坚定俭朴心理；(5)吃苦耐劳，坚定力行心理；(6)崇尚气节，坚定正直心理；(7)精诚团结，坚定互助心理；(8)保卫中华，坚定民族心理。随后，自1929年就开始在中央大学教授社会心理学课程的孙本文出版了《社会心理学》(1946)一书，全书分上下两册6编30章，对我国古代的社会心理学思想和现代社会心理学知识体系作了较系统的介绍评论，成为当时中国比较全面的社会心理学著作。此外，还有张耀翔对迷信的研究、陈鹤琴对婚姻问题的研究、肖孝嵘对民族心理的研究等等。所有这些，为我国社会心理学的发展奠定了良好的基础。但是，1949年以后，挫折来临了。本来新的政权的建立和相对稳定的社会环境可以为社会心理学带来极有利的发展机会，马克思主义则给改造旧的社会心理学、建立具有中国特色的新的社会心理学体系提供了方法论武器。然而，由于在各个领域中都片面学习苏联，社会心理学在我国也开始长期被列入“禁区”，到“文革”期间，整个心理学都被极左路线打成是资产阶级的伪科学，遭到了空前的破坏，更不用说社会心理学了。直到“文革”结束，特别是十一届三中全会之后，社会心理学才像心理学、社会学一样在思想解放、改革开放中得到了恢复和重建。

回顾社会心理学诞生、成长、危机与挫折的历史，我们可以看到，只要社会心理学者们真正面对社会现实，不回避社会向他们提出的现实问题，积极主动地承担起自己的社会职责，那么，它就能健康地发展；而如果学者们屈从于自己在象牙塔中从事“纯粹研究”的“高级趣味”，脱离了现实社会，或者，外界的力量（特别是政治意识形态）不顾社会现实的需要而强迫学者放弃他的社会职责，那么，它的发展就会出现危机和挫折。

第四节　社会心理学的现状

任何一门学科要想在发展过程中没有一点波折是不可能的，问题在于能不能在波折中吸取历史教训，倘能吸取教训，那么，危机往往也能成为转机。

一、欧美社会心理学的重新定向及发展

20 世纪 70 年代以来，美国社会心理学在经过反思之后已开始在新的方向上发展。早在 1973 年，著名社会心理学家麦克奎尔即指出：社会心理学正在发生范式的转换，旧范式主要是从来自心理学领域的理论概念中形成假设，而用实验室实验来检验假设；正在形成的新范式则是以现实社会问题为根据形成假设，而用现场条件下的实验来检验假设。① 这的确在一定程度上抓住了从危机到转机的实质性变化。另一位著名社会心理学家格根也指出，要使社会心理学摆脱危机，走上健康的道路，就必须做如下的调整：第一，将纯粹研究（pure study）与应用研究统一起来；第二，调整社会心理学的目标，放弃传统的、达到对行为的预测和控制的期望，而把社会心理学知识看作是社会教化的工具，帮助人们适应环境；第三，发展心理—社会指标，把握时代精神；第四，研究行为的稳定性，也就是研究那些相对持久的现象，理清其中的过程和机制；第五，走向一种综合的社会历史的社会心理学不能脱离较大的时代背景，假如沉湎于局部现象的研究，就会得出对当前情况的弯曲理解，所以社会心理学应当考虑政治、

① 转引自安德列耶娃：《西方现代社会心理学》，人民教育出版社 1987 年版，第 194 页。

经济和体制方面的因素，加强同其余受历史制约的学科的联系。① 与此相应，20世纪70年代以来的美国社会心理学对于社会学取向给予了更多的重视。这在理论上可以斯特里克的结构符号互动理论为代表。这一理论力图将偏重于社会结构制约的角色理论的要素与对自我、互动过程和人类行为的创造性潜力的重视结合起来，从而一方面可以探讨社会组织对自我、互动和"建构行为"的约束性影响，另一方面则将社会组织的流动性视为自我与社会互动的建构性特征的产物。② 而杜加克斯和赖兹曼在《八十年代社会心理学》一书中加进的"社会心理学和社会"一章则可以视作在具体的研究中表现了要建立社会心理学和现实社会之间的联系的心向和努力。

在美国的社会心理学家们为摆脱危机，重新定向而做出努力的时候，欧洲的社会心理学同行们也以此为契机对自二战以来一直统治着欧洲学界的"美国式社会心理学"的实证主义、实验主义、个体主义以及所谓的价值中立展开了批判和清算，同时对自己"照搬"美国社会心理学的做法进行了深刻的反省，指出"社会心理学要比心理学的其他分支更依赖于它从中诞生的社会、政治、文化的背景"③。因而欧洲的社会心理学者不能满足于炒美国人的冷饭，而应该指向自己的社会问题，要"走出学院式的，特别是美国的特区，面向现实生活，参与社会实践，参与建立新的社会关系"，要"转向自己的现实，得到自己的原理，并从中推导出自己的科学结论"④，从而建立欧洲本土的社会心理学。可以说，30年来，欧洲的社会心理学者基本上就是在这一方向上从事自己的研究。自1977年始，反映欧洲独特定向的社会心理学著作一本接一本地出版；1984年泰菲尔主编了欧洲第一部社会心理学百科全书《社会测度》。这部两卷的著作收录了来自大多数西欧国家的47名社会心理学家的32篇文章，综合介绍了最重要的社会心理学学派及其研究成果。如果说，1972年由泰菲尔和伊斯雷尔主编的《社会心理学的背景：一种批判的评估》是欧洲学者对美国式社会心理学批判反

① Gergen, K. J., "Social Psychology as History". Journal of Personality and Social Psychology, 1975, No. 26.

② Stryker, S., Statham, A., "Symbolic Interaction and Role Theory", In: G. Lindzey & E. Aronson(eds.), Handbook of Social Psychology. (3rd ed., Vol. 1). New York: Random House, 1985, 311-378.

③ 泰菲尔语，见：Cohen, D., Psychologists on Psychology. New York: Taplinger, 1977, 300.

④ Moscovici, S., "Society and Theory in Social Psychology", In: Taifei, H. & Israel, J. (ed.), The Context of Social Psychology. New York, 1972, 64.

省的直接产物的话，那么，这部百科全书可以说反映了这场批判运动之后西欧社会心理学发展的主要倾向和实绩。1987 年，有人曾这样描述欧洲社会心理学的研究成果和特色：至少在内容上，欧洲社会心理学形成了自己的特色。同第一世界(指美国)相比，欧洲的社会心理学更强调对合作与冲突、依从、心理实验的社会心理学、科学哲学和科学批评以及种族和民族问题的研究。更为重要的是，欧洲社会心理学把对群际关系的研究提到了一个相当重要的位置，而在美国传统中，这一课题一直被忽视。此外，意识形态问题在欧洲学者那里也得到了更重视的对待。与此相应，在欧洲出版的《社会心理学手册》共 33 章的篇幅中，有 8 章涉及群际关系，其余则包括对政治意识形态的研究，对弱势群体影响的研究，对社会心理和政治经济关系的研究，对失业的研究，以及对社会和意识形态正统性的研究，等等。①

当然，我们注意到，这位评论者在此用了“至少在内容上”一语，言下之意是还有方法的一面。我们曾指出，美国式社会心理学脱离社会现实的弊病首先发生在内容上，而欧洲社会心理学者从自己的社会文化背景出发重建这门学科与社会现实的联系首先并主要地也是从内容着手，更具体地说，就是从研究课题的选择着手。至于方法，则“欧洲学者对群际关系的许多研究都没有超越主流实验社会心理学的传统，……因而，说‘社会心理学今天在欧洲已比在 20 年前更具有了社会性’(泰菲尔语)在针对内容而言时要比针对方法而言正确得多”②。不过对此，我们也可以这样来理解：实验的原意不过是检验的、试验的，作为一种方法，它可以被用来研究脱离现实的问题，也可以被用来研究现实的问题。因此，问题的真正关键依然在于你研究的是什么。

在欧美社会心理学于重新定向的基础上发展的同时，到 20 世纪 80 年代末，自 70 年代始即风行西方世界的后现代思潮也开始影响社会心理学。1988 年，在澳大利亚悉尼举行的国际心理学会议上，美国著名社会心理学家 K. J. 格根应邀作了“走向后现代的心理学”的专题报告，指出心理学正面临深刻的变革，并从他本人的专业方向出发，提出了构建“后现代社会心理学”的概念和具体设想。在报告中，格根总结了现代社会心理学的四大基本原则，即，(1)尽管社会心理学家对社会心理学应该研究什么众说不一，但现代时期的学者都认为我们应该有也确实有一个“可能”被探讨的世界，即有一个基本的研究领域；(2)现代时期的学者都深信，我们可以在属于我们的那个基本的研究领域中找

①② F. M. 莫加丹：《三个世界的心理学》，王成译，《社会学与现代化》，1991 年第 3 期。

到具有普遍性的特征，他们都想在实证的基础上建立起某些具有广泛的预测能力的理论框架，并以此来预测人类的社会行为；(3)现代时期的学者认为，要在自己的基本研究领域中找出普遍性的特征，或者说推演出有关人类行为的真理，最可靠的就是实证的方法，尤其是那种可以对变量加以严格控制的实验法；(4)由前三项原则可知，现代时期的学者认为，当我们使用实证的方法研究社会心理学时，就会逐步加深对人类行为的理解，同时逐步抛弃先前的错误观念，一句话，我们会建立起一套非常可靠并且是中立的真理。格根认为，以上四大原则即现代社会心理学的基本特征，可谓社会心理学之现代性的同义词。但明眼人一眼就可看出，撇开“社会心理学”这一特定的学科限定，上述四大原则其实不过是普通所说的实证主义的基本内涵。而实证主义的根基在解构理论、诠释理论、历史主义科学哲学、新工具主义科学观、女性主义等各种后现代思潮的冲击下动摇了。于是，社会心理学也出现了一系列变革。格根在报告中相应地为后现代社会心理学归纳了四大特征：(1)后现代时期的学者开始意识到，我们对周围世界所做的论述，只是在特定的社会常规中运作的结果，如果我们再认定科学都有一基本的研究领域存在，无形中就会将本身并未能排除偏见的那些论述客观化。(2)后现代时期的学者开始意识到，我们无法在自己的研究领域中找到所谓的普遍性特征，此时，每一位研究者在从事自己的研究时，都开始考虑起进行研究的历史和文化背景；简而言之，后现代学者必备的条件之一，就是对自己所处的文化具有强烈的反省意识。(3)后现代时期的学者已不再将“方法”视为神圣的追求，相反，人们认为方法往往成了一种误导他人去认可自己、将自己的想法合理化的工具。(4)同样由前三项变动可知，后现代时期的学者对真理的看法已完全不同于以前，并且他们已开始对实证研究是获得真理的必然途径的信念产生怀疑；甚至有人认为，所谓“科学进步”的观念不过是由它的文字及叙事特点所制造出来的产物。① 在格根作上述报告一年以后，另一位著名的社会心理学家伊恩・帕克发表了《现代社会心理学的危机》②一书，对格根做出回应。帕克深入地分析了社会心理学的现代实证范式所包含并受其制约的特定意识形态和文化习俗的预设，指出实证的社会心理学与西方现代主流文化的一致性，并提出，既然社会心理学的现代实证模式与西方的主流文化是如此水

① Gergen, K. J., “Toward a Postmodern Psychology”. In: S. Kvale(ed.), Psychology and Postmodernism. SAGE Publication Ltd., 1991.

② Parker, I., The Crisis of Modern Social Psychology and How to End It. Routledge, 1989.

乳交融地连在一起，那么，“我们是否可以通过采用新近出现的后现代文化材料而同现代社会心理学脱钩呢？”而格根自己，则在作上述报告的三年之后又出版了《饱和的自我：当代生活中的身份困境》①一书，通过对“自我”这个在社会心理学中极为重要的概念的后现代境况的考察描述，在某种程度上具体地展示了所谓的后现代社会心理学究竟为何物。一门在性质上和“现代社会心理学”显得有相当区别的“后现代社会心理学”似乎正向我们款款走来。

最后还应该简单说一下就地缘关系而言属于欧美一部分的苏联和今日俄罗斯的社会心理学发展状况。苏联的社会心理学从20世纪60年代开始随着美苏两个超级大国的“和平竞赛”，随着对“个人迷信”的批判，像其他科学领域一样走上了重新发展的道路。据现有资料统计，60年代中期，它每年的研究论文只有几十篇，但在1970年至1978年间，仅正式发表的论文和研究报告就多达3448种，并且多数是在70年代中后期发表的。苏联社会心理学和西方社会心理学在基本理论的指导上有着根本的区别，而且在研究的重点和学科体系、结构上也因自身的社会制度而与西方不同。苏联社会心理学以重点研究集体为其特征。按照苏联学者的界定，集体是一个社会主义的概念，是群体发展的最高阶段，具有一系列社会心理特征。从20世纪30年代的马卡连科到70年代的苏霍姆林斯基，在研究集体及其对青少年的教育方面总结了丰富的经验。从70年代开始，以A. B. 彼得罗夫斯基为代表的苏联学者对集体的形成、结构、层次、水平及其与人的个性的发展关系进行了大量研究，发表了大量著作，其“群体层次测量观”受到了国际心理学界的高度重视。目前，随着苏联的解体，俄罗斯的许多社会心理学家都相继投入对新的社会现实问题的研究之中，如罗申对于选举、民意等政治心理学问题的研究就吸引了不少青年社会心理学工作者。俄罗斯的许多高校都开了社会心理学课程；社会心理学研究的各种问题也引起了广大群众的兴趣。随着人民政治生活的民主化，社会心理学已日益成为一门热门学科。

二、社会心理学在中国内地的恢复及本土化

在经过长期的停顿之后，中国内地的社会心理学也随着僵化的意识形态的解冻而复苏。1979年5月，《光明日报》首先发表了王极盛《建议开展社会心理学研究》一文；而1982年4月中国社会心理学研究会(后改名中国社会心理学

① Gergen, K. J., The Saturated Self: Dilemma of Identity in Contemporary Life. New York: Basic Books, 1991.

会)的成立以及同年通过的"六·五"计划中将社会心理学列为要加强研究的学科则标志着社会心理学在我国的正式恢复。自那时至今日,30多年的时间中我国的社会心理学研究基本上走过了"一条学习、移植、模仿、消化、改造、创新的道路"①。自恢复伊始至20世纪90年代中期,我国出版各类社会心理学著作700多本,发表在各种报纸杂志上的论文、研究报告更是不计其数。学者们就社会心理学的对象、学科性质等基本理论问题,以及就社会动机、自我意识、人际吸引、经济与社会变革中的社会心理问题等等做了大量研究,并取得了可喜的成果。不过,从总体上看,这个时期基本上还属于"学习、移植、模仿、消化"的阶段,主要停留于对西方社会心理学的学习、介绍和模仿性的研究。进入20世纪90年代,特别是90年代的中后期以后,我国的许多社会心理学者开始回应港台一些学者的研究倾向,倡议并实践研究中国人独特的社会心理及其在今天的嬗变,从而走上了社会心理学的本土化或者说"中国化"的社会心理学的道路。

(一)社会心理学研究中国化的动力

1.学科自身发展的内在要求和社会现实实践的需要

社会心理学研究中国化的要求首先来自于该学科的研究对象所决定的学科性质。如上所述,社会心理学所研究的是生活在特定的社会环境和条件下,具有特定文化的人的社会心理和行为。由于不同国家之间的社会结构、政治制度、文化传统等各不相同,人们的社会心理、社会行为也就各不相同。换言之,社会心理学的研究对象以及具体的内容和人们所处于其中的社会结构、政治体制、社会文化紧密相连。在此意义上,推动20世纪70年代欧洲本土社会心理学运动的因素,也正是推动今天社会心理学中国化的一个因素。美国社会心理学无非是美国人的本土社会心理学,欧洲社会心理学无非是欧洲人的本土社会心理学,苏联社会心理学无非是苏联人的本土社会心理学,它们都扎根于本国、本土、本族之中,不是世界社会心理学,更不是对举世通行的社会心理规律的揭示。因此引进移植别国的社会心理学对于重建本国的社会心理学来说虽然是一个必要的依傍,但若想直接用别国学者的研究成果来认识理解本国国民的社会心理则必将收隔靴搔痒的效果。要认识、了解我们中国人的社会心理和社会行为,就必须联系中国的历史文化、社会结构、经济状况、政治制度等等,采用适合于中国人的研究方法和概念范畴,直接面对中国人的社会生活,深入中国人的思想情感和行为方式,也即必须实现社会心理学研究的中国化,建

① 张琢:《现代中国社会学(1979—1989)》,四川人民出版社1990年版,第206页。

立"中国社会心理学"。

社会现实实践的需要也推动着社会心理学研究的中国化。社会心理学本身就是一门既有很强的理论性又有很强的应用性的学科，而我国社会心理学研究的恢复也不是出于某些人喜欢进行"纯研究"的"高级嗜好"(就像美国 20 世纪五六十年代的一些社会心理学家那样)，而是出于改革开放和现代化建设的社会实践的需要。"我们研究社会心理学必须能有效地为广大人民的生活实践服务……为社会主义现代化建设服务。"[①]改革开放带来了我国社会的巨大变迁，同时也出现许多新的社会心理现象和问题；现代化建设的推进使人们越来越认识到现代化的过程也是，甚至根本上就是人的现代化过程。如何加强国人对于社会变迁的调适能力？如何推动我国人民在人格、素质、观念等方面的现代化发展？对此，美国或其他国家的社会心理学不可能为我国提供现成的答案。我国社会心理学要在这些方面做出自己的贡献，就必须结合我国的现实情况展开研究，社会心理学研究必须中国化。

2. 港台同行的推动

对于内地社会心理学研究的中国化进程来说，来自港台社会心理学者的推动激励是一个重要的因素。由于历史的原因，跟整个社会心理学发展情形一样，港台地区在社会心理学研究的中国化方面也走在了内地的前面。自 20 世纪 70 年代末 80 年代初开始，以杨国枢为代表的我国台湾学者和杨中芳等香港学者就深感西方社会心理学(尤其是实验法主宰的、个体主义取向的美国社会心理学)统治整个社会心理学领域的局限性和危害性，从而对模仿和移植国外研究的倾向进行了深刻的批判和反思，率先提出并实践了社会心理学研究的本土化也即中国化。随着内地社会心理学的恢复和重建，进而随着内地和港台地区学术交流的增加，港台学者社会心理学研究中国化的理论主张和研究实践开始深深地刺激和影响着内地学者。1988 年夏，香港大学心理系杨中芳博士在广州开办暑期社会心理学研讨班，开始向内地的年轻学生介绍发生在西方社会心理学界的危机以及社会心理学家对社会心理学学术研究方向的反省。1990 年杨中芳博士在内地继续进行开办暑期社会心理学研讨班。同年夏，台湾心理学家杨国枢教授一行出席了中国社会心理学会在天津召开的第四届全国代表大会，向大陆同行介绍了台湾社会心理学发展现状，特别是本土研究的状况。1991 年，在中国社会科学院社会学研究所主办的社会心理学系列讲座中，来自

① 潘菽:《试论社会心理学》，载:《潘菽心理学文选》，江苏教育出版社 1987 年版。

内地、香港和台湾的社会心理学家为全国几十位社会心理学专业的研究生和青年工作者主讲了社会心理学研究中的若干理论进展和自己的研究,并就如何研究中国人的心理与行为展开了热烈讨论。1992 年以后,中国社会科学院社会学研究所举办由港台 17 名学者授课,在全国招考学员的社会心理学高级研讨班,共计开办 6 年(1992 年至 1997 年),每年 6 周,学员共计 139 人次。在这个研讨班中,除了系统开设与西方高等学校社会心理学博士课程安排相同的十几门专业课程之外,还专门开设了"本土心理学"。通过这一系列的培训班、研讨班、研讨会,以及其他各种途径,港台学者为推动内地社会心理学研究的中国化做出了重要贡献。事实上,从一些内地学者后来展开本土社会心理研究所选择的研究主题中,我们就可以看出港台学者的深刻影响。

3. 确立自我身份的需要

社会心理学研究中国化的另一个动力来自我国学者希望在世界社会心理学舞台上确立自己的身份地位的愿望。跟政治经济领域一样,在思想学术领域中也存在着霸权。表现在包括社会心理学在内的心理学领域,正如有学者指出的那样,也存在着"三个世界"。在 20 世纪 70 年代之前,美国作为第一世界基本上把持了国际社会心理学讲台的话语权。但是,其他第二、第三世界国家的社会心理学者对这种状况并不满意,他们力图摆脱这种局面,不甘为美国的附庸。而 20 世纪 60 年代末 70 年代初美国社会心理学自身的危机则为改变世界社会心理学研究的这种格局提供了一个契机。特别是欧洲的社会心理学者,他们成功地进行了社会心理学的本土化运动,从而在国际社会心理学舞台上扮演起自己独特的角色,而不再只是随声附和美国学者,或为他们的研究跑龙套。① 我国的社会心理学者同样不甘于在世界社会心理学舞台上只扮演那种可有可无的、被人轻视的、令人压抑的角色,而希望在其中真正占有自己的一席之地,不是作为"听话的"学生,而是作为"对话"的同行在社会心理学的国际讲坛上发出自己独特的声音,并为世界社会心理学知识总体做出自己特殊的、别人不可代替的贡献。而如果在研究中只是炒别国学者的冷饭,甚至一味地拾人牙慧,无疑不能实现这一目标。唯有脚踏实地面向中国社会,面向中国人、中国心的本土研究,才能在世界社会心理学的讲台上响起中国人的声音。民族的,才是世界的。"只有充分的'民族化',才有可能'全球化'。社会心理学中国化的意义在于改变由欧美社会文化所开创出来的格局,从多元的文化特质中去寻找社

① F. M. 莫加丹:《三个世界的心理学》,王成译,《社会学与现代化》,1991 年第 3 期;王小章:《美国社会心理学的危机和欧洲社会心理学的兴起》,《社会心理研究》,1991 年第 4 期。

会心理学的新元素,使社会心理学再次振兴和繁荣。”①或者正如另一位学者指出的那样:本土化和全球化,是社会心理学的现代双翼。②

(二)社会心理学研究中国化的三个阶段

就发展的大方向而言,如上所述中国内地社会心理学自恢复重建以来主要经过了两个阶段,即引进移植的阶段和中国化的阶段。但从社会心理学研究中国化的角度来看,我们又可进一步将这个过程分为三个阶段,即前中国化的移植阶段,关于中国化的理念探讨阶段和中国化的研究实践阶段。当然,这三种阶段的区分只是就总体的情况和倾向而言,而不是绝对的。事实上,早在社会心理学恢复之初的 1983 年,就有人开始指出:我们要研究社会心理学,必须走自己的道路,具有我国自己的特色。③ 一直到今天,也依然有人在不断地介绍国外社会心理学研究的新成果。也正因如此,阶段的划分很难有一个明确的年代标志。

移植阶段如上所述属于前中国化的阶段,或者说是非中国化的阶段。在这个阶段,学者们的工作主要是向国内引进国外的特别是美国的社会心理学研究成果。社会心理学著作的翻译构成了这个阶段的一个重要方面:即使是所谓的著述,也主要是介绍性质,而非独立研究性质。在后来的反思中,人们对于这个阶段的工作往往颇多微词。但事实上,这是一个必不可少的阶段。对于社会心理学研究的中国化来说,充分地了解西方社会心理学是一个基本的前提。不了解西方社会心理学,这门原本诞生于西方的学科想要中国化也就无从“化”起。正如杨国枢、文崇一指出的那样:“社会及行为科学研究的中国化是一种成熟的自觉。只有曾长期浸润在西方社会及行为科学中的学者,才会有需要中国化的深切感受,也只有长期以西方的理论和方法从事实证研究的专家,才能知道何者应该中国化,何者不必中国化。只有先‘进入’西方社会及行为科学研究者已开拓的园地,方会了解其限制和优点,才能‘出来’加以中国化。一开始就停驻在世界学术门外而拒绝进入的人,是没有能力谈起社会及行为科学研究中国化的。”④

在关于社会心理学研究中国化的理念探讨阶段,内地社会心理学者们围绕社会心理学研究中国化的必要性(为什么要中国化)、社会心理学研究中国化的

---

① 郎有兴、王小章:《社会心理学中国化的方向与途径》,《浙江社会科学》,1994 年第 3 期。

② 周晓虹:《本土化和全球化:社会心理学的现代双翼》,《社会心理研究》,1994 年第 4 期。

③ 潘菽:《试论社会心理学》,载:《潘菽心理学文选》,江苏教育出版社 1987 年版。

④ 杨国枢、文崇一:《〈社会及行为科学研究的中国化〉序言》,载:杨国枢、文崇一主编:《社会及行为科学研究的中国化》,台湾“中研院”民族学研究所 1982 年版。

概念(称“中国化”“本土化”抑或“有中国特色的社会心理学”等)、社会心理学研究中国化的含义和方向(什么是社会心理学研究的中国化,在什么层次上——方法论层次、方法层次抑或对象内容层次上中国化,通过中国化要在中国建立什么样的社会心理学知识体系)、社会心理学研究中国化的途径(如何实现社会心理学研究的中国化)等问题展开了热烈的讨论,举办了一系列研讨会、研讨班,发表了一系列论文。这种讨论事实上从 20 世纪 80 年代中后期就开始见于报纸杂志,而 1992 年和 1994 年中国社会心理学会分别在湖北神农架和内蒙古呼和浩特召开的第一、二届“中国人社会心理研究学术研讨会”则标志着这种探讨达到了高潮。在这个阶段的讨论中,我们可以看出,港台学者关于社会心理学研究中国化的理念深深地影响了内地学者;同时内地学者也从欧洲的社会心理学研究本土化运动中汲取经验。

事实上,从一开始对西方特别是美国社会心理学,进而对移植阶段的工作进行批判反思,社会心理学研究之走向中国化就几乎是既定的了。关于社会心理学研究中国化的理念探讨从某种意义上讲,起到的是一种统一社会心理学者们的认识的动员作用。一旦达成基本的共识,这种讨论就告一段落。从 1994 年第二届“中国人社会心理研究学术研讨会”之后,关于社会心理学研究之中国化就由主要停留于理念探讨而过渡到主要进行本土化的研究实践了。到 1998 年中国社会心理学会在北京香山召开第三届“中国人社会心理研究学术研讨会”时,与会者主要讨论的内容已不再是为什么要中国化、如何中国化等诸如此类的问题了,而是一系列具体的本土定向的研究成果。

(三)社会心理学研究中国化的成果

在社会心理学研究中国化的具体实践中,内地学者通过各种途径在方法论、具体研究方法和手段、研究内容诸方面都做出了努力。不过,就实际成果而言,体现在研究内容上的中国特色可能最为令人印象深刻。这一点和欧洲社会心理学本土化运动的状况如出一辙。[①] 之所以如此,笔者以为是因为研究什么决定着怎么研究,即研究内容决定研究方法和手段。因此本土化研究必然会首先而且主要地发生在研究内容上,而研究内容的本土化则将带动适合研究本土社会心理现象的方法和手段的产生。

就研究内容而言,内地学者的本土化研究成果有两个方面值得一提。一是对于中国人重要而特有的社会心理现象的研究;二是对于与我国的社会转型相

---

① F. M. 莫加丹:《三个世界的心理学》,王成译,《社会学与现代化》,1991 年第 3 期。

伴随的国人社会心理嬗变的研究。

中国是有着几千年历史积淀的国家，具有独特的文化和民族社会心理特性。对于孝、仁、义、信、礼、怨、恕、恩、耻、荣、辱、缘分、脸面、报应等的社会心理内涵及其在现代日常生活中的运作的研究，以及对于中国人独特的自我观、人己观、公私观等的研究，构成了我国本土的社会心理学研究的一个重要组成部分。在这方面的研究中比较突出的学者有沙莲香（对中国民族性格的研究）、翟学伟（对中国人脸面观、中国人人际关系等的研究）、彭泗清（对中国人信任关系的研究）、张志学（对自我概念、社会互动的研究）、杨宜音（对中国人的社会认同、自我概念的研究）等。值得一提的是，这些题目，也是港台社会心理学者长久以来最感兴趣的题目。事实上，早在 20 世纪 80 年代初，杨国枢就在《心理学研究的中国化：层次与方向》一文中提出要"研究国人的重要与特有现象"，并还提出了相对具体的研究课题，如有关"脸"与"面子"的心理和行为，有关"报"的心理和行为，有关"缘"的心理和行为，有关中国家庭的心理和行为，有关家族主义的心理和行为，有关民族主义的心理和行为，有关中国语文的心理和行为，等等。[①] 内地学者对这些题目的研究可以说最集中地体现了港台学者对内地学者的影响。

改革开放以来，伴随着现代化建设的进程，我国的社会体制和社会结构发生了巨大的转型，与此相应，国民的社会心理也在发生"静悄悄的革命"。对社会转型过程中国人社会心态、社会心理嬗变的研究构成了内地本土社会心理学研究的另一个引人注目的重要组成部分。具体说来，这方面研究的主要内容大体可分为以下几个方面：(1)对于一些重要社会群体在社会转型过程中社会心理变化的研究，如农民的社会心理及其嬗变、国有企业职工的社会心理及其嬗变、妇女社会心理及其嬗变、青年社会心理及其嬗变等；(2)对社会转型过程中一些典型社会心理现象的研究，如相对剥夺心理、逆反心理、攀比心理、急功近利心理、保守与惰性心理、跟风心理、怀旧心理、冷漠与无助心理等；(3)对于国人对社会变迁的社会心理调适能力的研究，如社会心理承受力、竞争意识、风险意识、参与意识等。在这方面的研究中比较突出的学者有李庆善、乐国安、周晓虹、冯伯麟、石秀印、杨宜音、方文等。这类研究同改革、同我国的现代化进程紧密联系在一起，体现了我国社会心理学者对时代和社会的强烈关怀和现实责任感。

① 杨国枢：《心理学研究的中国化：层次与方向》，载：杨国枢、文崇一主编：《社会及行为科学研究的中国化》，台湾"中研院"民族学研究所 1982 年版。

如上所述,研究内容的本土化将带动适合研究本土社会心理现象的方法的产生。虽然从总体上看,我国社会心理学研究在方法上的中国特色不如在研究内容上那么明显,但也不是完全乏善可陈。与西方特别是美国的社会心理学相比,我国本土的社会心理学研究在方法上也还是体现出某种程度的中国特色,主要有:(1)与美国社会心理学研究忽视哲学方法论的指导不同,我国学者对此比较自觉;(2)在研究取向上,社会学、心理学、文化人类学三种取向的社会心理学做到相对并重,并相互沟通,从而拓展了社会心理学研究的角度视野,不似美国的社会心理学,在心理学取向的社会心理学的长期绝对支配之下造成了对人类社会心理和行为研究的狭隘的个人主义视野;(3)较多地采用调查法、观察法,较少采用实验法,尤其是实验室实验法,从而努力避免因人为的实验室环境配置破坏了自然情境的脉络而造成的,在以实验室实验法为主要方法的美国社会心理学研究中存在的"内在效度高、外在效度低"这一痼疾。

至此,我们已对社会心理学的百年发展历史和现状作了一个大致的叙述。正如威廉·萨哈金所说的那样:"社会心理学不是一项静止的研究,而是一项富有生命力的仍在向前发展的研究,因此,最后的章节尚待我们续写。"①而探讨研究生长、生活于特定的中国社会、中国文化中的中国人之社会心理、社会行为的"中国社会心理学"的发展,无疑既是在续写着社会心理学,并且,相对于长久以来一直以西方人为中心,甚至以西方人的社会心理为人类普遍的社会心理的社会心理学而言,更是一种扩写。下面,就让我们进入中国人的社会心理世界。

① 威廉·S.萨哈金:《社会心理学的历史与体系》,周晓虹等译,贵州人民出版社 1991 年版,第 894 页。

第一章　中国人的社会化

无论是从个体自身生存、成长、发展的需求来看，还是从社会的正常运转、延续、发展的要求来看，对最初作为一个生物有机体而来到这个世界上的个体进行各种教化、培养、引导都是必不可少的。从个体方面看，新生的婴儿是一个非常脆弱、毫无自助能力的有机体，对于外界一无所知，需要他人的照顾和关怀，所谓"三年不能免于父母之怀"。为此，他必须在以后的日子里学习掌握各种知识和技能，作为一个自主、自立的人进入并生活于社会之中。从社会层面看，社会要有秩序地正常运转，就必须有规范来约束人的行为，文化要传承，就必须要被文"化"的人来薪火相传。而初生的个体一方面可以说一无所能，无力承担社会和文化续存、发展需要其成员承担的事情；另一方面，他的潜能又非常巨大而不确定，对既存的社会和文化构成严重的威胁，因而任何一个社会都不能不对这些潜能加以改造和引导。

"性相近也，习相远也。"[①]这个"习染"的过程也就是社会化的过程。社会化的基本任务，就是将基本上作为生物有机体的个体转变成一个成熟的社会人而进入正常的社会生活。从社会层面看，社会化的过程表现为对承载着社会期望的社会角色的学习、扮演、承担的过程；而从个体方面看，社会化的过程则表现为个体的人格特别是自我的形成。

第一节　社会化概述

一、社会化的含义

社会化是社会学、心理学、文化人类学等多门学科共同关注的课题。而不

① 《论语·阳货》。

同的学者从不同的知识背景和各自的立场出发对于社会化的理解、定义也就各有侧重。如美国社会学家伊恩·罗伯逊和戴维·波普诺都倾向于把社会化理解为是使人们获得个性并学习其所在社会的生活方式的"社会相互作用过程",是联系社会和个人的必要环节。[①] 苏联社会心理学家安德列耶娃把社会化看作是一个两方面的过程:"一方面,它包括个体通过加入社会环境、社会联系系统的途径掌握社会经验;另一方面……它是个体对社会联系系统积极再生产的过程,这是个体积极活动和积极进入社会环境的结果。"[②]而美国文化心理学家J. R. 坎托则认为社会化(他按文化人类学的习惯称为"文化化")是"这样一种手段,通过它人们形成了某些特性,这就使他们具有了特定类型的社会人格。……文化化过程也就是在个体与他所生活的群体的种种常规发生多种接触期间所出现的各种事件。由于接触到这些常规,他也就建立起了对它们的文化反应"。[③] 但总的来说,几位学者对于社会化的界定在以下两个方面几乎都是一致的:在基本途径上,他们都认为社会化是在个体与社会的交互作用中完成的,社会指向个体的规范过程和个体指向社会的学习过程相辅相成。在基本任务上,他们都倾向于认为社会化过程一要使个体了解他所生活于其中的社会或群体对他有什么样的期待,为他规定了哪些规范;二要逐步地使个体在其社会生活中能够实现这些期待。因此,我们大体上可以将社会化定义为:社会化是个体在与社会环境的交互作用中吸收社会文化,承担社会角色,形成完整人格,从而作为一个合格的社会成员加入社会生活系统的过程。

任何一个人的社会化过程都是在具体的、处于特定历史发展阶段上的、具有独特的文化和阶级(阶层)结构的社会中,通过自身与社会环境的互动而展开完成的,因而任何社会化都具有以下特征:

1. 历史性。在不同的历史时期,社会的结构、规范、价值取向、生活方式等都是不同的,社会对个体的要求也就不同。因而个人所处的社会历史条件不同,他所经历的社会化的内容、过程、方式、目标等也就不尽相同。

2. 民族性。历史性说明了社会化的纵向时间上的变异,而民族性则是社会化过程在横向空间上的变异。个体和社会的相互作用是遵照该社会特定文化的有关规范和价值标准进行的。因而在不同的民族中,社会化的内容方式大不

---

① 伊恩·罗伯逊:《社会学》(上册),商务印书馆 1994 年版,第 138 页;戴维·波普诺:《社会学》,中国人民大学出版社 1999 年版,第 142 页。

② 安德列耶娃:《社会心理学》,南开大学出版社 1984 年版,第 283 页。

③ J. R. 坎托:《文化心理学》,云南人民出版社 1991 年版,第 248 页。

相同，在不同民族中被赞美和仿效的人格类型也互不相同。这是因为，生活于不同地区的、具有各自历史的不同民族，不仅创造了不同的社会制度、经济条件，而且创造了各自的语言文字、价值观念、生活方式、风俗习惯、宗教信仰等，所有这些因素，构成了社会化之民族性的客观基础。

3. 阶级（阶层）性。到目前为止有文字记载的所有已知的社会都存在着阶级、阶层的分化。不同的阶级、阶层具有不同的生活方式、价值观念、生活目标。这可以说既是社会化之阶级（阶层）性的结果，又是社会化之阶级（阶层）性的基础。换言之，社会化是社会阶级、阶层结构再生产的一种重要途径。

4. 终生性。社会化是一个贯穿一个人生命始终的过程，即所谓“活到老，学到老”。之所以如此，原因可从两个方面来说。从个体方面来说，他从小到老的生命历程是一个不断承担新的角色的过程，而每承担一个新的角色，就必须学习新的角色规范和角色技能；从社会方面来说，社会任何时候都处在变迁当中，只是在传统社会中变化很慢，而在现代社会中则很快而已，而为了适应变迁的社会环境，个体也必须不断地学习掌握各种新的知识、技能、规范等。

5. 客体性与主体性的统一性。所谓客体性是指个体是社会化过程所要教化、改造、模塑的对象，客体性最集中地体现在社会化过程的制约性当中。所谓制约性是指社会化过程中的某些学习活动并不一定出自个体的自愿自主。有些他不想学不想做，社会会强制他学和做；有些他想学想做，社会却不让他学、做，或没有条件让他学、做。但个体不仅仅只是社会化的被动客体，也是出于自身生存、发展的需要而主动学习的主体。他承受来自社会的教化、改造的过程，往往也就是他作为有自觉意识的主体主动参与社会生活的过程。

6. 输入与输出的统一性。社会化是客体性与主体性相统一的个体与社会的互动过程，这就决定了社会化也是一个输入与输出辩证统一的过程。“人不仅接受社会经验，而且把这种经验进行改造，使之成为自己的价值、定向和目标。社会经验的这种改造成分，恰好不仅肯定了对这种经验的消极接受，而且要求个体积极利用这一被改造了的经验，也就是说要求有一定的‘贡献’，这种贡献的结果不只是对已有的社会经验的‘补充’，也是对它的再生产，把它推向一个新的阶段。”①

二、社会化的历程

如前所说，由于每一个个体随着自身年龄的增长会不断地面临新的角色、

① 安德列耶娃：《社会心理学》，南开大学出版社1984年版，第283—284页。

新的任务和挑战，由于任何社会文化或多或少都处于不断的变迁之中，因而社会化是一个持续终生的过程。在个体从呱呱坠地来到这个世界到最终走向生命的终点而离开这个世界的生命的不同时期，他会经历各种不同类型的社会化历程。

1. 初级社会化。这是发生在个体早期的基本的社会化。它主要向儿童传授，灌输语言和其他认知本领，使儿童将社会文化规范和价值标准内化，建立感情联系，并了解他人的角色和观点。由于此时儿童尚缺乏判断力，不能对外来的影响进行很好的选择和取舍，因而更多地依赖于周围成人的指点、诱导和强制。初级社会化基本上是弥散性的，具体目的性指向不强。

2. 预期社会化。即指向未来角色的社会学习过程。主要是让个体学习今后要扮演的角色，而不是他在这段学习期间内扮演的角色。尽管预期社会化事实上跨越整个生命周期，但“预演”未来的成人角色在青少年身上表现得特别明显。学校中进行的社会化基本都是为学生将来就业时要扮演的角色预先做准备的。由于是为将来承担的角色做准备，预期社会化的目的指向性就比较明确。

3. 发展社会化。发展社会化是成年人在经过基本社会化之后，为了适应不断变化的社会文化环境，扮演新的角色，承担新的义务，而继续学习掌握各种知识、技能、规范、价值观念的过程。在发展社会化中，新学到的东西对原来学到的东西加以补充，并与之融合。

4. 反向社会化。社会化并不是单向的过程，不仅存在父母对子女、老师对学生这样方向的影响，也存在相反方向的影响。年轻的一代将新的文化知识、技能、价值观念、生活方式传递给其前辈的过程就是反向社会化。反向社会化在社会变迁缓慢、社会生活方式单一、不同社会文化之间接触交往很少的传统社会中比较少见——当然并不是绝对没有，而在社会变迁迅速、生活方式日益复杂多样、不同社会文化之间的接触来往非常频繁的现代社会则非常普遍。美国文化人类学家玛格丽特·米德(Margaret Mead)曾把更多地由年轻的一代向其长辈提供新的信息和生活样式的当代文化称为“后喻文化”。①

5. 再社会化。再社会化是个体在其生命历程中可能经历的一种比较特殊的社会化类型。它涉及个体与个体过去的自己决裂并将截然不同的规范和价值标准内化，重塑一个新我。再社会化通常会在两种情形下出现：一是在个体

---

① 玛格丽特·米德：《文化与承诺》，河北人民出版社 1987 年版。

的生活环境或所担任的角色发生了全新的、急剧的变化时，为了适应这种新的情况，个体的生活习惯、行为准则、价值观念等需要做出重大的调整，进行新的学习，如移民他国、改信宗教等。在这种情况下的再社会化往往是主动的。但还有一种强制性的再社会化。这往往发生在基本社会化失败或个体的行为模式与特定社会正常运转所要求的规范出现了很大的冲突或偏差的情况下。社会为了自身的安全对个体进行强制性的改造，这种再社会化往往发生在全控性的机构中，如监狱、精神病院等。

三、社会化的内容

笼统地说，一个人从出生到老死的整个生命过程中所学习和掌握的一切，都属于社会化的内容。在此，我们将从个体要进入的社会生活的不同领域的角度，择要说明个体社会化的几个主要方面的内容。

1.政治社会化。每一个个体都有其属于“政治”的一面，都有其政治生活。政治是一个区别于“道德”“经济”等相对独立的领域。政治社会化是个体在其生活的特定社会中逐步形成其政治观念，掌握政治知识、政治技术的过程，目的是成为适应社会政治生活的合格公民。其中，政治观念包括政治信仰、政治理想、对政治本身的看法以及相应的对参与政治的活动的态度等；政治知识包括关于政治制度的知识、关于政治过程的知识、关于公民权利和义务的知识以及相关背景知识；政治技术就是按照法律的规定正确地、灵活地运用公民权利，维护和追求自己的利益。

2.道德社会化。道德是一定社会以非强制性的方式调整人们之间以及个人与社会之间关系的行为规范的总和。个体将社会道德规范逐渐内化，成为自己行为准则的过程即道德社会化。它包括三个方面：(1)形成道德观念与道德判断。这是道德中的认知部分。皮亚杰认为，儿童道德判断的发展表现为从重效果到重动机，进而发展到两者兼顾。(2)培育道德情感。道德情感是伴随道德观念的内心体验。道德情感的形式可能是直觉的体验，也可能是形象的体验，亦可能是深层次体验。道德情感的内容包括爱国情感、劳动情感、集体荣誉感、正义感等。(3)提升道德行为。道德行为即个体对他人与社会有道德意义的行为，高水平的道德行为来自于个体道德习惯的养成。

3.性别角色社会化。在不同的社会和文化中，人们对不同性别的要求、期待或者说角色行为规范也是不一样的，个体学习自己所属社会文化所规定的角色规范，并将之内化从而逐步形成各自的性别行为模式和心理特征的过程就是性别角色社会化。

4.职业角色社会化。职业就是人们作为谋生手段的工作岗位。职业角色就是个体在工作中所扮演的角色。每一种职业都有各自的技能要求,同时,每一种职业也都有它的职业规范,包括对内而言的“行规”和对外而言的职业道德。个体学习并内化职业角色所要求的技能、规范的过程,就是职业角色社会化。职业生涯是人生的重要组成部分,但职业角色并不完全是在职业生涯中展开的,预期社会化的很大一部分都属于职业角色社会化的内容。同时职业角色社会化也不是一次性的,工作岗位、工作行业的变换需要个体进行新的职业角色社会化。

以上我们从一般的角度比较笼统地介绍了社会化的含义、特征、历程和内容。但正如我们在介绍社会化的特征时所指出的那样,社会化的一个重要的特征,就是它的民族性,那么,在中国这样一个社会结构和民族特性与西方截然不同的社会里,中国人的社会化又有哪些特别之处呢?

第二节　中国人社会化模式解读

记得有人曾经说过,中国文化博大精深,但又似乎可以归结到一点上,那就是对人的教化,也就是教人学会如何“做人”。这个通过教化而让人学会“做人”的过程,就是中国语境中的社会化过程。从社会学的视角来看,中国传统的社会结构造就了中国人特有的社会化模式。中国传统社会是一个稳定、有序、平衡、和谐的“超稳定结构”,以家庭为单位的农耕生产方式和自给自足的小农经济构成整个社会的经济基础,并在此基础之上建构起以血缘、亲缘为中心的社会纽带,家国同构的社会组织方式,整个社会呈现铁板一样严丝合缝的同质性特征。这种社会结构决定了人们的社会化必须要与之相适应以塑造出合乎规格的社会成员。

一、中国人社会化的目标

古今中外,每个社会都期望通过社会化来塑造合格的社会角色,使之能够承担起社会职责,履行社会规范,选择与社会文化相符一致的行动。作为礼仪之邦、教化大国,中国的社会化目标安排,用一句话概括就是塑造符合中国传统社会结构、适应传统社会文化的合格的社会成员。我们可以从个人和社会两个角度加以观察。

从个人角度看，个体的社会化即个体学会“做人”的过程。“做人问题，包括做什么样的人和怎样做人两个问题，前者涉及人生目标、做人规格，后者涉及人生道路、做人策略及方法。”①社会化的目标安排，就是社会为个体提供主流的做人目标和标准——符合儒家伦理道德的理想人格。

作为中国传统主流意识形态的儒学认为，“凡人之所以为人者，礼义也”，人最基本的本质在于伦理道德，因而人存在的价值和意义就在于人对自身道德本质的体认、修养和践行。儒家经典所论述的“做人”是对人如何生存和发展的回答，也就是如何在人际关系中进行自我修养，成就一个审美上升华、道德上完善的大我。反映在个体社会化中，就是倡导对血缘人伦关系、三纲五常的遵从，树立家族伦理和父家长制的绝对权威。《礼记·礼运》说：“何谓人义？父慈、子孝、兄良、弟弟、夫义、妇听、长惠、幼顺、君仁、臣忠，十者谓之人义。”这里的“人义”实际上就是儒家对个体为人处世所设定的角色规范和人际关系准则，个体应遵从践行，并将这些角色规范、人际关系内化成自己的人格范畴，由此形塑出道德意义上的理想人格，以“内圣外王”为核心要义，以修齐治平为发展途径，个体刻苦地修身养性，进行道德完善，然后将自己的修养成果推广到齐家、治国、平天下的社会实践中去，并最终成就内圣外王、圣王一体的理想人格。

从社会的角度看，社会化就是塑造合格社会成员的过程，社会化的根本目标是维持既存秩序，实现社会整合。“修身、齐家以至平天下，治之道也”，“修齐治平”作为一套社会整合方案，其关键在于个体的“修身”。儒家认为，社会的治与乱，在一定意义上是由社会成员的质量决定的，天地之间的一切都是成对的，有阳就有阴，有善就有恶，有君子就有小人，这两种人的比例关系的不同，就决定了社会生活秩序是协调还是失调，“‘六分君子则治；六分小人则乱。七分君子则大治；七分小人则大乱’，要保持有60%～70%的社会成员是‘君子’，一方面要靠‘以礼乐法度驱而之善’，另一方面又需要加强各个成员的自身修养”②。整个社会秩序的维持和整合通过“修齐治平”方案下落到每个个体的社会化上，也就是化总体的社会调适为每个社会成员的自身修养。

二、中国人社会化的特点

民族文化直接影响到个人的社会化过程，独特的中国民族文化决定了中国

① 李庆善：《中国人新论——从民谚看民心》，中国社科出版社1996年版，第119页。

② 王处辉：《中国社会思想早熟轨迹》，人民出版社1996年版，第218页。

人社会化过程不同于西方人社会化过程。许多学者都曾探讨过中国人社会化的特征。如我国台湾学者杨国枢先生曾指出：中国社会结构和功能具有五个属性：(1)等级组织；(2)集群功能；(3)普遍的家族化；(4)结构严密；(5)社会同质。社会结构要素和中国社会支配性的道德、宗教、思想和学说相互作用，导致了中国人特定的社会化方式。中国人特定的社会化方式包括：(1)培养依赖性；(2)培养一致性；(3)培养谦虚性；(4)培养自制性；(5)培养自足感；(6)惩罚的偏好；(7)羞耻的策略；(8)父母为中心；(9)长者为父母。[①] 迈克・彭(MH. Bond)等人则通过批评总结有关中国人社会化模式以及现代变迁的研究，指出了中国人的社会化过程中通常表现出来的一系列更为具体的特征，包括：(1)对于婴儿和年幼儿童，中国父母一般都很宽容，而对年龄较大的孩子，父母的态度则截然相反。父母态度的这种改变，一般发生在孩子4～6岁时，因为在父母看来，孩子在这时已经到了“懂事”的年龄。(2)传统上，中国人父母比较注重培养孩子服从家长的权威，要求他们有适当的行为举止，讲道德，接受社会义务等，而忽视培养孩子的独立性、主动性和创造性。(3)中国父母极为重视对孩子的冲动行为的控制。孩子的探索性行为、冒险行为或危险的活动通常都是要受到阻止的，跟其他方面相比，对服从性的训练和对攻击性的控制尤为严格。(4)传统上，父亲是一位严格的管教者，在父母中，孩子更害怕父亲。父亲和孩子的情感距离，远远大于母亲。不过从现在的情形看，当代的母亲在管教孩子的过程中，起到越来越重要的作用。(5)当代中国人父母所运用的控制和约束儿童的方式是多种多样的，不过总的来说，现在人们已不像以前那样重视体罚和强迫压制的方法了。(6)与白人婴儿相比，中国婴儿缺乏口头语言表达能力的培养。(7)与现在的台湾地区相比，现代大陆的教育系统更为重视孩子的成就动机。(8)中国人所强调的成就动机本质上是集体主义的。[②] 何友晖、彭泗清、赵志裕则从“孝道”“亲子关系”“师生关系”“望子成龙与认知发展”“冲动控制与道德发展”五个方面解读了中国人传统社会教化的基本模式。[③]

不同的研究者对于中国人社会化过程之特征也许还会有不同的认识和概括。不过，着眼于中国(传统)社会结构和文化伦理之特征对于中国人社会化过

---

① 转引自葛鲁嘉：《心理文化论要——中西心理学传统跨文化解析》，辽宁师范大学出版社1995年版，第263页。

② 迈克・彭等：《中国人的心理》，邹海燕等译，新华出版社1990年版，第19—20页。

③ 何友晖、彭泗清、赵志裕：《世道人心》，北京大学出版社2007年版，第11—77页。

程之影响，以下四点或许是最值得注意的：①

首先，社会化的基本模式是以家庭为中心，实行多重家长制。“子不孝，父之过”就是典型表现。家庭是子女的第一所学校，父母是孩子的第一任老师，非常明确地确立了家庭在人的社会化过程中的中心地位，而且家庭的每一个成员都可以成为孩子的家长或其代管人。就连学校教育也带有浓厚的家长制色彩，“严师如父”就是明证。“望子成龙，盼女成凤”始终是每一个家庭对子女的最高期望。与家长制的社会化约束相对应的是权威式的人际关系方式，家长习惯将子女看作长不大的“孩子”，对孩子的态度经历了一个从婴儿期的高度宽容，甚至娇纵溺爱到青少年时期高度约束和高度期望值的转变过程，在这个过程中，家长始终忽视与子女进行民主平等式的思想交流和情感沟通，甚至根本否定子女渴求情感与探索人生的合理性。同样地，在学校教育中，师生关系更有“师道尊严”“天地君亲师”，“爱生如子”是师者的至上品德，“一日为师，终身为父”更将师者推上至尊之位。这种权威式的人际关系，使受化者与施化者之间很难存在平等的互动关系，个体在社会化过程中始终处于被支配的服从地位，单向地接受施化者的教化而无法发挥他的自主性、创造性、主观能动性，从而无法培养出完整的人格。

其次，社会化的重点是忍耐服从、行为适当、道德训练和接受社会义务方面，相对忽视个体的独立性、自恃性和创造性的培养。长辈高度重视孩子对冲动行为和冒险活动以及对攻击性和性好奇（性意识的觉醒和发展）方面的控制，相应的社会化手段是威胁、责备、羞辱、惩罚等。与此同时，注重培养个体的非竞争的分享性行为，并最终完成依赖性训练、顺从训练、谦逊训练、自我克制训练等社会化任务。

再次，社会化的关键是集体主义和社会本位的培养。集体主义和社会本位要求个体牢牢依附和归属于特定集体；追求集体的发展和卓越；注意集体内部的和谐与团结，极力避免矛盾冲突和逃避斗争分裂；致力于获得集体的认同、悦纳、爱护和关心；与人善处，长于自抑。在成就动机上，强调社会成就动机，摒弃个人主义的成就动机；在人的价值上，强调集体利益高于个人利益，重“群我”意识而轻“我”意识；在人际关系上，重情讲义，追求“忍辱负重”“利他克己”，反对表现个人。从某种意义上说，个体的社会化是个体压抑自我个性并朝集体的整齐划一靠拢的过程。

---

① 以下对第一至第三点特征的概括，参见刘毓：《论中国人社会化与心理咨询本土化》，http://mind.studa.com/estate/060325/2006032414054998-2.html.

除了上述三个方面的特色，中国人社会化特征之中最突出的一个方面还在于：在中国人的社会化过程中存在着理想规范和现实逻辑之间的紧张情况甚至脱节。有学者指出，中国人的“做人”概念可以区分为作为文化规范的“做人”和作为日常生活问题的“做人”两个方面，并指出“了解这两者的区别与联系是理解中国人的做人概念和做人行为的关键”①。

“做人”是儒家经典中反复论述的一个主题。在儒家经典中，做人是对如何生存和发展这一人生根本问题的回答，它要求个体在人际关系中进行自我修养，成为一个完整的人。如杜维明所指出：“学做人意味着审美上的升华，道德上的完善和宗教信仰上的深入。”②做人也是中国人日常生活的基本问题。常人都懂得做人的重要，但常人对做人的理解与儒家经典中的理想设计既有相同之处，又有不同之处。对做人的日常理解包含两个重要方面：一是道德发展上的含义，做人要完善自己，提升自己，做一个正直、高尚、有益于社会的人；二是社会适应上的含义，做人要完成社会角色，恰当地表现自己，成为适应社会现实和能被他人接纳的人。综合作为文化规范的做人概念和作为日常生活问题的做人概念，做人的含义就包括道德完善的理想追求和社会适应的现实运作两个基本方面。做人的关键在于如何将两者恰当统一起来。按照中国文化的理想设计，这两个方面应该是合二为一的。道德的发展是在具体的人际关系中来展开的。做个正派人要在待人接物中实现，自我完善要以承担角色为条件。这就是说，要通过做人中人，来达到做人上人的目的。但是，在人们现实的做人行为中，常常会出现这两者的背离，使修身养性的内在过程和做给别人看的外显过程一分为二。中国人做人的最困难之处，中国人做人的最富特色之处，中国人做人概念的最关键之处，就在于这种合与分的关系之中。那么，作为文化规范的做人和作为日常生活的做人的关系是，文化观念中完整统一的做人概念在日常生活中分化为两个方面，对这两个方面的理解和处理的多样性，便形成了人们实际做人行为的丰富性。从总体上看，中国文化规范对于做人的理想定位同现实生活需求与逻辑之间存在紧张情况甚至脱节。在第二章中我们将会看到，这很大程度上造成了中国人的角色冲突。

---

① 彭泗清：《中国人“做人”概念的分析》，《本土心理学研究》，1993 年第 2 期；葛鲁嘉：《心理文化论要——中西心理学传统跨文化解析》，辽宁师范大学出版社 1995 年版，第 226—230 页。

② 杜维明：《儒家思想新论——创造性转换的自我》，曹幼华等译，江苏人民出版社 1991 年版，第 167 页。

第三节　政治道德化：臣民人格的社会化模塑

中国传统社会是一个以血缘伦理为本位的人治社会，其间的所有社会存在，包括经济的、政治的和文化的形式，都以血缘关系为基础，以道德伦理为规约，形成“家国同构、君父同格的社会架构”①，并以宗法家长制施行社会统治。如此伦理社会要求其社会成员必须具备一种臣民人格。

臣民人格，是传统中国最具普遍意义的社会人格，这种社会人格由特定社会环境铸模，是人们将社会文化的规范要求内化于心的结果，是传统社会得以长期维系延续的根源之所在。所谓臣民人格即“以效忠于君王，听命于长者、尊者、贵者为本质规定；以服从型、依附型和义务型为外在行为规范”②，“君叫臣死，臣不得不死，父叫子亡，子不得不亡”，就是对中国传统社会臣民人格的形象描述。在家国同构、君父同格的社会结构中，“普天之下，莫非王土，率土之滨，莫非王臣”，君主是整个社会财富的所有者和最高主宰者，而臣民，上至达官显贵下至百姓仆隶，在君主面前尽人皆卑贱、皆奴仆。面对君主，臣民没有独立的人格和意志，仅仅是手段和工具性的存在，以服从君主的绝对权威作为其处理君臣关系的唯一准则。为了从心理上和行为上把人彻底变成愚忠愚孝、卑微低下的臣仆，历代统治者很注重用血缘宗法的温情面纱来美化政治统治，通过意识形态的灌输，将君臣关系比附成父子关系，将政治统治言说成血缘人伦，申之以“事君如事父”的大义。对于这种臣民人格的模塑，构成中国传统最为重要和最具特色的社会化——政治道德化。

政治道德化存在于泛道德化的社会情境之中，在一定程度上将政治与道德相等同并强调政治和道德的双向建构和联姻，“政治采用了道德的形式或者说披上了道德的外衣，政治统治依靠道德规范来维护，政策律令依靠道德宣传来推行，社会秩序依靠伦理道德来稳定”③，以此呈现温情脉脉的面相；道德则成为政治的手段，服务于政治的目的，血缘伦理被视为政治的载体和基础，思想言说

---

① 时中：《中国传统伦理社会与臣民道德研究》，《辽宁大学学报》(哲学社会科学)，2004年第2期，第82页。

② 时中：《中国传统伦理社会与臣民道德研究》，《辽宁大学学报》(哲学社会科学)，2004年第2期，第83页。

③ 马啸原：《论政治的道德化和道德的社会化》，《思想战线》，1994年第3期，第8页。

被用来论证政权的合法性,道德规范被上升为政治原则,而日趋功利化和工具性。为保障这种社会治理模式的整合效度,培养和模塑社会成员的臣民人格就构成了政治道德化的核心内容。

一、政治道德化的内容

围绕着臣民人格的模塑,政治道德化展开为五个方面的内容。

1. 王权主义

政治道德化的首要任务是灌输王权主义,使民众树立君权神授和皇权至上的政治信仰,将王权统治视为理所应当。(1)君主是沟通天人的中枢。"王者,天之所予也。"①"唯天子授命于天。"②中国古代将天地、自然、人类、社会看作是一个传统思维认为的有机统一体,君主处于沟通天人的中枢要位,奉上天之授命统属人类,并能够代表天下芸芸众生直接与天对话,"圣人参于天地,并于鬼神,以治政也"③。由此,天、地、王结成"三位一体","作乐以配天,制礼以配地"④,化育天下万民。这种君权神授的论调将王权加以神圣化,从而论证了王权统治的合法性,巩固了王权主义的政权基础。(2)君主拥有统属社会一切的巨大权力。君主是全社会最大的父家长,拥有对全体社会成员的人身统属权,所谓"天子者,天下之父母也"⑤。"君主是全国土地和财富的最高所有者,所谓'普天之下,莫非王土''邦者,人君之辎重也'。"⑥概言之,君主享有"五独"权力:"天下独占,地位独尊,势位独一,权力独操,决事独断。"⑦

2. 大一统论

大一统论是涵盖中国古代有关天下、国家、民族、君权以及社会理想等方方面面的内容,以"治权一统、文化一统、华夷一统、天下一家"为理想追求的政治理念,它深深影响着中华民族追求正统和统一的文化精神气质。(1)治权一统:强调君主总统天下政权,最高权力政出一人不可分割。"为天下主者,天也。继天者,君也。君之所有者,命也。为人臣而侵其君之所命而用之,是不臣也。为

① 《春秋繁露·尧舜不擅移汤武不专杀》。

② 《礼记·表记》。

③ 《礼记·礼运》。

④ 《礼记·乐记》。

⑤ 《盐铁论·备胡》。

⑥ 刘泽华:《中国的王权主义》,上海人民出版社2000年版,第144页。

⑦ 刘泽华:《中国传统政治哲学与社会整合》,中国社会科学出版社2000年版,第159页。

人君而失其命,是不君也。君不君,臣不臣,此天下所以倾也。”[①]只有君主一人中央集权,独头统治才能维护天下一统、国家稳定,一旦君权旁落权力下移,就会“天下无道”国家动乱。为保证治权一统,不仅要在等级制度上确保天子至尊,采取各种尊君卑臣的措施,还要在权力配置上实行强干弱枝、大本小末政策,以明君臣之分,确保天子对臣民的有效支配。(2)文化一统:主张由国家权力统一学术、统一思想以营造符合政治统治需要和要求的正统文化氛围,其实质为文化专制,强调臣民对正统文化的遵从和对异端文化的抵斥。基于文化一统,中国传统政治一直将儒学作为正统意识形态来统一思想、文化。(3)华夷一统;处理华夷关系构成大一统理论的重要内容。中华民族历来存有“华夷之辩”的民族优越感,认为汉民族(华夏族)和其他少数民族之间存在族类亲疏的血缘之别,内外远近的地域之别,礼仪文明的习俗之别,道德优劣的文化之别,人类禽兽之别,高低贵贱之别,其中尤以道德文化之别最为根本,即“以华夏文化为优,以夷狄文化为劣,行华夏礼义为华,不行华夏礼义则为夷”[②]。因而,“尊王攘夷”“以夏变夷”是“春秋大义”之所在,其目的是维护以华夏王权为天下共主、以华夏文明为统一文化的“大一统”,将王者之政、礼义之化由内及外、由近及远,传播覆盖到夷狄之地,最终达到无国家之分、种族之别、文化之异的华夷一统的目的。

3. 宗法伦理

在“家国同构、君父同格”的传统社会,王权统治是宗法社会结构及其观念政治化的产物。基于宗族制度的祖先崇拜、血缘亲情、宗法道德以及由此衍生的心理上的归属感,成为王权统治的起点。“君父”“子民”这一传统政治意识成为一个国家的观念模式,溯其本源是作为范本和基本的宗法制度宗法观念在政治制度、政治观念中的复制和移植。宗法价值观的核心是父家长崇拜,君父是全社会最大的宗法父家长,因而君权至上成为最重要的价值尺度,并在观念上确立了几点宗法政治原则:“其一,君主绝对权威原则。宗法家长权威以个人专断和绝对服从为特征,并以等级特权保证这种权威的实现。宗主对族人、大宗对小宗、父家长对家庭其他成员的特权转换为政治关系原则就是君主独裁与专制。[③] 其二,君主支配一切原则。依据宗法,家长是家庭一切财产(包括妻妾、子女、奴仆)的占有者和支配者,普天之下,莫非王土,率土之滨,莫非王臣,王权支

① 刘泽华:《中国传统政治哲学与社会整合》,中国社会科学出版社2000年版,第116页。

② 刘泽华:《中国传统政治哲学与社会整合》,中国社会科学出版社2000年版,第134页。

③ 刘泽华:《中国的王权主义》,上海人民出版社2000年版,第226页。

配一切。其三，君权宗祧继承原则。[①] 依据宗法观念，王位世袭如同父产子继，乃是天经地义。其四，臣民绝对忠孝原则。君为民之父母，所以君与臣同父与子是同一种隶属关系，于是'事君以忠'与'事父以孝'，'君命不贰'与'违命不孝'相辅相成，成为被社会所公认的行为准则。"以上宗法伦理观念的系统表述即为"王道三纲"，其规定的"为子为臣，惟忠惟孝"的君臣大义是中国传统臣民人格形塑的重中之重。

4. 人治

"人治"即指依靠道德高尚的圣君贤臣通过道德示范、道德感化的方式来治理国家，"道之以政，齐之以刑，民免而无耻；道之以德，齐之以礼，有耻且格"。强调"以德治民""以德化民"。人治统治取消了政治行为的一般性规范，没有一个适用于一切人（包括统治者在内）的通用的行为准则，统治者打着道德名义而将个人意志凌驾于法律规范之上，凭个人的好恶和喜怒进行统治而带有很大的随意性、不稳定性和不可预期性，往往对不同的人采取不同的行为标准，对某些人讲道德而对另一些人用法律，即所谓"刑不上大夫，礼不下庶人"。由此，"民"被划成三六九等，对上层等级重劝说诱导而轻刑罚，对下层民众则往往施以重律严法。这种治理方式对于中国民众臣民人格的模塑具有至关重要的作用。

5. 崇公抑私与忠君爱国

在传统中国，统治者将"公"与"私"完全对立起来，要求人们在道德意识上"崇公抑私""大公无私"。为此，官方意识形态对"公"进行了无限的颂扬，将"公"诉诸本体，认为公源于道，即所谓"大道之行也，天下为公"；同时又将所有与个体自我相联系的"私"看作万恶之源，视为政治的大敌，而全力进行批判、抑制、杜绝。"国"是"天下之大公"，而"君"完全地掌握着天下为公的手段和途径，因而倡导崇公抑私的现实目的就是要培养民众忠君爱国的品格，其核心是教导臣民在"以礼明分"的社会生活体系中，各安其位，各行其礼，安分守己。平日里，完粮纳税，循规蹈矩；战乱时，为维护民族大义而勇于牺牲个人小利，甚至舍生取义为国捐躯。这种意识形态的灌输经由几千年的积习、强化，已经形成了一种民族性的超稳定结构和深层心理认同。文化精英们出于其维护既存秩序和权力的立场，还大力倡导"忠孝"观念。在传统中国君父一体、家国同构的社会治理结构中，"君与臣、父与子属于同一支配模式，所以忠与孝在逻辑、宗旨和内容上颇相似，君即父，父即君，忠与孝皆为事君事父规范"[②]。这种忠孝一体论

① 刘泽华：《中国的王权主义》，上海人民出版社 2000 年版，第 227 页。

② 刘泽华：《中国的王权主义》，上海人民出版社 2000 年版，第 254 页。

要求事君如事父,"为子为臣,惟忠惟孝",树立一种臣民绝对义务观念。可以说,忠孝观念不仅是普遍认同的道德文化,而且也是具有强制性的政治规范,是传统社会"人之为人"的重要内容。

二、政治道德化的结果

1. 主奴综合意识的泛化

政治道德化的最直接的结果是造成了中国传统社会主奴综合意识的泛化。在传统社会,几乎一切人与人之间的纵向关系都有明确的序位,构成等级关系。在经济关系上,生产资料占有者与生产者之间构成主奴或近乎主奴的隶属关系;"在政治关系上,帝王、官僚、庶民之间等级分明,君支配臣,臣支配民。官僚队伍内部也等级分明,形成上对下的支配和下对上的依附;在宗法关系上,大宗与小宗、父家长与其他家庭成员以及长辈与晚辈、兄与弟、夫与妻、嫡与庶,都属于支配与被支配关系"①。其他各种社会关系也都类似等级关系。整个社会呈现金字塔式的社会等级结构。在等级结构中,存在上下之分,尊卑之别,上对下施以权威支配,下对上表达权威崇拜,于是一切居尊居长者都是"主",一切处卑处幼者都为"奴",整个社会统分为主子和奴才这两大角色系列:前者有男、夫、父、长、兄、主、上、君,后者有女、妇、子、幼、弟、奴、下、臣。等级结构又是一个连续的结构,人们往往身兼上与下、尊与贵、主与奴的角色丛,时而遵行主子规范,时而恪守奴才规范,对上为奴同时对下为主。并且通过生命历程与社会经历,转换角色,或化主为奴,或化奴为主。如"在家庭中,子孙变成父祖,媳妇熬成婆婆,卑幼跻身尊长,偏妾扶为正室等;在社会中,徒弟熬成师傅,佃户变成东家;在政治上,庶民变成官僚,僚属升为官长,大官贬为小官,权威沦为刑徒"②。可以说,在传统中国社会,几乎所有社会个体都具备主奴综合意识,都在阶段性或共时性地扮演主奴双重角色。

2. 全民官本位

政治道德化所模塑的臣民人格,使整个社会织就了一张权威支配和权威崇拜的大网,进而形成了全民官本位的社会价值尺度和心理取向。官本位包括了以下四点内涵:"其一,公共权力的运行以'官'的利益和意志为最根本的出发点和落脚点,人治的统治模式将公权力私有化,置统治权力于法律约束之上;其二,严格的上下层级制度,下级对上级唯首是瞻,上级对下级拥有绝对的支配

---

① 刘泽华:《中国的王权主义》,上海人民出版社2000年版,第372页。

② 刘泽华:《中国的王权主义》,上海人民出版社2000年版,第376页。

权，上下级之间形成权力的人身依附关系；其三，以是否为官、官职大小、官阶高低为标尺，或参照官阶级别来衡量人们社会地位和人生价值的社会价值尺度；其四，普遍存在敬官、畏官的社会心理，以官为本、以官为尊、以官为准。"①官本位的实质就是权本位、利本位。全民官本位使得人人追权逐利，将做官视为人生的最高价值追求，学而优则仕。一切为了当官，当官有了一切，造成全社会对权力顶礼膜拜，在敬畏权力的同时又渴望权力，一朝权在手，便把令来行，权力的滥用被无限地泛化了，官场的用权借势、寻靠山找关系得庇护等一套套潜规则被复制移植到了社会生活的方方面面。

3. 公私分殊

政治道德化所具有的精英主义传统将政治视作是精英们责无旁贷的分内事，而无关乎平民百姓，"民可使由之，不可使知之"。政治精英们通过对普通百姓的政治话语权进行巧取豪夺来销蚀他们对于政治的责任意识和参与意识。于是，对普通民众"莫谈国事"的劝喻较"天下兴亡，匹夫有责"的动员显得更为现实和更具效果，"各人自扫门前雪，休管他人瓦上霜"，对于政治这一事不关己的"瓦上之霜"采取"敬鬼神而远之"的态度，进而整个社会的"公域"缺失。② 同时，政治道德化大力宣扬"崇公抑私"，将所有与小我相关的思想欲望都视为"私"，视为"恶"而大加鞭挞，但事实上，"私"植根于人的人性，作为个体自我的一部分又是无法根除的。由此，崇公抑私带来的是整个社会没有光明正大、开诚布公的追求私利，人们没有主体性权利，而只能在表面上纯粹无私，暗地里却拼命逐利。公与私在社会舆论上分道扬镳的同时在社会现实中却又边界不分，任何人都可以假公济私、损公肥私、阳公阴私。由此，政治道德化造成中国社会的公私分殊，公与私处于两张皮却又粘连不清的尴尬状态。

三、政治道德化的途径

臣民人格的模塑和培养，离不开各种社会化的机构和渠道。传统中国政治道德化的途径主要有家法族规的训导，学校教化系统与科举取士的政治录用渠道，官方的宣讲表彰活动和祭祀仪式，民间文化艺术的潜移默化。

---

① 李自立、李晓燕：《官本位政治文化：对以人为本的否定》，http://www.yjsy.ecnu.edu.cn/daxue/ten/10-b-1.htm.

② 冯婷：《公私分殊与中国人的政治参与》，《中共浙江省委党校学报》，2007 年第 1 期，第 102 页。

1. 家法族规的训导

家法族规是臣民人格培养的最有力因素，作为基于促使家人、族人能够修身、齐家，保护和维护家庭家族的现存秩序，振兴和发展壮大家庭家族的需要而存在的在家族内处于最高地位、具有最高约束力的文本规范，家法族规的社会化效应集中体现于以下三个方面：(1)促进家国同构的社会整合。家法族规是连接了国与家的社会规范，可作为国法的补充，与朝廷的土地和人口管理制度共同成为维护国家完整与社会秩序的同化力量，即所谓“牧令所不能治者，宗子能治之”①。(2)弘扬官方伦理文化。儒家文化中“学做圣贤”的道理，在社会生活的具体空间内主要由家法族规来维护和传递，包括“宗法伦理、忠君爱国、道德准则、尊师重教、读书唯上、重农抑商、重男轻女”②等观念、思想与行为规范在家法族规里都有涉及和规约。(3)以劝导方式训教子女。家法族规颇多对君臣关系、官民关系、公私关系的训导，强调为政者的政治美德和为臣子的绝对义务观念，对个体方方面面的思想、行为和生活方式进行着细致入微的规范。以上三点，表明家法族规是在家与国之间搭建出来的一种最稳定的社会化机构。

2. 学校教化系统与科举取士的政治录用渠道

学校系统和科举制度是政治道德化的又一个重要途径。“教化者为治之本，学校者教化之源”，历代统治者都很重视学校的道德教化作用，将兴办各级学校作为对民众进行政治道德化的首要途径。中国传统的学校系统被牢牢束缚于政治权力的控制范围之内，与主流意识形态始终保持着高度的一致。学校的使命不仅仅是知识的传授，更重要的是帮助学子“成人”，也就是模塑臣民人格的过程。“谨痒序之教，申之以孝悌之义”，培养“孝悌”意识是学校教育的根本目的和最终归宿。

此外，科举制度也同学校教育一样发挥着教化与治理合二为一的功能。科举取士的政治录用渠道，造成了“考试取向的社会结构”③，塑造了“学而优则仕”、读书与做官、道德与权力相结合的社会心理取向，在最广泛的社会结构层面上衔接了教育制度与官吏制度，从而在最大范围和最深层面上发挥着模塑臣民人格的政治道德化作用。

---

① 马和民：《论传统中国社会教化实践和社会化榜样》，《浙江大学学报》（人文社会科学版），2004 年第 5 期，第 30 页。

② 费成康：《中国的家法族规》，上海社会科学院出版社 1998 年版，第 158 页。

③ 马和民：《从“仁”到“人”：社会化危机及其出路》，北京师范大学出版社 2006 年版，第 60 页。

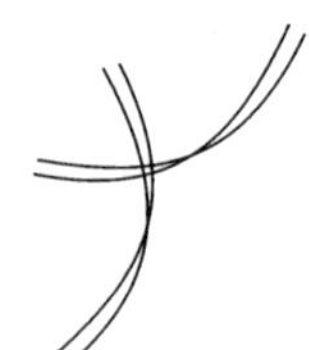

3. 官方的宣讲表彰活动和祭祀仪式

除教育制度和官吏制度的系统教化外，统治者还很注重通过各种社会性的宣讲表彰活动以及制度化的祭祀仪式来移风易俗，在潜移默化中推进政治道德化。对于社会民间的才行高秀、节烈卓异者及其高风亮节者，官方会给予声势浩大的宣讲表彰，举"孝廉"，封"忠臣"，命"节妇"，树"烈女"。一方面，统治者通过宣讲表彰这些道德楷模来树立臣民人格的社会化榜样，通过对个别行为的褒贬，以点带面，激发更多的人效仿这种行为，从而实现对整个社会道德风气的引导。强化正统的社会价值观。另一方面，"上有国君赐封，中有史官立传学者入书，下有百姓有口皆碑"①，这一宣讲表彰活动本身就在制造和强化着臣民人格形塑的社会舆论和正统价值观。

在古代中国，官方会定期和不定期地举行各种祭祀仪式，如祭天祀祖的封禅郊祭，拜祭圣哲的祭孔大典等，形式不一，但主旨相同，都是出于王权主义、宗法礼教道德教化的需要。就统治者来说，通过对祭祀权的垄断，对祭祀仪式盛大隆重的场面的组织以及对庄严肃穆氛围的渲染来昭示王权主义的天然合理性与不可替代性，来彰显统治者至高无上的地位和令人敬畏的权势，简而言之，就是借助祭祀仪式来给王权统治罩上一圈神圣的光环；就臣民而言，通过亲临目睹祭祀仪式，能够在内心加深对儒家宗法礼教观念和精神的体认，唤起或强化对于既存秩序的依附感和归属感，进而达到强化内化机制以巩固统治的社会效果。

4. 民间文学艺术的潜移默化

中国传统民间文学艺术博大精深，浩如烟海，但其永恒的主题只有一个，那就是对传统道德规范和礼教精神的言说。不管是正面肯定宣扬，还是负面抨击扬弃，都始终落在这一主题框架的窠臼之中，因而，传统民间文学艺术总在或明或暗、或多或少、有意无意地宣扬着传统礼教的精神和价值观。总的来说，民间文学艺术的潜移默化来自各个途径：一方面，塑造形形色色的人物形象，为人们树立了各种各样的社会化榜样，像一生辅国鞠躬尽瘁的诸葛亮，宁死不屈不事二主的文天祥，忠君爱国誓不投敌的苏武，等等。诸如此类数不胜数，宣扬这些高风亮节并从中抽象提升出各种高尚品德和精神来形塑着人们的人生观和价值取向。另一方面，民间文学艺术的字里行间都渗透着儒家礼教的宗法伦理精神，例如，我国传统的"四大名著"，街头巷尾的说唱戏曲，无一不是深深烙上了宗法伦理道德的印记，任何一种民间艺术都概莫能外。

---

① 胡静：《儒家道德教化现象之分析》，《江汉论坛》2004 年第 5 期，第 60 页。

第四节　反向社会化在中国

自古以来，社会化的过程基本上表现为年长一代将知识、技能、价值观念、生活方式传递给年轻一代的过程。在这一过程中，父辈长者总是扮演着施化者的角色，年轻一代总是居于受化者的地位。这在中国这个讲究上下尊卑等级秩序的社会中尤其突出。实际上，这也是保证上述中国人社会化的特征得以延续、保证政治道德化这种社会化模式得以生效的基本条件。但是，不能忽视，上述这种由上对下进行社会化的法则及其天经地义的合理性在现代社会、在今日的中国已经遭遇到了挑战。随着科学技术迅猛发展，社会文化急剧变迁，社会生活日新月异，社会化已不再仅仅局限于传统的正向社会化，而出现了受化者反过来对施化者施加影响，长辈向晚辈学习的反向社会化。

一、反向社会化的表现

由于着眼点的不同，反向社会化也可称为"文化反哺"。"文化反哺"着眼于文化传承——"在疾速的文化变迁时代所发生的年长一代向年轻一代进行广泛的文化吸收的过程"①——其实质是小辈的非主流文化对社会主流文化积极主动的作用影响。从社会学的视角看，"文化反哺"是一个不折不扣的反向社会化过程，即"传统受教育者对教育者反过来施加影响，向他们传授社会知识、价值观念和行为规范的一种自下而上的社会化过程"②。

今天，反向社会化已涉及中国社会生活的方方面面：从器物和日常行为的文化表层一直纵深到生活态度、价值观等"灵魂深处"。

首先，在新器物的使用和新潮流的引领上，年轻一代垄断着话语权。他们天生就是各种新观念、新知识、新器物、新的生活方式的弄潮儿，对年长一辈的消费、休闲、社交等行为方式产生了深刻而巨大的影响。对今日中国社会之"文化反哺"现象素有研究的社会心理学者周晓虹曾指出：

> 消费行为领域是父母受到孩子影响的一个十分重要的方面。研

① 周晓虹：《试论当代中国青年文化的反哺意义》，《青年研究》，1988 年第 11 期，第 23 页。

② 周晓虹：《现代社会心理学》，上海人民出版社 1997 年版，第 162 页。

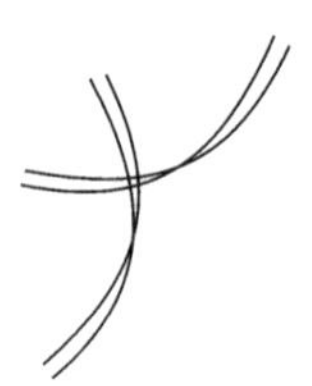

> 究发现，子女输送给父母的不仅包括有关于消费品的种类、款式、品牌、特性、价格等方面的信息，还往往涉及新的消费方式和消费观念。
>
> ……
>
> 子代对亲代日常行为的影响还包括向后者不断提供各种生活常识。这在传统社会原本属于父母向子女传授经验的基本领域，但随着变迁的加剧，亲代能够提供给子代的越来越少，而子代能够“反哺”亲代的却越来越多。在我们的访谈中发现，子代现在向亲代提供的日常生活知识包括医学保健、家庭烹饪（尤其是各种新食品）、交通法规以及后面还要论及的电器使用方法，在移民家庭中还涉及道路信息、商业网点、差旅知识等。①

其次，年轻一代对于社会和人生的理解、看法也在潜移默化地影响着年长一代的价值观和生活态度。尽管年长一代对年轻一代新颖奇特的思想观念、力求摆脱约束的行为规范感到迷惑不解，甚而摇头叹气乃至指斥责难，但事实上他们都或多或少地受到了青年文化的冲击、影响和改造。周晓虹通过实证访谈，发现在以下三个方面，年长的一代几乎无例外地受到年轻一代程度不等的影响：(1)对社会和人生的理解。(2)对消费和金钱的看法。(3)对审美和生活情趣的看法。②

二、反向社会化的驱动力

反向社会化所带来的文化传承模式的“倒置”是我们这个物质生产高度繁荣、社会文化急剧变迁的时代特有的现象。因此，“它的产生一方面同亲子两代人各自的身心特点有关；另一方面更是这个瞬息万变的时代所造就的”③。

第一，社会变迁的加剧，新事物和新规则的层出不穷，是反向社会化出现的宏观背景。从世界范围看，二战后科技革命的发展使得整个社会发生了巨大的变革。以电子计算机为核心的电子技术、生物技术、光通信技术、海洋工程、空间勘探以及新材料、新能源的开发利用等，所有这些都使人与自然的关系、人与人的关系发生了根本性的变化，与之相伴的新器物、新规则、新的价值观念以及新的生活方式在社会生活领域日益凸显，所有这些都冲击并改变着许多被视为

① 周晓虹：《文化反哺：变迁社会中的亲子传承》，《社会学研究》，2000年第2期，第59页。

② 周晓虹：《文化反哺：变迁社会中的亲子传承》，《社会学研究》，2000年第2期，第57—58页。

③ 周晓虹：《文化反哺：变迁社会中的亲子传承》，《社会学研究》，2000年第2期，第60页。

天经地义的传统“游戏”规则。

在中国，同样发生着翻天覆地的社会变革。在结束了动乱的十年“文革”之后，紧接着迎来了经济体制改革开放的新纪元，伴随着经济改革，中国的政治体制、社会生活、时代精神以及人们的价值观和行为方式都发生了巨大的，甚至令人难以适应的变化。“以往奉若神明的东西，今天都被翻了个个儿；而以往视若洪水猛兽的东西，今天却成了人们追逐的对象”①，传统的价值观、行为方式与社会现实之间出现了明显的断裂和脱节，由此所产生的新时代和旧时代的对立、现代化与传统的冲突使年长一代原有的知识和经验失去了传承价值而难以适应、茫然无措，而年轻一代却在这场由动乱走向开放的大迁徙中获得了其巨大的反哺能力。

第二，年轻一代与年长一代在了解和接受新事物方面存在着显著差异，这构成了反向社会化的内在动因。对年长一代而言，他们的生活态度和行为方式都已经定型并倾向于保守和谨慎，对很多新鲜事物缺乏兴趣；同时，由于受制于旧有知识的掣肘和传统经验的束缚，年长一代也缺乏接受和适应的能力，往往难以突破思维定式去认同一个与旧有经验不一致的新知识。面对突如其来的时代剧变，年长一代犹如置身于一个陌生的新大陆，无法从容应对。周晓虹指出，对于老一代来说：

> (1)就一般而言，随着年龄的增加，生活态度和行为模式都已经定型了，对新鲜事物的关注度降低了，对很多事情也不再会产生兴趣。
>
> (2)对特定的这一代父母而言，1979 年前的保守封闭的社会氛围以及不正规的教育，使得他们中的许多人文化基础和外语水平很低，无法吸收不断出现的各种新知识和新文化。
>
> (3)最后，也是最重要的一点，几乎所有的被访者都谈到，传统和经验的束缚常常是使年长一代和新事物、新潮流失之交臂的主要原因。②

而年轻一代由于没有旧有习惯、经验、观念的束缚，且对新事物好奇心强、敏感性高，以及现今正规系统教育打下的牢固基础，都使得他们能够很快地接受新事物、适应新环境，在时代变迁面前得心应手、游刃有余。这是年轻一代能

① 周晓虹：《试论当代中国青年文化的反哺意义》，《青年研究》，1988 年第 11 期，第 25 页。

② 周晓虹：《文化反哺：变迁社会中的亲子传承》，《社会学研究》，2000 年第 2 期，第 61 页。

够反哺长辈的内在基础。

第三，同伴群体和大众传媒是年轻一代获得反哺能力的重要途径。我们知道，同伴群体和大众传媒这两个社会化机构对个体的社会化具有举足轻重的影响。与同伴的亲密交往是个体了解社会、观察现实、获得大量知识和信息的重要来源，同伴们“相互间的算数级数式的交流使他们的知识和信息获得了一种几何倍数式的增长”①。而大众传媒特别是电子计算机的信息网络更可谓是年轻者向年老者进行“文化反哺”的取之不尽的知识蓄水池。今日的中国，随着网络日益成为人们社会生活中获取和传播信息的一个非常重要，甚至不可缺少的媒介，网络一方面如研究者所指出的那样，已成为青少年社会化过程中的一个举足轻重的影响因子(详见第五节)，另一方面由于年轻一代在掌握网络信息传播新技术方面较老一辈具有明显的优势，因而，与网络时代、全球信息共享时代同时来临的，是年轻一代凭借着新技术、新观念、新规则方面的领先优势而对老一辈进行文化反哺或者说是反向社会化的时代。

三、反向社会化的价值与意义

反向社会化作为现代社会特有的社会化形式和文化传承模式，其社会价值不容忽视。

1. 反向社会化是缓和代际隔阂的一个有效途径。现代社会急剧变迁，代与代之间由于成长环境、社会经历和心理特质的不同而在生活态度、价值观和行为方式上产生差异、隔阂甚至冲突，传统的单向社会教化和文化传承方式已无法满足社会现实的巨变，反向社会化的存在恰好能够缩小差异、增进共识，从而有效地弥合代际隔阂。

2. 对年轻一代而言，反向社会化能够提高他们的话语权、激发他们的开拓创新精神。传统社会的单向社会化过分强调个人对长辈权威的服从，致使年轻一代缺乏独立意识和创新精神，他们的责任仅仅在于如何不走样地继承祖辈的传统，很少能想到要发挥自己的能动性，开创新生活。现代社会中反向社会化的大量存在，使年轻一代不只是从老一辈那里继承接受既存的传统文化，还能够充分发挥自己的思想和创造，将创新因子作用和影响年长一代。这大大增强了年轻一代的自信和力量，激发了他们为社会的发展和进步积极创新、主动承担起继承过去、开创未来的自觉精神和历史责任感。

---

① 周晓虹:《文化反哺:变迁社会中的亲子传承》,《社会学研究》,2000 年第 2 期,第 62 页。

3.对年长一辈来说，来自子代的文化反哺则实实在在地提高了他们的社会适应能力。年长一代由于受传统知识、经验、习惯和固有思维方式的束缚，对新事物的接受能力及对新环境的适应能力较差，“面对急速变迁的社会，他们不时有一种失落感、沮丧感和不适应感。而通过文化反哺，年长一代获得了大量关于新事物、新环境的知识，这不但开阔了他们的眼界，启迪了他们的思维，开拓了他们的思路，也提高了他们在急剧变化的社会中从容应对的胆量和能力，为他们能继续站在时代的前列，充当社会的中坚力量，引导历史潮流创造了有利条件”①。

总之，反向社会化在当代中国，发生在我们这个古老的传统社会走向现代化之时，这一宏大的历史背景注定了反向社会化是促进文化变迁，推动社会发展的创造性力量，将带给我们普遍意义上的文化的反哺、社会的返青。

第五节　社会化的新因素：网络

传统上，个体的社会化主要通过家庭、学校、大众传媒、同辈群体以及职业组织等来完成，这从上面我们对政治道德化的途径的叙述中即可看出。但是随着科技的迅猛发展，计算机网络日益成为人们社会生活中不可缺少的信息传播媒介，它以其特有的方式向人们展现了一个全新的虚拟社会环境，对今日中国青少年的社会化产生了巨大的影响。

一、网络社会化的优势

网络以其结构的开放性、过程的交互性、时空的脱域性、传播的即时性、信息的共享性构建起了一个庞大的虚拟社会。在那里，一个个匿名的个体通过文字、图像、声音等符号以“人—机”“人—机—人”的互动方式建立并维系着彼此的虚拟关系，共同分享这个另类的社会空间。通过网络和网络社会，人们可以无限获取各种知识和信息，分享社会经验，习得特定的行为方式。可以说，网络已开拓出一个全新的社会化环境。

网络社会化作为一种全新的社会化模式，较传统社会化具有后者无可比拟的巨大优势。具体表现为：

① 弓丽娜：《现代社会中的青年文化反哺现象探析》，《道德与文明》，2004年第4期，第71页。

1. 网络为个体提供了一个学习文化知识，掌握社会技能的巨大资源平台。网络能够突破时空局限及各种现实中的准入机制的限制，即时、快速、全方位地把时空范畴中几乎所有的人类文明成果图文并茂地传输给个体，使个体可以在最大范围的社会化环境中获得海量知识。同样地，网络囊括了几乎所有的信息资源，为个体获得常识经验，掌握生活技能打开了方便之门。网络资源的共享化和开放性使得个体的学习不用再依赖和仰仗传统的社会化机构，从而大大降低了社会化成本。

2. 网络所创生的虚拟社会为个体提供了扮演社会角色的实践空间。较之传统社会只能提供现实的人际交往和社会关系，在网络社会的匿名交往中，人们的社会身份是隐秘的，社会关系是不明确的，社会差异是不存在的，“这种开放性扩大了人们进行平等、自由交往的范围和互动机会，使人们可以在忽略角色、地位差异的前提下进行自由交往与互动”①。这一方面促使那些在现实社会难以交往互动的不同阶层的人群相互了解；另一方面，个体在匿名情境中尝试扮演多种在现实中向往却又无法实现的社会角色，有助于个体对不同角色的理解和领悟，进而为社会角色的真实扮演提供了实践和预演的机会。以腾讯公司的 QQ 为例，QQ 的每一个用户都有一份随时可以更改的个人资料，其中包括网名，可随意更改代表自己的头像、性别、年龄、省份、国籍等信息。网络中的人们可以根据自己的喜好随心所欲地塑造自己的身份。网络的这种匿名性和虚拟性恰好迎合了人们的“面具”心理。心理学研究表明，人在社会中总需要一定的面具，而现实人际传播中面对面的特征使得人们的“面具”得不到安全保障，随时可能发生“面具脱落”的危险。而网络则不同，网络本身就具有一种“遮蔽”和“再造”的功能，这样就给网络人际传播中的网民提供了极好而又安全的面具。有调查显示：过半数的网民确实喜欢在网上尝试身份的改变。目前 QQ 上 90% 以上的个人资料不提供任何可让对方得知或猜测的有效信息。因此，不难看出，网络确实提供了一个自我隐匿的空间，并激发人们去隐匿和尝试变化的欲望。②

3. 网络社会化使得受化者的自主性大大提高。在传统社会化过程中，个体始终处于受化者的角色，通过接受施化者的积极教导而展开他的社会化历程。这种被动状态，使得个体的社会化内容往往受制和取决于施化者的主观好恶和

① 魏宏歆：《网络与青少年社会化》，《中国人民公安大学学报》，2001 年第 3 期，第 95 页。

② 陈泳华：《网络人际传播中网民的分裂心态及自我调适》，《河北师范大学学报》(教育科学版)，2003 年第 1 期，第 100—101 页。

人为筛选；同时，施化者的权威使得个体的社会化富于强制性和惩罚性的特征，严重压抑了个体的主观能动性和个性潜能，造成个体对施化者的过度依赖以及施化者对个体的权威约束。而在网络时代，网络的开放性、平等性和共享化使得人们的社会化空间大大拓展，个体可以在一个不受社会权威约束的相对自主的社会环境中按需学习、自主学习。只要有一台 PC 机外加一些网络设备，个体就完全可以独身闯荡网络世界，从中自主寻求、自由吸收任何他感兴趣和所需要的知识信息，从而大大弱化了个体实现社会化的被动状态，也大大提高了个体在社会化过程中的主观能动性和自主性。

4. 网络社会化过程的双向性大大增强。在传统社会，个体的社会化主要是长辈向子辈单向传递社会化内容的过程。而在网络社会里，不存在权威尊长与无名小辈的身份差异，人们的真实身份被平等的符号所屏蔽，这种隐身性使得个体“在作为受化者的同时也兼具施化者的身份”①，在接受施化者的社会化的同时也加强了自身对社会的反向社会化作用。

二、网络社会化的局限与弊端

网络犹如一把双刃剑，我们在看到它对于推动个体社会化的有利一面时，也不应忽略由于其自身局限而给个体社会化带来的诸多弊端。

从个体的角度来说，网络社会化的负面影响主要表现在以下三个方面：

1. 网络的虚拟性和非人际化会对个体健全人格和自我意识的形塑带来障碍。我们知道，个体是在与他人的交往互动中逐渐形成人格和自我意识，个体的自我认知很大程度上取决于他者的观照和评价，也就是“镜中我”的概念。现实的人际互动方式与网络的虚拟互动方式是很不同的，后者必须借助于机器和符号并且因之匿名性而可以无所顾忌，因而网络他者的评价往往与现实观照眼光和评价标准相左，由此造成个体自我认知的偏差混乱甚至于人格的分裂。

2. 网络的开放性和庸俗化会造成个体的价值失范。网络如同一个巨大的自由市场，几乎将全部的信息尽收网中，其中不乏许多良莠不齐、鱼龙混杂的有害信息。个体身处其间往往会导致价值失范：对现实中的主流价值抱持怀疑和排斥的态度，无法将其作为自己的价值观，因而在观念和行动上缺乏有力的价值约束和规范。网络所造成的价值失范集中体现在两个方面：其一，网络极大地弱化了个体对集体的依附和依赖，空前地释放了个体的潜能和个性，进而使

① 赵新立、刘海霞：《浅谈网络化与青少年社会化》，《烟台师范学院学报》，2004 年第 2 期，第 121 页。

得个体往往重个人权利而轻社会责任义务，淡漠集体主义而追求以自我为中心的个人主义；其二，网络中各种庸俗化信息的泛滥导致个体道德观念、道德品质的滑坡。网络给人们提供的是一个介于似与不似之间的拟态社会。在这个社会中，个人的道德意识、价值观念进入了一个空前宽松的环境中，人们进入了一个"反正没有人管我"的新天地，容易堕入道德相对主义，并且极有可能产生道德上的怀疑主义、虚无主义和个人主义的泛滥。这对于整个社会的发展显然是极为不利的。而正处于成长期的青少年，他们很可能将网络中习以为常的任性、放纵、撒谎、不负责任、不守规范等恶习应用到现实生活当中，造成道德观念淡薄或缺失的问题，严重的还可能犯罪。①

3.网络社会化与真实社会化的脱节和断裂。所谓"真实社会化"，就是"现实中由家庭、学校、同辈群体、阶层、社区、社会机构等进行的社会化过程"②。这些社会化机构，以培养塑造符合主流价值观和社会传统文化的社会人为目的，以现实社会实践过程中的角色模仿和角色扮演为路径。而个体在网络中所形成的社会认知图式和角色定位往往不相容于现实社会，网络与现实在运作逻辑、行为规范上存在着天壤之别，个体行走于两者之间往往难以调适。举个最浅显的例子，在网络里，个体可以与其间的任何一个人进行交往，可以随意宣泄自己的情感情绪，这在充满社会准则、行为规范的现实世界里是不可能实现的。倘若个体在现实人际交往中依然遵循虚拟交往的互动模式，则就必然产生现实人际关系的碰壁受挫，现实社会交往的诸多障碍。久而久之，个体作为社会人的现实行动能力可能会慢慢退化。这种网络社会化与真实社会的脱节断裂，不利于个体内化社会规范，会造成个体社会化过程中的认知偏差和对现实社会的认同危机。

从社会角度看，网络社会化往往会对社会控制、社会整合带来如下负面影响：一方面，网络社会化的出现大大削弱了传统社会化机构（家庭、学校、社区）的社会化功能，通过网络，个体可以独立自主地完成各种知识经验技能的习得，从而在很大程度上弱化了个体对传统社会化机构的依附和依赖，进而个体与社会集体的联系纽带趋于松散；另一方面，网络的开放性、平等性、匿名性使得社会组织、强力机构对网络社会鞭长莫及，垂直约束形同虚设。这两个方面带来

---

① 陈泳华：《网络人际传播中网民的分裂心态及自我调适》，《河北师范大学学报》（教育科学版），2003年第1期，第102页。

② 赵新立、刘海霞：《浅谈网络化与青少年社会化》，《烟台师范学院学报》，2004年第3期，第121页。

的是一个共同的后果，那就是对社会整合的挑战。

社会化在很大程度上承担着社会整合的作用，社会化机构通过社会教化模塑出符合社会需要的合格的社会成员。然而，网络社会化在这方面恰恰存在着一股反力，它所造就出来的“网络人”往往并不能顺利地融入现实社会生活之中，这一点是我们应该引起注意和反思的。

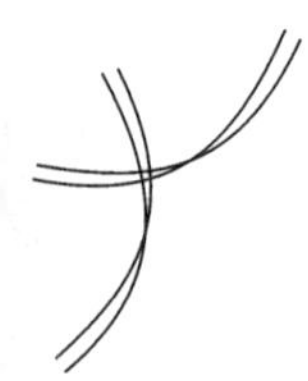

第二章　中国人的角色行为

在第一章中，我们考察分析了中国人的社会化。作为个体与他生活于其中的特定社会文化环境相互作用的过程，从社会方面看，社会化的过程表现为对承载着社会期望的社会角色的学习、扮演、承担的过程；而从个体方面看，则表现为个体的人格特别是自我的形成过程。在接下来的两章中，我们分别来讨论中国人的角色行为和中国人的自我与人格。

第一节　角色概述

一、什么是角色

（一）角色和角色丛

"角色"一词本是戏剧术语，指演员在戏剧舞台上按照剧本的规定所扮演的某一人物。但人们很早就发现了现实社会和戏剧舞台之间的内在联系，舞台上上演的戏剧正是现实社会的缩影，所谓"戏台小天地，天地大舞台"。而较早地把"角色"这个概念正式引入社会学和社会心理学研究的则可能要数美国社会学家乔治·米德和人类学家 R. 林顿了。但时至今日，对于角色还没有一个统一的定义。林顿认为："角色是地位的动力方面。个体在社会中占有与他人地位相联系的一定地位。当个体根据他在社会中所处的地位来实现自己的权利和义务时，他就扮演着相应的角色。"①另有许多人在谈到角色时都同意把角色看成是一套围绕地位的期待系统。一个很典型的观点是以演戏做比喻把期待区分为三个层次：(1)来自剧本的期望；(2)来自其他演员的期望；(3)来自观众

① Linton, Ralph. The Study of Man. New York: Appleton Century Crofts, 113.

的期望。来自剧本的期望是指社会系统中的每个位置都有相应的规范，具体说明个体应该怎样行动。来自其他演员的期望是指在某种互动情境下由参与互动的其他成员提出的要求，这种要求通过其他人的角色扮演构成了人类行为的重要力量。期望的最后一个来源是不直接参与互动的观众有意无意地暗示的希望，观众的这种希望构成了一种参考框架，制约着处于不同地位中的演员的行为。[①] 还有人从另一种角度，通过分析角色的要素来理解角色的含义。如安德列耶娃把角色要素分为三个方面：(1)社会角色是社会中存在的对个体行为的期待系统，这个个体在与其他个体的相互作用中占有一定地位。(2)角色是占有一定地位的个体对自身的期待系统。也就是说，角色是个体与其他个体相互作用中产生的一种特殊行为方式。(3)角色是占有一定地位的个体的外显行为。[②] 不过，尽管对于角色的具体理解言人人殊，但可以看出，不同的学者似乎都肯定角色与地位之间不可分割的联系。而所谓地位，就是个体在社会结构、社会关系和人际关系系统中所占据的位置。这个位置是非人格的，由社会结构所设定的，先于个体而存在。地位赋予占据它的个体以一定的权利和义务，从而来规范个人的行动以及他与占据着社会系统中其他地位的人们之间的互动。换言之，围绕着特定的社会地位，社会各方面对其存在各种期望，个体努力按照这些希望行动形成一个角色。而一个基本的经验事实是，个体在社会中通常并不仅仅只占据一个地位。一个人常常既是儿子，又是父亲；既是学校的教师，又是某人的妻子，还是某个俱乐部的成员。围绕着个体所拥有的这多个地位又存在着从内容到性质都各不相同的期望，于是，“角色丛”的概念就顺理成章地产生了。角色丛就是指同一个体所承担的各种角色的整体。事实上，只要理解了地位和角色，角色丛的概念也就不言而喻了。

(二)角色的分类

从不同的角度，根据不同的标准，可以对角色做出不同的分类。这里我们择要介绍几种。

1.根据角色存在形态的不同，可以将角色划分为理想角色、领悟角色和实践角色。理想角色，亦称期望角色，是指社会或团体对某一特定社会角色所设定的理想规范和公认的行为模式，或者说是一种“应该如何”的社会观点。理想角色属于社会观念的形态。领悟角色是指个体对其所扮演的社会角色的行为

---

① 见乔纳森·特纳：《社会学理论的结构》，浙江人民出版社 1987 年版，第 430 页。

② 安德列耶娃：《西方现代社会心理学》，人民教育出版社 1987 年版，第 170 页。

模式的理解。理想角色是领悟角色的基础，但由于各人所处的环境不同、认知水平不同、价值观念不同、思想方法不同，不同的人对同一角色的规范、行为模式的理解是不完全相同的。领悟角色属于个体观念的形态。实践角色是指个体根据他自己对角色的理解而在执行角色规范过程中表现出来的实际行为。领悟角色是实践角色的前提和基础。但由于每个人的自身条件和环境条件不尽相同，因而即使对角色有相同的理解，落实到行为时也未必相同。实践角色属于客观现实形态。

2. 根据角色扮演者获得角色方式的不同，可以把角色分为先赋角色和自致角色。前者指个人与生俱来或在成长过程中自然获得的、不需要努力去争取就获得的角色，它通常建立在遗传、血缘等先天的或生物的基础上。自致角色是指个人通过自己的努力和活动而获得的角色，自致角色体现了个体的自主选择性。在现代社会，个体一生中扮演的大多数角色都属于自致角色。

3. 根据角色扮演者受角色规范制约程度的不同，可以将角色分为规定性角色和开放性角色，或正式角色和非正式角色。规定性角色或正式角色是那些角色规范比较严格且有明确规定的角色，对角色责任、权利、义务以及处理各种关系的需求等方面的行为规范都有明确的规定。开放性角色或者说非正式角色是那些没有严明的角色规范，个人可以根据自己对其地位和社会期望的理解而较自由地履行角色行为的角色。

4. 根据角色参与程度，可以将角色从参与程度低到参与程度高分为若干类。社会心理学家萨宾(Sarbin)根据角色对互动的参与程度而把角色分为七种类型(见表 2-1)。

表 2-1 萨宾的角色参与分类①

参与程度与角色类型	角色实例
1. 零度参与	街上行人、电影院观众
2. 漫不经心的参与	游览商店的顾客
3. 传统仪式性参与	参与婚丧仪式的亲友
4. 生物性参与	母亲对子女、专心致志的科学家
5. 神经质性深度参与	职业赌徒
6. 情迷意乱的参与	热恋的情侣
7. 精神与外物合一的参与	神灵附体的道士

① Sarbin, T. R. & Allen, V. L., "Role theory", In: Lindzey, G. & Aronson (eds.), The Handbook of Social Psychology. Vol. 1 2d ed. Reading, Mass. : Addison-Wesley, 1968.

二、角色过程

角色扮演者的角色行为过程大体上可以分为角色学习和角色扮演两个方面。从理论上、逻辑上来说，角色学习是角色扮演的基础和前提，因为没有正确的角色认知、角色观念和相应的角色扮演技巧，就不可能扮演好角色。但需要指出的是，这种区分只是在“理论上、逻辑上”，在实际生活中，角色学习事实上是在现实互动中进行的学习，也就是说，在实际社会生活过程中，角色学习和角色扮演往往是“一而二、二而一”的过程。

(一)角色学习

角色学习包括两个方面：一是角色认知，即形成角色观念；二是学习角色技能。

角色观念是个体在特定的社会关系中对自己所扮演的角色的认识、态度、情感的总和。角色观念的内容包括四个方面：第一，角色地位观念，即个体对自己所处地位的认识。第二，角色义务和权利观念，即个体对自己所应履行的角色义务职责和相应权利的认识，它集中体现了角色的社会价值。第三，角色行为观念，即个体对自己所扮演的角色的行为模式的认识。任何角色都有相应的行为模式规定，如果角色应该按某一行为模式行动而角色扮演者却错误地按另一模式行动，就会发生角色混乱。第四，角色形象观念，即个体对自己所扮演的角色应具有的思想、品格、风格等方面的认识，也就是说，在与别人互动中，应以什么样的形象出现。

关于角色认知即角色观念的形成获得过程，有人将它划分为三个阶段，即拒绝角色阶段、承认角色阶段和接受角色阶段。[①] 这种观点把角色观念的形成获得看作是外部强加于个体的过程，因而对于个体来说，这是一个被迫接受的、被动的过程。事实上，在现实社会生活的多数情形中，包括角色观念形成在内的角色学习过程更多的是一个主动的过程，是个体积极加入、努力参与社会生活的一个方面。

角色学习的第二个方面是学习角色技能，即学习掌握顺利完成角色扮演任务、履行角色义务和行使权利、塑造良好的角色形象所必需的知识、智慧、能力和经验等。

对于角色学习，我们可以从总体上这样来理解：

① 奚从清、俞国良：《角色理论研究》，杭州大学出版社 1991 年版，第 103 页。

首先，角色学习是一种综合性的学习，而不是零碎片段的学习，因为角色是根据它所处地位而由各种行为方式组合起来的一个整体，任何零碎的、片段的角色学习都可能导致角色错位、角色混乱、角色冲突等。

其次，角色学习是在互动中进行的学习。没有相应的角色伴侣，没有参照个体或参照群体作为角色学习的榜样和楷模，也就很难体会角色的权利、义务和情感。因此，角色学习实际上都是在社会交往活动中实现的。

最后，角色学习是经常随着个人角色的改变而进行的学习。人在一生中会随着自己本身和社会环境的不断变化而变换自己的角色，这就需要不断地学习以适应新的角色要求。

(二)角色扮演

角色学习是角色扮演的基础和前提，而角色扮演，则是角色要求、角色功能的实现。对于现实社会互动情境中的角色扮演，美国社会学家乔治・米德和戈夫曼做了深入的分析。

乔治・米德认为，角色扮演是互动得以进行和顺利展开的基本条件。人与人之间之所以能进行正常的互动，是因为人们能够辨认和理解他人的语言，识别对方所使用的交往符号的意义，从而预知对方的反应。乔治・米德将这些基本能力称为“扮演他人角色的能力”，它是一种能够看到他人态度和行为意向的能力。在乔治・米德的理论体系中，这种角色扮演能力又被称作“精神”，它包括：(1)理解常规姿态的能力。(2)运用这一姿态去扮演他人角色的能力。(3)想象演习各种行动方案的能力。如果个体具备了这些能力，也就具备了与他人进行互动的基本条件。换言之，个体只有在能够于精神意识过程中潜在地扮演他人角色的前提下，才能在互动中成功地扮演好自己的角色。乔治・米德说：“角色扮演的直接效果，反映在个体对他自己反应的控制之中。只要个体能够扮演他人的角色，那么，他就能自由控制他自己在合作过程中的行动。正是这种透过扮演他人角色来实现的对于个体自己的反应的控制，才使得这种交往沟通对于群体中的行为组织具有了价值，也使得人类群体中的合作行动过程超越了发生在兽群或昆虫社会中的过程。”①

假如说，乔治・米德对于角色扮演的论述比较抽象的话，那么，他的再传弟子戈夫曼(Erving Goffmem)对角色扮演的阐释就比较具象。在 1959 年出版的

① 乔治・米德：《心灵、自我与社会》，胡荣、王小章译，桂冠图书公司 1995 年版，第 245 页。

《日常生活中自我呈现》一书中，戈夫曼从角色概念出发，将社会与舞台进行了广泛的比较，从而提出了他的"拟剧理论"。他几乎把现实生活中的情境完全比作演戏，把社会成员看作是演员，着重研究解释角色行为的符号形式。他在研究中广泛地引入了诸如"观众""门面""前台""后台"等一系列舞台术语。"观众"是对角色扮演发生影响的其他人；"门面"由周围环境、角色扮演者的个人外貌以及行为方式构成；"前台"与"后台"是根据角色在与"观众"的互动中所处位置而区分的：在"前台"，角色与"观众"发生直接互动，而在"后台"，角色所表现出来的行为虽然可能与角色扮演有关，但通常不为"观众"所直接感知，因而可以看成是角色与"观众"的间接互动。对于角色扮演者来说，在"前台"要求严格按照角色要求行动，而在"后台"则没有这种要求。总体上，戈夫曼的理论特别关注个体是如何通过角色扮演而给别人留下他所希望留下的印象，因而通常被归入印象整饰的范畴。

第二节　"份"：中国人的角色观念

如上所述，从理论上讲，角色学习是角色行为过程的前提和基础，而角色认知、角色观念的形成则又可以说是角色学习的开始。我们不妨就从角色观念进入对中国人角色行为的讨论。

如同角色和地位密不可分一样，不少人指出，中国人的角色与身份紧密相连，甚至可以说，对身份的体认和意识就是中国人的角色认知、角色观念。① 值得指出的是，尽管英文中的"identity"常常被翻译成"身份"，事实上，这两个词的意义是不同的。identity 指的是个体的自我认同，具有较强的主观色彩，而"身份"则以"个体在错综复杂的社会关系网络中的位置来界定"②。就此而言，"身份"具有更强的客观性，其含义与"status"（地位）更相近。不过，在指出中国人的"身份"概念与"status"更接近的同时，还必须看到，中国人关于"身份"的意识，尤其是对于"份"的体认具有一系列耐人寻味的特征。可以说正是这些耐人寻味的特征，构成了中国人独特的角色意识。

① 何友晖、彭泗清、赵志裕：《世道人心》，北京大学出版社 2007 年版，第 122—136 页；黎鸣：《重做人而不重做事》，载：《闲说中国人》，北方文艺出版社 2006 年版。

② 何友晖、彭泗清、赵志裕：《世道人心》，北京大学出版社 2007 年版，第 123 页。

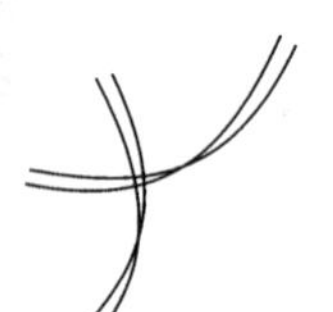

大体上，中国人对于“份”的认知，或者说，中国人之角色意识的特征包括：

第一，中国人关于“份”的意识具有强烈差等性。在早年的一篇探讨中国人助人心理的文章中，笔者曾指出，与西方文化在“神—人”格局下界定、认识人，从而比较容易看到人区别于神的共通性、普遍性不同，中国文化是在“人—人”关系格局中理解、认识、定义人之为人的(所谓“仁者，人也”，即只有在人与人的关系中才能界定人)，因而往往突现出人与人之间的区别性、差异性。[①] 代表中国文化之主流价值观的儒家体系一开始就排斥墨家的平等博爱，甚至将平等博爱斥为是“无父无母”。这种特别重视人与人之间的差异性、互不相通性的观念体现在中国人的角色认知中，就是“份”这一概念所包含的分尊卑、别亲疏之含义。份者，人之分也，就是要将人划分区别为尊卑、亲疏不等的三六九等，并根据不等的尊卑、亲疏关系来认识、把握、确定、评估个人的行为举止。无论是对权力、权利、义务、责任，还是爱恨情仇，中国人都倾向于从一种尊卑亲疏的序列中来感知和认识，来确定何为“分内”，何为“分外”。中国人将给结婚的人送礼叫“送份子”，而这“份子”具体应该送多少，则要视所送的对象与自己关系的亲疏远近而定。在一些场合中，我们也常听到这样的话，“有你说话的份吗！”或“轮得到你说话吗！”这实际上表明，中国人习惯于按照身份尊卑，而不是对“道理”“知识”的占有与否来论定话语权。在确定自己有没有责任和义务帮助某个陷于困境中的人时，中国人通常不是以自己是否方便、是否有能力为出发点来考虑，而是要先看一下自己与对方的关系远近，特别是要看一下是否还有比自己与对方关系更近、更亲的人，如果有这样的人，他往往就倾向于不施以援手。而他这样做，通常还不仅仅是出于逃避责任，而是为了不至于让那些关系更近、更亲的人不舒服，因为这些人可能会觉得，出手帮助并不是他的“分内事”。我们有时还会看到这样的现象：如果某人基于某种一般的“理”或同情心而对发生在某个所谓八竿子打不着的人身上的事表示愤慨、悲哀等，他就很可能遭到旁边其他人的讥笑：“关你什么事？他的亲人都没像你这样！皇帝不急，急死太监！”

第二，中国人关于“份”的意识具有明显的相对性。如同中国人缺乏普遍的、共通的人的观念一样，中国人的角色认知，中国人对于何为分内，何为分外的理解，也缺乏绝对性、恒定性，而表现出强烈的相对色彩。如上所述，中国人习惯于从“社会关系网络中”来界定个体的“身份”。我国台湾人类学家李亦园

---

① 王小章、乐国安：《中国人助人心理初探》，《社会学研究》，1989 年第 6 期。

曾指出："现代社会中的'角色'的观念，有点与我们所说的'人伦'相靠近；我国传统社会所谓'五伦''十伦'，亦即规范一对角色的相互权利义务。《礼记》祭统中有十伦，这十伦是鬼神、君臣、父子、贵贱、亲疏、爵赏、夫妇、政事、长幼、上下。十伦中的贵贱、亲疏、爵赏、政事、长幼、上下是抽象的相对地位，而鬼神、君臣、父子、夫妇则是具体的社会关系。"①美国华裔文化人类学家许烺光也指出：对于所有人和事、所有高尚的原则以及所有超自然的事情，甚至个人的基本价值的看法，中国人都受到各自在人际关系中所处位置的影响。在这种取向下，不是从普遍的原则出发，而是根据不同情况时个案来考虑问题。个人的行为根据人在集团的多样性而趋于采取复数的标准，因而当行为突然改变方向时，中国人并不会感到不自然。② 从角色意识的角度说，中国文化的这种强烈的关系意识，既造成了关于"份"的意识的差等性特征，也形成了它的相对性特征，也就是说，无论是有份、无份，分内、分外，都要视关系的另一方而定，都是相对于关系的另一方而言。对于许多对象，中国人往往既缺乏绝对的义务意识，也缺少绝对的权利意识，一切要看与你共同面对这一对象的是谁，无论这个对象是一个需要你帮助的人，一个需要讨论的问题，还是某种可以期待的利益。甚至，即使在同一个场合中，面对不同的关系对象，中国人对于自己该说什么话、该做什么事，以及以何种姿态、何种方式来说、来做，都可以有不同的认识和把握，这在很大程度上形成了许烺光所说的中国人对于自己前后完全不同的、矛盾的行为的耐受力。

中国人关于"分"的意识的相对性，除了源于习惯于从相对的"关系"中来确定自身的身份之外，在一定程度上也与"分"的意识的情境性有关。中国人看一个人对于某事、某物是否有"分"，往往还要看他是否有"缘"。而所谓"缘"，如果仔细体味其含义，则可以发现，既有"关系"的意味，也有"情境"的意味，事实上是指产生关系的"机缘"。因此，一个人对于某事、某物是否有分，还要看他是否与该事、该物有"缘分"。遇上了，就有分，所谓"见者有份"（当然通常这个人还要在可以分享、分担该事、该物的"关系"范围之内，否则，那也是"有缘没分"）；遇不上，就没分，无缘，肯定无"分"。

第三，中国人关于"份"的意识既包含对权利、权益的意识，也包含对责任、义务的意识，是权利权益与责任义务的统一体。这不仅仅是指，中国人认为，一个人的权利应该与他承担的义务对等，既然在享受权利、权益上有你的"分"，那

① 李亦园：《人类的视野》，上海文艺出版社 1996 年版，第 76 页。

② 许烺光：《宗族 · 种姓 · 俱乐部》，薛刚译，华夏出版社 1990 年版。

么，在承担责任、义务上也应该有你的“分”，反之亦然。而且还指，对于同一件事，中国人如果根据关系、情境而觉得是自己“分内”之事，那么，他往往既会觉得这是一项义务，又会在一定程度上觉得是一项权利。以上面所说的“送份子”为例，某人如果受到邀请参加婚礼，那么，“送份子”无疑就是他的一项义务（“送礼”表面上是自愿的，但正如莫斯（Marcel Mauss）等许多研究者指出的那样，实际上是在社会压力之下“不得不”做出的行为），但同时，他也会在某种意义上将这看作是一种权利，因为，对方对他的邀请是对他在关系网络中之地位的承认与肯定，而他的“送份子”行为，则是对这一地位的表达和确认。我们常常看到，在类似的场合中，如果某个人觉得根据既有的“关系”自己应该受到邀请，而结果对方却没有邀请他，他往往会因此而生气，因为，他会觉得，这是对他权利的一种否定和剥夺。

第四，中国人关于“份”的意识同中国人关于公平、公正的观念紧密相连。许多人都注意到，在对公平、公正的认知判断上，中国人不像西方人那样有一个比较绝对的、恒定的参照标准。比如，对于报酬分配，中国人的公平意识就很难用一个统一的量化公式来表达；对于某种行为或者对某事的处理方式是否公平，中国人也往往没有一个恒定的、统一的判断标准。这导致许多人觉得中国人缺乏公平、公正意识。某些西方人认为中国人缺乏公平心、平等意识和正义感。如果以西方人关于公平、公正的标准来衡量，应该说这种看法不是完全没有道理。但是，如果就此认定中国人没有自己的公平、公正观念，那就值得商榷了。事实上，中国人并非没有公平心、公正感，否则也就不会有所谓的“不平则鸣”或“路见不平拔刀相助”的说法了。只不过，中国人的公平、公止意识有其自身的特征。中国人通常不完全是从一种抽象的“公理”“法则”出发来衡量判断某种分配方式、某种行为或某件事处理得是否公平、公正，而还要依据当事人在特定的“关系”、在具体的情境中的身份地位来论定，也就是说，还要视当事人之“份”而定。而“份”，如上所说，这种强烈的差等性、明显的相对性，也就导致了中国人对于公平、公正的判断具有因当事人之“份”的不同而不同的随意性。比如说，甲打了乙，在论定甲的行为的是非对错时，中国人，甚至包括那挨打的乙本人，通常不仅仅只是问甲的行为有没有站得住的道理，更要问这打人的人是谁。如果是长辈，或者是长官，即使打错了，别人也不会有特别强烈的不平感。至于乙本人，固然会有委屈感，但往往也会“认了”。看过电影《秋菊打官司》的人也许会记得，对于村长打她男人这一行为，秋菊的基本认识是：打了也就打了，他是村长，我们还能咋的？但他不能打那“要命的地方啊”！在“秋菊”们看来，村长打人这一行为本身虽不一定是什么天经地义之事，但也不怎么令人愤慨，只要他打得不“过分”，只要不是打那“要命的地方”，也就不失公平。并且，在“村长”们不过分的情况下，如果“秋菊”们“认死理儿”一定要讨回“公道”，后者反而会被人们认为是“过分”的行为。总之，在中国人的心目中，公平、公正就是不过分。这种意识同样也表现在中国人对于报酬分配之公平与否的认识上。中国人并不完全以付出多少获得多少来衡量一个人所获得的报酬是否公平，而且还常常要看与这个人共同做事的人是谁。合作者之间不同的关系，会导致人们对同一分配方式做出公平或不公平的评价。也许，正因为中国人在判断衡量事情的公平、公正与否时通常不完全是从一种抽象的“公理”“法则”出发，还要看当事人在特定的“关系”，在具体的情境中的身份地位，因此，人们在说到公正、公平的评判时，往往要说“人民的眼睛是雪亮的”。这与西方不同，西方的公平女神，是以布蒙眼，不辨亲疏的。

差等性、相对性、权利义务的同体性，以及与公平公正观念的关联性，这四个方面，可以说集中体现了中国人关于“份”的意识的基本特征，在某种意义上也就是中国人之角色观念的基本特征。需要指出的是，上述这种角色观念并不仅仅存在于传统中国社会中——当然，在传统中国社会中可能表现得更为突出——许多研究表明，这种角色观念同样影响、制约着今日之中国人，甚至还体现在那些已经移民海外的华人身上。①

第三节　中国人的角色分化与角色区隔

一、中国人的角色分化

通常，所谓角色分化一般被认为是随着社会发展、社会结构的分化、社会分工的发展而形成的，即在社会发展过程中，随着社会结构的分化，各种社会功能也开始越来越专门化，原先由一个部门所承担的各种职能逐步地由许多不同的专门部门来承担，这一方面导致了社会生产、工作效率的提高，同时也导致了分工的发展，导致了社会地位的日益分化，也导致了社会角色分化得越来越精细。比如说，在一个原始部落中，所有成年部落成员在平时都是生产者，在讨论部

① 何友晖、彭泗清、赵志裕：《世道人心》，北京大学出版社 2007 年版，第 123—129 页。

落事务时，都是“议员”，在发生部落冲突时，又都是“战士”……而在今天，生产者、议员、战士都是专门的角色。不仅如此，在今天，即使在生产者、议员、战士这些范畴内部，也还存在许许多多进一步的分化。社会发展进程中社会结构、社会功能的分化无疑是角色分化的一个重要的，甚至可以说是主要的动力，不过，除此之外，特定社会之伦理文化观念也是在很大程度上影响着该社会生活的角色分化。如果说，在社会结构、社会功能分化推动社会角色分化方面，中国社会并没有体现出特别引人注目的、明显有别于其他社会的特征的话，那么，中国的伦理文化对于中国社会之角色分化的影响就表现出了其鲜明的特殊性格。

中国伦理文化对于中国社会之角色分化的独特影响集中表现在：中国社会的角色分化凸显了长幼尊卑之序和内外亲疏之别。

上文曾引我国台湾人类学家李亦园的话指出：我国传统社会所谓“五伦”“十伦”，也就是规范一对对角色的相互权利义务。在总体上，这无疑是不错的。但在此需要补充指出的是，“五伦”“十伦”所规定的角色之间的相互权利义务并不是对等的。即以孟子所列的、在中国社会历史中影响深远的父子（有亲）、君臣（有义）、夫妻（有别）、兄弟（有序）、朋友（有信）这“五伦”而言，正如有学者指出的那样：“从五伦的关系构成上看，一种看似对应的角色其实并不对等，这点提醒我们注意用西方社会学理论中的符号互动论、角色论、社会交换论及社会正义论等来解释儒家五伦或人际关系思想会造成先天不足和理解上的错位。也就是说，在儒家所界定的五种关系中，至少有四种关系因孝悌的规范会致使每对角色中有一个角色受到高度的强调和重视。具体而言就是，重君轻臣（君为臣纲）、重父轻子（父为子纲）、重夫轻妻（夫为妻纲）、重兄轻弟，即使看似平等的朋友之间也据年龄大小而有所偏重，其他还由此推出重男轻女、重长辈轻晚辈等。后来儒家将其体系划为‘三纲六纪’，儒家强调这种不对等的重要性，意在凸显交往双方构成一种权威和顺从的关系。”[①]中国伦理文化在角色之权利义务关系安排上的这种不对等性，或者说，角色关系之长幼、上下、尊卑、主从进一步影响了社会伦理生活中的各种角色分化。而这又特别集中地体现在中国社会的各种亲属称谓上。

人类学家指出，把有亲属关系的人组织成不同种类群体的任何制度，都必定会对人们称呼亲属的方式产生影响，因而，亲属称谓（kinship terms）并非

---

① 翟学伟：《传统性与现代性：中国人社会心理与行为模型的建立及其嬗变》，载：周晓虹、谢曙光主编：《中国研究》，2005年春季卷（总第1期），社会科学文献出版社，第99页。

随意乱造，它们反映着个人在社会中所处的位置。一切亲属称谓制度都具有两种作用：第一，把特定种类的人分类归入单一特定部属；第二，把不同种类的人分为不同的部属。[①] 因此，可以说，亲属称谓体现着对于不同关系之对象的区别分化。许多学者相信亲属称谓反映着人们社会关系的现实。早期人类学家如摩尔根把亲属称谓完全当成社会现实的反映，并利用亲属称谓制度来透视社会制度的类型。拉德克利夫·布朗(A. R. Radcliffe-Brown,)也认为亲属称谓反映一种社会的"一般规则形式"。当然，也有人对此持不同看法。如利奇(Edmund Leach)认为，亲属称谓只是当地人对社会关系的一种"理想型"(ideal)看法，而所有的社会都存在三个层面的现象：(1)理想模式，即社会中的人对社会关系的一般看法；(2)规范模式，即社会中人们的实践行为在统计学上的趋同状态；(3)实践，即现实中的人的行为。[②] 但是，即使如利奇所言，亲属称谓只是当地人对社会关系的一种"理想型"看法，而不直接代表社会关系的实践，也不能据此反过来论证这种"理想型"看法与人们的实践没有关系，至少，作为特定社会之伦理文化的一种表达，一套特定的亲属称谓体系所凝聚和负载着的角色理念是被这种称谓所称呼的人们之现实角色行为的一个重要来源。

一个特定的亲属称谓，是对一个特定角色之认定，以及该角色与自身之关系的认定。而亲属称谓越丰富繁复，则表明角色分化越精细。当然，在特定的文化中，亲属称谓的分化往往按这种文化所强调的价值而突出某种特定的维度，从而表现出独具的特征。仔细考察中国的亲属称谓，可以发现，中国亲属称谓的分化所表现出的第一个明显的特征，就是如上所述，强调了长幼、上下、尊卑之序。这一点，只要将中国人对于父母辈、同辈亲属的称谓与英语中的相应称谓做比较，就可以明显看出。我们知道，在英语中，凡与父母同辈的亲属，男性的，统一称为"uncle"，女性的，则一概称为"aunt"，不再按长幼次序，以及内外亲疏(见下述)做进一步的细分，而在中国人的称谓中，一个"uncle"还要进一步细分为"伯父""叔父""舅父""姑父""姨夫"等，一个"aunt"则还要细分为"伯母""婶母""姨母""姑母""舅母"等。而其中伯父和叔父的区分，以及伯母和婶母的区分，明显突出了长幼之序：比父亲年长者为"伯"，比父亲年轻者为"叔"；相应地，"伯父"的配偶为"伯母"，而"叔父"的配偶则为"婶母"。同样地，对同辈亲属

① 王铭铭：《想象的异邦：社会与文化人类学散论》，上海人民出版社1998年版，第89页。

② 王铭铭：《想象的异邦：社会与文化人类学散论》，上海人民出版社1998年版，第92—93页。

的英语称谓也不太注意区分长幼尊卑之序，男性统称为“brother”，女性则统称为“sister”，不像中国人的称谓，一个“brother”还要分化为长于己的“兄”和幼于己的“弟”，一个“sister”则还要分辨为长于己的“姐”和幼于己的“妹”。中国的亲属称谓凸显了长幼尊卑之序，与此相应的，就是根据这长幼尊卑之序来分配的不相等、不对称的角色权利和义务。

中国的亲属称谓所体现的角色分化不仅突出了长幼尊卑之序，同时也强调了父权制下以男性为本位的内外亲疏之别，可以说，这构成了中国伦理文化影响下中国社会角色分化的又一个明显的特征。男性本位当然是世界上许多社会的共同特征，但是，中国的亲属称谓却使我们有理由认为，这种观念在中国的伦理文化下得到了特别的强调。在中国的亲属称谓中，可以发现，从父亲的男性直系亲属到母亲的女性直系亲属，有一个从内到外、从亲到疏的序列。即以对同辈亲属的称谓而言，中国人称叔、伯（即父亲的兄弟）的子女为堂兄、堂弟、堂姐、堂妹，而称姑、舅、姨（即父亲的姐妹、母亲的兄弟和姐妹）的子女为表兄、表弟、表姐、表妹，并且在“表”之下，又分为“姑表”“姨表”。堂者，内也，所谓“登堂入室”，即自家中人；表者，外也，因此，表亲严格意义上就不算自家人。而“姨表”，无疑就更外、更疏远了，姨者，外女也。读过《红楼梦》的人也许会记得，一次宝玉为了向黛玉表明他与她的关系要比与宝钗的关系更亲、更铁，而说，就算以亲戚关系而论，他与黛玉是“姑表”，而与宝钗则只是“姨表”，疏怎能间亲呢？当然，与中国的亲属称谓或者说角色分化所体现的这种内外亲疏关系相应的，同样是根据这种关系来分配的各种不同的角色权利和义务。

值得一提的是，中国的亲属称谓所反映的角色分化不仅与西方文化相比具有明显的特征，并且与历史上曾深受中国文化影响的日本社会相比，也具有明显的差异性。有学者指出，中国社会特别重视“血的共同”，对中国人而言由近亲者组成的集团显得更为重要，由此产生了细致区别亲属集团成员的需要：“汉语中的亲属称谓远较日语发达，例如，对于父母辈的男性，有‘伯’‘叔’‘舅’之分，日语则统称为‘oji’；对于父母辈的女性，分出‘伯母’‘婶’‘姑’‘姨’‘妗’，日语则统称‘oba’；对于同辈的男女，亲生者分别称兄、弟、姐、妹，非亲生者冠之以‘表’‘堂’‘姨’相区别，相比之下，日语中对亲属同辈的称谓似乎只有四个：‘oni’（兄）、‘ototo’（弟）、‘one’（姐）、‘imoto’（妹）。”①

① 尚会鹏：《中国人与日本人》，北京大学出版社1998年版，第32页。

二、中国人的角色区隔

上面指出，中国社会的角色分化突现了长幼尊卑之序和内外亲疏之别。在谈到中国人的角色认知时，我们曾提到中国人关于“份”的意识，或者说，对于某事、某物的权利和义务意识具有很强的相对性。但这里要指出，在中国人的角色意识中，也有一个比较绝对的地方，那就是对于上下尊卑和内外亲疏关系的重视，而这后一个方面，则又导致角色区隔的模糊。

所谓角色区隔，是指形成、存在于特定场域（机构、组织、系统、领域等）中的角色身份以及相应的角色规范不能带到其他场域之中。由于角色总是反映、体现着一个人与另一个人的关系，那么，所谓角色区隔也就是形成、存在于特定的场域中两个角色之间的关系不能延伸、渗透到另一个场域中。角色区隔作为一种制度性的安排，在某种意义上是消除角色紧张的一种有效方法。因为，它在一定程度上可以确保一个人在一个特定的场域中只以一个角色的面貌出现，从而防止了不同的角色规范在同一时刻向同一个人提出要求。

但是，中国人对于上下尊卑和内外亲疏关系的重视，却往往使这种关系从一个场域延伸、渗透到另一个场域。也就是说，在一个场域中是尊长，到另一个场域中同样是尊长，在一个场域中被认定是亲、是内，到另一个性质完全不同的场域中也往往被认定为“自己人”。有人也许会问，这是不是和前面所说“相对性”“情境性”相矛盾？事实上，这两者之间并不冲突。所谓相对性、情境性是指，中国人对于同一事或同一物的权利或义务是属于自己的分内还是分外，并没有实质性的绝对衡量标准，一切要看在具体情境中与他共同面对该事、该物的是什么人，也就是说，如果在这情境中有其他某个特定的人存在，无论是权利还是义务，他可能会觉得该事、该物“轮不着”自己，而如果该情境中没有其他某个特定的人存在，他就又可能会觉得对于该事、该物，自己是有份的，是“轮得着”的。而所谓角色区隔的模糊性，是指形成于特定场域中的既定的几个人之间的角色关系，会延伸到与这些角色所对应的事务功能（即角色规范规定要做的工作、要履行的职能）根本不相干的其他场域中，从而造成本来只应存在、限定于特定场域之内的角色关系的泛化。比如，省长、县长、乡长或局长、处长与他们的下属的关系，会越出政府机构、越出政府事务而延伸到餐桌、娱乐场所……董事长、总经理等与他们的下属的关系也会越出办公室、越出商务而延伸到其他各种领域。所有这些，可以说都是正式组织中上下角色关系的泛化。同样，家庭、家族场域中的内外、亲疏关系也会延伸到各种正式组织之中，而最

典型的例子莫过于家族企业了。这可以说是亲族群体中内外亲疏之角色关系的泛化。

当然,从上述也可以看出,中国人角色意识之相对性、情境性与中国社会之角色区隔的模糊性也不能说完全没有关联,那就是它们都与中国人对于上下尊卑和内外亲疏关系的强调重视有关。

第四节　“做”人:中国人的角色扮演

如前所述,角色是社会的一套特定期待系统,角色扮演,就是角色承担者通过现实的行为实现这些期待的过程。角色扮演也可以说是一个“做人”的过程。在讨论“社会化”时,我们曾围绕做什么样的人,以及中国社会和文化怎样塑造、培养它所希望的人对中国人的“做人”问题进行了探讨,而从角色扮演的角度来讨论中国人的“做人”,则主要、也必须着眼于只有通过仔细体味才能知晓、理解其中意味的“做”,即要着眼于理解置身于具体地位处境中的中国人是如何在特定的“关系”中得当、得体地在“人前”“做”人的。

一、循礼而不质实

如上所说,角色扮演是角色承担者通过现实的行为来实现围绕他所占据的特定社会地位的社会期待的过程。而无论是来自“剧本”的期望,来自其他“演员”的期望,还是来自“观众”的期望,实际上都包含着两个方面:第一,职能期待,即期望角色承担者做什么事,发挥什么职能;第二,规范期待,即期望角色承担者以什么样可接受的方式来做这种事,来履行这种职能。因此,角色扮演可以说是以规定的方式来履行角色职能的过程。一般来讲,规范是服务于职能的,是为了使角色承担者更好、更有效、更有保障地完成角色事务,履行角色职能,进而促进社会更好地运行。但是,在中国人这里,遵行规范与履行角色职能常常彼此分离,甚至背道而驰。中国人是非常重视规行矩步的。孔子说:“非礼勿视,非礼勿听,非礼勿言,非礼勿动。”中国经书上还有两句话,叫作“礼仪三百,威仪三千”,就是说,仪式的规矩有三百种,而平时行为上的规矩则多到三千种。本来,正如规范必须体现并帮助实现其背后的价值(这既是规范本身“合法性”的来源,也是制定并遵行规范的目的所在),作为角色规范的“礼”的目标也应该是促进角色事务的落实完成,以及角色功能的实现。但是,中国文化对于

"礼"的过于强调却使得角色规范期待压倒了角色职能期待,角色的事务职能淹没在角色规范之中。渐渐地,中国人在扮演各种角色时,往往只注重规行矩步,注重围绕着角色的各种规范礼仪,"不敢越雷池一步",而忘却了角色所要完成、所要履行的具体的、实质性的事务职能或者说功能目标,从而造成了中国人角色扮演中类似于美国社会学家默顿(R. Merton)在分析越轨行为时所说的那种"仪式主义"的特征。"形到神不到,名到实不到,口到心不到"是中国人角色扮演的一个典型特征。同样地,在一些丧仪上,我们常可以看到一些妇女围着死者号啕大哭,却听不出丝毫悲切之意,并且常常是哭完后随即欣欣然到一边有说有笑地吃喝去了,从而让本应肃穆悲切的丧仪变得充满滑稽的戏剧色彩。这是因为,对于她们而言,"哭丧"只是在遵行一种礼仪,实际上,她们既无"丧"之感,也无"伤"之情,哭自然也就只能是干哭。

潘光旦先生在谈到中国人的所谓客气时曾指出,中国人的客气"是许许多多细微节目和零星规矩的总和,它们好比法律上的咬文嚼字,那咬与嚼的行为,并不代表什么心理或情感的状态,不过为咬嚼而咬嚼罢了。例如婚丧喜庆或其他大典时所用的吉庆和荣哀的字眼,连篇累牍而不厌其多,千篇一律而不厌其烦,在外国人看来可以急得冒出无名孽火,中国人却处之泰然"①。潘光旦还说:

> 客气好比是一个装空气的橡皮垫子。中间空无一物,但要有什么震动或磕碰的时候,它却是一大恩物,正合着老子所说"当其无,有器之用"。这一点固然是很对的,但中国人的客气,在面子上自觉的,好像是为对方客人打算,可实际上不自觉的,恐怕还是为了主人自己。它的用意似乎并不在于要客人舒服愉快,而在于表示他是一个懂规矩与守规矩的人,怎样的局面要怎样的应付,什么上文需要什么下文,才算合适,才算入调——便是做主人所时刻留心的事。所以你到一主人家去,主人一定要引火煮茶,那茶也许根本吃不得,水也喝不得,煮水的烟也许充满了一屋子,叫你眼睛出泪,鼻子打喷嚏,喉咙发呛,可还是坚持要你坐下来喝。这真是待客人好么?也许不。但至少可以表示、可以证明主人并不是不懂得待客的规矩。②

如果说,潘光旦所分析的"客气"体现了中国人在扮演一般日常生活中的"非正式角色"时只重形式上的循名守礼而不关心实质性的事务功能、角色目

① 潘光旦:《中国人的性格》,海南出版社 1998 年版,第 134 页。

② 潘光旦:《中国人的性格》,海南出版社 1998 年版,第 135—136 页。

标，那么，在此还必须进一步指出，中国人在扮演一些非常正式、非常严肃的角色时，同样也往往如此。所谓“应卯”之说，就是这个特征的一个体现。台湾作家李敖有一篇文章，叫作《永远失职，永不失业》。文中提到他1980年与影星胡茵梦结婚的当天晚上，其岳父胡赓年请他们新婚夫妇吃饭时的情形：

……胡赓年先生曾是国民党的大员，做过旅顺市的市长，现任职终生“立法委员”。他谈到“立法委员”生涯，突然得意地说：“31年来，我在立法院，没有说过一句话！”我听了，感到很难过。难过的不是胡赓年先生放弃了他的言责，而是因为他们其实都放弃了；难过的是，他放弃了言责之后，居然还那么得意！这未免太不得体了。我忍不住，回他说：“‘立法委员’的职责就是要‘为民喉舌’，东北同乡选您出来，您不替东北同乡讲话——一连31年都不讲话，这可不对罢？一个警察如果31年不抓小偷，他是好警察吗？这种警察能以不抓小偷自豪吗？”

……

胡赓年先生的错误是他忘了他的身份。他的身份如果是“小百姓胡赓年”“星爸胡赓年”或“聋哑学校校长胡赓年”，他当然可以不说话，因为“小百姓”不敢说话，“星爸”轮不到说话，“聋哑学校校长”无须说话。不巧的是，他的身份却是“立法委员胡赓年”，“立法委员”以说话为职业，“立法委员”不说话，就是失职，“立法委员”31年不说话，就是31年失职！①

“永远失职，永不失业！”失职，因为身为“立法委员”而不说话，不为民喉舌；不失业，因为他一直在“立法院”里“应卯”，守着身为“立法委员”的各种有形无形、成文不成文的规矩。李敖说胡赓年“不得体”“忘记了自己的身份”，“胡赓年”们肯定会觉得不以为然。因为他们深知自己的角色身份，更对各种角色规矩心知肚明，他们按部就班、非常得体、中规中矩地扮演着他们的角色。当然，他们确实常常不去关注，甚至彻底忘了当初设置他们所承担的这个角色的本来宗旨是什么。但是，除了像李敖这样的另类，绝大多数中国人对这种现象并不感到奇怪，原因就在于熟视无睹，就是因为他们在扮演自己的角色时也是如此。中国有句成语，叫“尸位素餐”，还有一句顺口溜，所谓“多干多出错，少干少出错，不干永远正确”，其所反映的现象，在很大程度上与中国人在角色扮演以及

---

① 李敖：《千秋评论——李敖杂文选》，湖南文艺出版社1988年版，第175—176页。

评价角色扮演时往往只注重形式上的守礼、守规范，而不重对事务职责的实质性履行有关。而有些人认为中国人只重“做人”不重做事，恐怕也与此不无关系。[①]

二、循人情而轻原则

与“循礼而不质实”相关，中国人在角色扮演中还有一个特色，那就是“循人情而轻原则”。事实上，在中国话中，“礼”既可以作“规范”“规矩”讲，也可以作“礼物”“礼品”讲。而送礼，又叫“送人情”。所以，循人情事实上是循礼、守礼的一个方面或者说一种表现。在中国社会中，一个懂礼、守礼、重礼的人是不可能不讲人情的。一个懂得怎样“做”人的人是不可能不讲人情的。

许多人都注意到，中国文化具有很浓的“人情化”设计，具有很浓的“人情”情结。一旦人际关系建立起来，双方就会产生一种以“人情”为中心的持久稳定的关系。这导致中国人在“做”人时，也即在扮演各种角色，无论是正式角色还是非正式角色，总强调在面对相识的人时，不要轻易拒绝别人的要求，在亲情、友情面前，总强调要以礼让的态度来处理关系，当亲情、友情之间发生一切利益上的不可兼得的情况的时候，宁愿自己利益受损，也要对得起亲情和友情。[②]

旅美华人学者孙隆基指出：中国人的“做人”，总必须摆出处处以对方为重的姿态——这就是所谓“毫不利己，专门利人”，唯有如此，才觉得“对得起”对方，也认为只有这样才能赢得对方的好感。孙隆基认为，中国人的这种习惯倾向，与中国文化从人与人的关系中来定义一个人的架构密切相关：“只有在‘二人’定义‘一人’的场合下，才需要在对方‘面’前去‘做’；‘一人’自我定义的话，就只‘是’他本人。”因此，中国人就“产生了在别人面前‘做人’的观念。至于新教文化的西方人，则没有这个观念，他们只说‘是’(ti bé)一个人”[③]。孙隆基进而指出：

> “做”一个人与“是”一个人是两个相反的观念。“是”一个人就是去面对自己，亦即是必须以自己的本来面目在世人面前出现，在世俗关系里保持自己人格的完整性。“做人”则是为了别人才去“做”一个

① 黎鸣：《重做人而不重做事》，载：《闲说中国人》，北方文艺出版社2006年版。

② 贾英建：《人情交易：中国人的成事之本》，http://blog.omxweb.com/read-98.html。

③ 孙隆基：《中国文化的深层结构》，广西师范大学出版社2004年版，第171页。

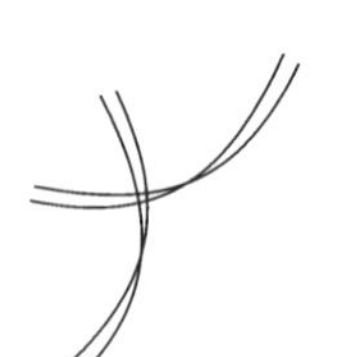

人为的角色，即使最后是为了自己也必须先为别人（亦即是《老子》所说的“反者道之动”）。无论是哪一种情形，都暗示一个人将社会观众对自己的看法看得比自己对自己的看法更重要。中国人很讲究“面子”与“门面”，就是这种倾向的最好说明。①

当然，必须指出，中国人在“做”人时摆出的那种“处处以对方为重的姿态”，中国人的“宁愿自己利益受损，也要对得起亲情和友情”，并不真的是“毫不利己，专门利人”。正如我国台湾学者黄光国、胡先缙所指出的那样，实际上，“报”的规范支配着中国人的“人情”法则：

> 促使中国人对别人“做人情”的主要动机之一，是他对别人回报的预期。尽管儒家伦理十分强调“施人慎勿念”“施恩拒报”，然而，诸如此类的想法基本上只是一种“圣贤的理想”。对于一般人而言，中国伦理十分肯定“受恩者”回报的义务，而强调“受施慎勿忘”“人有德于我，虽小不可忘也”。这种符合“报之规范”的道德律是一般人实际行动的准绳，在这样的道德律之下，施者能够放心地期待：受者欠了自己人情，将来自己如果开口向他要求帮忙，对方必然难以拒绝。基于此种回报的预期，资源支配者才愿意对别人“做人情”。②

也就是说，中国人的讲人情，说穿了，只不过是“与人方便，与己方便”。在很大程度上，正是为了图方便，图“回报”，中国人才花费大量的精力去“拉关系”“拉交情”，去经营并尽可能扩大这种“人情”圈子。而一旦建构起这种“人情”圈子，周围的人往往会被分成两部分，一部分是“自己人”，另一部分是“外人”，只要是自己人有求，中国人常常会最大限度地利用自己的角色职权为对方帮忙，甚至逾越自己的职权而为对方打开方便之门；而如果是“外人”有求，那么，对方通常先要将“关系”搞定，然后也诉诸“人情”，否则，就很难“有戏”。③

而由上述也可看出，中国人凡事都讲“人情”的另一面，在中国，多少人正是为讲人情而抛开原则的，多少官员正是因讲“人情”而不讲是非正邪的。但值得注意的是，尽管我们已发现了讲人情背后的不讲原则的弊端，但是，调查表明，

---

① 孙隆基：《中国文化的深层结构》，广西师范大学出版社 2004 年版，第 172 页。

② 黄光国、胡先缙等：《面子：中国人的权力游戏》，中国人民大学出版社 2004 年版。

③ 贾英建：《人情交易：中国人的成事之本》，http://blog.omxweb.com/read-98.html.

今天绝大多数中国人依然充分肯定“讲人情”。①

三、世故圆滑

中国话中，“人情”常常和“世故”相连，构成成语“人情世故”，因此，讲“人情”与做人的“世故”关系密切。事实上，不仅讲“人情”是“世故”，而且包括循规蹈矩、明哲保身、不做“出头鸟”等在内的许多中国人“做”人的道理，在很大程度上最终都可归结为“做”人的“世故”。中国人说一个人“老练”“成熟”，通常并不是指这个人有多么缜密的思维、多么高超的思想，或多么强的做事能力，而是指他懂得“世故”。《红楼梦》“金陵十二钗”中最会“做”人的无疑要数薛宝钗(而且有关测试表明，薛宝钗也是今日读者最喜欢的“红楼梦中人”)，而她所信奉的，就是“世事洞明皆学问，人情练达即文章”。

“做”人的“世故”，体现在中国人角色扮演时具体待人接物的行为中，通常就表现为八面玲珑、各方讨巧的“圆滑”。所谓话不要说死，事不要做绝，就是“圆滑”的一种表现。圆者，无棱无角无把柄；滑者，溜光净面无所就手。圆滑，就其消极方面而言，就是行为无破绽，让别人抓不到把柄，伤不到自己；就其积极方面而言，就是通过巧妙的关系运作，而达到“好风凭借力，送我上青天”的效果。

中国社会科学院社会学所的社会心理学者李庆善曾总结了“圆滑人”的五个特征，或者说，一个懂得“世故”、懂得如何圆滑地“做”人的人必须掌握的五种察言观色、待人接物、为人处世的“本领”：

第一，要会看，即“具有高水平的观察力和应变力，能够机敏地判断情势，并依据情势的要求敏捷地作出应因性反应”②。所谓“见风使舵”“随机应变”，即是要观察情势对自己的利害关系，而迅速做出自利或自保的反应。会看是一种很高的做人智慧，正是凭借这种智慧，圆滑人才能应对社会纷繁复杂的利害关系。

第二，要会说，即具有高水平的说话能力，能够根据不同对象、不同情境说相应的，尤其是说对方喜欢听的话，根据对方的身份、地位、好恶和情绪状态等具体特点，准确地做出迎合性的语言反应。

第三，要会息事宁人。与人打交道难免出现矛盾和冲突，这样个体就要具有避免矛盾、化解冲突、平息争斗、解开冤仇的能力，也就是要有善于息事宁人

① 刘端海：《人情味分量最重：春节映射中国人的人情情结》，http://www.china.com.cncitytxt/2007-02/18/content_7844850.htm.

② 李庆善：《中国人新论——从民谚看民心》，中国社会科学出版社1996年版，第129页。

的能力，从而保持与他人的和谐关系。会息事宁人，要求个体善于自抑和忍让。俗话说："小不忍则乱大谋""忍一时风平浪静，退一步海阔天空"。一个成熟的人必须学会自抑和忍让这一门人生学问。

第四，要会做人情，即"具有很强的人情运作能力，能够准确评估自己与他人的人情关系，测算出他人所拥有的人情资源，然后运用练达的人情交易功夫，以维护自己的面子、获取所需的资源和巩固与他人的人情关系"①。所谓"多栽花，少栽刺，留下人情好办事"，正是借助高超的人际关系处理技能，才得以适应现实社会中的人情关系。

第五，要会取悦权威。中国是一个权威泛化的社会，个体的生活中处处都会受到权威的控制、支配和制约，因而善于取悦权威就变得十分重要了，个体要安全地寄身于权威之下并分得自己的社会资源，就必须具有讨权威欢心的本领，能够顺从权威的管理，认同权威的指令，吹捧和抬举权威，引起权威的重视与好感。

而总括以上五个方面，所谓世故圆滑，事实上就是指一个人洞察现实社会中人际互动关系的运作机制，并善于将这种洞察付诸现实生活中"做"人的实践，或者说，具体的角色扮演行为。

四、顺民、暴民、刁民："草民"的角色扮演

如果说，上面所叙述的三个方面（"循礼而不质实""循人情而轻原则""世故圆滑"）是一般中国人在"做"人方面所表现出来的常见特征，那么，在此要特别说一下的是，在中国这个强调绝对君权、突出官家威势的社会中，身处弱势的"老百姓"在面对"官家"威权时对于角色扮演或者说"做"人策略的选择。

学者曾波、胡新范指出：人本没有贵贱之分，但中国的统治者为了自己的权力目标，为了方便统治，总希望贬低被统治的对象，希望把被统治的对象变为"草"。为了达到这个目的，中国统治者至少从四个方面对民众进行种种限制和控制：(1)人身控制；(2)财富控制；(3)思想钳制；(4)人性压制。② 在统治者所施加的种种限制、控制之下，在"官家"的长期威权统治下，再加上中国精英主义政治文化（中国文化是精英主义的，这特别体现在政治文化中，对此，我们可以从至今人们还习惯于称国民为"老百姓"而不是"公民"中看到）的长期熏陶，中国的"老百姓"基本上已习惯于自身的地位卑微，还常常自称"草民"。草者，贱也。但是，即使是卑贱的"草民"，也要求生存，而要求生存，又必须从自身的"草民"

---

① 李庆善：《中国人新论——从民谚看民心》，中国社会科学出版社 1996 年版，第 132 页。

② 曾波、胡新范：《权力不自由》，中国社会出版社 2005 年版，第 71—73 页。

地位出发寻求生存之道。面对“官家”的强权，面对强权统治下的超常压力，中国的老百姓有两种极端的生存方式可供选择：第一是做“顺民”，即对权力主体采取完全顺服的态度。相声大师侯宝林晚年回顾平生时就说自己“其实一辈子是个顺民”。第二是做“暴民”，即所谓落草为寇，以暴力对抗权力主体。

但是，无论是做绝对的“顺民”，还是揭竿而起当“暴民”，这两种极端的方式都有其代价：如果选择做顺民，那么，就必须全心全意地服从于统治主体，无条件地接受统治者的“四制”要求，尤其是必须将自己的人格进行物化、奴化处理，由人格降格为植物格或动物格；而如果选择做“暴民”，则又面临着要付出另一巨大成本——身家性命，这种身家性命的极端代价不是一般人所能承受得了的。因此，一般人很难在这两种极端的方式中做出选择。怎么办？曾波、胡新范指出：“草民”们通过与统治主体的长期博弈和试错以后，走出了“第三条道路”：“在科学总结历史经验和权衡各种风险利弊之后，老百姓终于找到了一个介于顺民和暴民之间的‘黄金点位’：适当妥协做‘刁民’——从暴民上退一步，但也不是完全做顺民；从顺民上进一步，适当恢复和释放自我本性，又能让自己的行为在相当程度上为统治者所接纳。这种选择，尽管是迫不得已，但从另一方面讲，也是官民博弈中广大民众总结出来的一种生存策略，是劳动人民智慧的结晶。”[1]具体地说，这种作为草民“适当妥协”的生存策略的“刁”包括三种具体形式：(1)软性进取，或曰刁钻；(2)风险规避，或曰刁滑；(3)话语博弈，或曰说怪话。[2]

关于身为“草民”的绝大多数中国“老百姓”在面对“官家”威权时的“做”人策略的选择，大体上，我们可以这样说，在总体上倾向于做“顺民”的同时，其行为举止或多或少又都掺杂着“刁民”的色彩。而这种“刁”，正是“草民”的身份地位所逼出来的，或者说，是世故圆滑在“草民”身上的体现。

值得顺便说一下的是，既然“顺民”“刁民”“暴民”是“草民”的角色扮演，那么，如果要改造这种“扮演”，这种社会行为方式，关键就在于改变“草民”这种角色身份。而在现代社会中，改变“草民”角色身份的根本方向，无疑是走向权利本位而又由相应义务来保障和平衡的“公民”身份。尽管各种不同的政治理论取向以及政治实践对于公民权利（与义务的关系）有着各自不同的具体理解，但是，公民权利最基本的含义始终离不开以下几个方面。第一，公民权利与社会成员的公民身份（citizenship）相联系，公民身份是指个人在一特定政治共同体中所获得的成员资格。自现代以来，这个政治共同体通常主要是指民族—国

① 曾波、胡新范：《权力不自由》，中国社会出版社 2005 年版，第 77 页。

② 曾波、胡新范：《权力不自由》，中国社会出版社 2005 年版，第 78—80 页。

家，但也常常被用来指各种跨民族—国家和次民族—国家层次的政治体，在后者的情况下，像美国的州、我国的省乃至县都可归入其中。第二，与这种在特定政治共同体中的成员身份资格相联系，社会成员（公民）享有该共同体所赋予的一些基本权利（和相应的义务）。值得特别指出的是，这种公民权利与相对抽象的"人权"不同，它们是由现实的政治共同体（特别是民族—国家）所赋予的，并且载入该政治共同体的法律法规而生效的权利。而人权本质上是一种道德权利，通常被用作对良知或同情心的呼吁；尽管人权常被当作公民权利的道德基础，但在被特定政治共同体的法律法规认可之前，被某些人认为是基本人权的权利并不属于这个政治共同体的公民权利范畴。第三，公民权利是具有一种普遍性的平等的权利，也就是说，是特定政治共同体以法律法规的形式平等地赋予所有具有该共同体成员身份的人的权利。作为现代社会中的制度安排，公民权可以引导促使不同社会阶级、不同经济社会地位的人们将关注的焦点投放在公民身份地位以及与之相连的权利待遇（和相应的义务）的平等上，从而形成这样一种"平等观"或者说关于平等的价值共识：公民身份地位以及与此相联系的权利（和相应的义务）上平等是重要的，而其他方面的不平等或差异是应该和可以容忍的。由此，对于社会上层来说，这种观念共识可以使他们在"公民身份"的基础上走出特权意识，不再从特权者的立场高高在上地看待自己与社会下层成员的关系，而是从"平等的公民"的立场来理解这种关系，进而也能容忍、接受、承认下层基于公民身份而提出的平等诉求的正当性，而不致产生对对方的负面的、敌意的情感。而对于社会的下层成员来说，公民权制度一方面可以通过实质性的底线平等，保障其具有基本尊严的生活，另一方面则可以通过促成上述这种关于平等的意识，使他们认识到并承认。平等乃是公民身份和与之相连的权利（及相应义务）上的平等，而不是所有人之间的无差异，因而，它在赋予追求平等之正当性的同时，也给了这种追求以限制和约束，从而在一定程度上控制了那种追求"世无差异"之平等状态的激情，以及这种追求得不到满足而可能产生的恨意、敌意和暴民化倾向。

第五节　中国人的角色冲突

所谓角色冲突，一般指的是由于角色互动对象对同一角色抱有矛盾的角色期望从而引起冲突的情形，这种矛盾的角色期望既可以来自不同类型的角色互动对象，也可出自同一类型的角色互动对象。[①] 不过，周晓虹认为，在现实生活中往往还有另一种类型的角色冲突。这种角色冲突在于个人虽然希望扮演一种社会推崇的角色，但由于他无法满足社会或他人给予的期望，故而在实际生活中只能按与此角色相反的行为模式行事。这种冲突发生在理想与现实之间，或者说发生在理想的角色和现实的角色之间。[②] 事实上，这种发生在理想与现实之间的角色冲突同样也可以看作是由对同一角色的相互矛盾的角色期待所造成的，即一方面是代表着文化规范取向的社会正统期待，另一方面是代表着个人日常私人生活逻辑的要求。这种角色冲突表现在中国人身上，最典型、也最常见的就是做“君子”还是当“小人”之间的冲突。

周晓虹指出[③]，君子是儒家的道德行为典范，是做人的榜样，而小人则是君子的陪衬和对立面。从儒家经典中大量关于君子和小人的阐述可以得知：(1)我们可以将人划分为君子和小人两大类；(2)君子和小人的划分标准首先是一个人的品格；(3)君子和小人的品格有高低之分，其行为模式也有优劣之别；(4)君子在品格和行为上注重个人仪表之庄重、强调内在修养之培养、注重言谈举止之适度、考虑人际关系之和谐；而小人则在上述方面与君子迥然相异。显然，君子是儒家推崇的做人的理想，是人们在扮演各种角色都应该努力遵行和实践的目标。但是，从中国文化规范对于君子的各项要求来看，要真正不折不扣地做成君子是一件非常不易的、难之又难的事。周晓虹认为，做君子有三难：

第一，儒家对君子之所作所为的阐述是经过概括、抽象、综合而来的一种理想型的人格，要人们照着这种理想型的人格去实践是几乎不可能的。殷海光在讨论理想文化和现实文化的矛盾时说的一段话能够帮助我们理解这一点：“如果一个人的行为规合于一个文化理想的某一个要求，或某一些要求，那么，他不一定能在一切情形之下规合于一个文化理想的一切要求。就中国传统文化来说，确有文化分子不取‘不义之财’，这种人‘视钱财如粪土’。但是，他也许好色，这就不规合于‘圣人之教’，虽然‘圣人’自己不见得一定不好色。如果这个

---

① 一些社会学和社会心理学家也常常将角色冲突分为“角色内冲突”和“角色间冲突”。“角色内冲突”即由于角色互动对象对同一角色抱有矛盾的角色期望而引起的冲突。“角色间冲突”则是指个体必须同时扮演多个不同的角色，由于缺乏充分的时间、精力或技能，无法满足这些角色所提出的期望，从而产生角色冲突。为避免概念重复和混乱，笔者倾向于将“角色间冲突”称为“角色紧张”，而此处所说的角色冲突专指“角色内冲突”。

② 周晓虹：《现代社会心理学》，上海人民出版社 1997 年版，第 379 页。

③ 以下关于做“君子”与当“小人”之间的角色冲突的论述，参见周晓虹：《现代社会心理学》，上海人民出版社 1997 年版，第 379—383 页。

人既不好货又不好色，那么，他也许好骂人。这也不合‘圣人之教’，虽然‘圣人’自己对骂人也颇感兴味。”①

第二，儒家本身对君子的各种要求之间也有一些可能发生矛盾的地方。以忠与孝为例，按孔子的推论，在家事亲，在外就能事君。但在现实生活中，在家事亲者并不一定就能在外事君，而且有时为了事亲不得不放弃事君，有时为了忠君，也不得不放弃事亲，所谓“忠孝难以两全”。

第三，儒家对君子所做的“内圣外王”的要求将修身和治国平天下连接得过紧，这也增加了做君子的难度。如果说要像儒家所言，通过个人真心诚意达到天下大治，这一理想确实太高也太难。②

事实上，除了周晓虹所总结的上述“三难”，做儒家所推崇的君子之最根本的难处还在于，关于君子的理想规范通常和一个人自然发生的倾向、欲望、情感有关，或者说，和一个人的“天性”处于尖锐的对立之中有关，因而做君子常常意味着一个人需要逆天性而行。

做君子既然如此之难，那么，干脆不去勉强自己做君子，不就不会有心理上的矛盾冲突了吗？确实，在中国社会中有一些“真小人”，他们绝少有道德的、心理的包袱，绝少有进也不是、退也不是的那种窘迫尴尬，从而往往活得很“通气”，很痛快。但这些人，往往是一些流落在中国主流文化之外的人，是文化上的“边缘人”，也即在社会化的过程中没有为中国主流文化的价值观所“化”的人。但绝大多数从小即淫浸在中国文化中的人是不可能不受其主流价值观的影响的。对于他们来说，君子本身的道德形象有着极大的价值和诱惑力，因此，尽管君子难做，也要勉强去做，至少装着去做；而小人，尽管往往因为顺乎人的自然本性而不难做，但由于为社会正统伦理所不齿而不能做，至少不能光明正大、直言不讳地做。这样，大多数中国人在其生活中就免不了要碰到在“做君子”还是“做小人”之间难以委决的角色冲突。

如上所说，发生在中国人身上的“做君子”还是“做小人”之间的冲突，事实上也就是代表着文化规范取向的社会正统期待和代表着个人日常私人生活逻辑、代表着个人自然倾向的要求之间的冲突或者说紧张。因此，“做君子”和“做小人”之间的冲突，常常也就表现为“义”与“利”、“情”与“理”之间的冲突。③

---

① 殷海光：《中国文化的展望》，中国和平出版社 1988 年版，第 83 页。

② 翟学伟：《中国人的脸面观》，桂冠图书公司 1995 年版，第 175 页。

③ 关于中国人的“义利”“情理”之辩，参见：何友晖、彭泗清、赵志裕：《世道人心》，北京大学出版社 2007 年版，第 107—121 页，第 146—159 页。

"君子喻于义，小人喻于利。""做君子"和"做小人"之间的冲突，常常表现为"义"与"利"之间的冲突。"义"是伦理准则、道德指向，"利"则代表个人的好处。"义"和"利"当然并不一定在所有情境中都是冲突的，但是在遇到"两者不可兼得"的情形时（"义利"之辩纵古贯今，这本身表明了这种情形就是经常发生的），个体就会体验到是"取义舍利"还是"趋利弃义"的角色冲突。

"做君子"和"做小人"之间的冲突，也常常表现为"情"与"理"之间的冲突。"情"通常总是与个人一己的情感、情绪甚或情欲，一言以蔽之，个人的自然性向相关，而"理"则一般指向共通的、普遍的法则道理。在中国文化观念中，"情"与"理"也并不一定是冲突的，但是当两者发生紧张时（中国文化强调"以理驭情"，本身即表明两者之间常常发生紧张），个体就会体验到是"循情枉理"还是"执理不循情"之间的角色冲突。

"义"与"利"、"情"与"理"之间的冲突事实上最终又都可以归结到"公"与"私"之间的冲突。中国话中，"义""理"常常和"公"相连，所谓"公义""公理"，而"情""利"则往往和"私"相连，所谓"私情""私利"。与西方人倾向于将"公"和"私"看作是"彼此勾连贯通的双方"不同，在中国文化的主流价值观中，这两者被看作是绝对冲突、势不两立的双方。英语中的 public 或 publicity 虽然也与 private 或 privacy 对立，但是后者不仅没有贬义，而且还与独立、完整的个人的观念联系在一起；而前者，即 public 或 publicity，也不是与个体无关，而是与所有的个体有关，因此必须向由所有个体构成的公众公开（public）。但中文中的"公"和"私"则不同，它们不仅是两个客观的范畴，而且还负载着强烈的道德评判含义：公即善，私即恶。① 自古至今，中国文化的主流价值观念都是崇公抑私，都宣扬"大公无私""以公灭私"。但问题是，作为人的自然禀赋和倾向，私是与生俱来、与生俱在，根本不可能根除的。于是，就像有学者指出的那样，由于在中国"'私'被置于恶的地位，成为一种恶势力和万恶之源，这样就出现了一个无法解决的悖论：'私'虽是客观存在，但在观念上是不合理的；人们在'私'中生活，但观念上却要不停地进行'斗私''灭私'；人们实际上不停地谋'私'，但却如'做贼'一样战战兢兢，不能得到应有的保障"②。在"公"不可轻慢，"私"又无法根除的情形下，中国人在扮演其角色时，就不免要体验到两者之间难以兼顾的矛盾冲突了。

---

① 冯婷：《公私分殊与中国人的政治参与》，《浙江省委党校学报》，2007 年第 1 期。

② 刘泽华：《公与私：先秦的"立公灭私"与对社会的整合》，载：《新哲学》（第二辑），大象出版社 2004 年版，第 162 页。

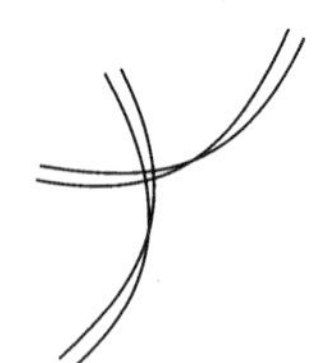

第三章　中国人的自我与人格

上一章我们讨论了中国人的角色行为，在本章中，我们要探讨中国人特定的社会化过程表现在中国社会成员个体身上的成果，即中国人的自我与人格。

第一节　自我与人格概述

一、“自我”的含义

自我是心理学中最早出现的概念之一，但不仅仅限于心理学，它也是哲学思索和文学描述的古老主题。当然在今天更成了社会心理学的一个重要的概念。有人甚至认为：“自我是大多数复杂的相互作用过程的起点，我们对社会行为的理解要从自我开始。”①作为社会心理学的重要概念，如前所述，它是社会化过程表现在个体身上的成果，因而是个体与社会文化环境相互作用的产物。但它不仅仅只是社会化过程的产物，它也作为一种机制、一种动力反过来广泛地影响着个体的社会行为。那么，究竟什么是自我呢？

自我是个体心理生活的重要组成部分。你怎样看待你自己？你对自己持有什么样的意象？你认为你有什么样的才智？你如何看待你的缺点？……所有这些都是自我概念的构成成分。简单地说，自我就是针对自己的所有思想、体验、情感做出的反应，对此，我们可以从不同的角度或方面来理解。从自我的结构来说，它(self)包含了“主我”(I)和“客我”(me)两个方面。乔治·米德说：“‘主我’是机体对他人态度的反应；‘客我’是一个自己采取的有组织的一系列他人的态度。他人的态度构成了有组织的‘客我’，然后一个人作为‘主我’对其

① 杜加克斯、赖茨曼：《八十年代社会心理学》，矫佩民、高佳、吴克译，三联书店1988年版，第65页。

做出反应。"[①]就是说,主我是思想、行动体验的主体,客我是个体对在社会世界中作为客体呈现的自我的认知。而按照最早将"自我"概念正式引入现代心理学的詹姆斯(William James)的说法,这个"客我"又包含着物质的我、精神的我和社会的我三个方面的内容。同样,新精神分析学家艾里克森也通过区分"I""self"和"ego"的区别而分析了自我的结构。I是我,self是自身,ego是自我。他说:"我们只有从自我中分离出'我'与'自身',才能确定自我的范围。"[②]他认为"我"是个体的一切经验的觉知中心;"自身"则是"我"的对象,是各种有关自己的经验复合体;而将各种经验统一起来保持其一致性和连续性的就是"自我"。从自我的过程来说,它牵涉到三个方面,即自我认知、自我情感和自我意向。自我认知是个体对自己各种身心状况、人我关系、社会地位等的认知;自我情感是伴随着自我认知而产生的情感体验如自尊、自卑、自豪等;自我意向则是指随自我认知、自我情感而产生的各种思想和行为倾向。还有人,如新精神分析学家霍妮(Karen Danielsen Horney)、人本主义心理学家罗杰斯(Carl Ransom Rogers)等,从实际存在还是观念存在的角度将自我划分为真实的自我和理想的自我。真实的自我包括那些在任何特定的时期都能真正体现我们自己的东西;理想的自我反映的是个体最希望成为的那种人。对正常人来说,真实的自我和理想的自我是紧密联系在一起的,不会有太大的分离;随着真实自我在生活过程中不可避免地发生变化,理想自我不可避免地要发生变化,同样,随着理想的实现,新的理想会取代旧的理想。[③]

值得一提的是,哲学上后现代主义思潮的出现,对社会心理学中自我的研究也产生了巨大的影响。后现代主义的反整体主义、反科学主义等理念引起了人们的高度重视,促进了理论与方法上的多元论以及重人文精神思想的发展。格根(K. J. Gergen)从饱和的自我(the saturatied self)入手,开始了对后现代时期的自我问题的新探索。他认为科学技术的进步,导致了人类社会关系的复杂化,并促使人们的交往活动日益走向饱和。在这频繁的交往过程中,人们的身份也在相应地发生变化,个体再要保持恒定不变的自我概念就几乎不太可能了。因此,在后现代社会中,我们要注重的是不断解构自我、重建自我,形成一

① 乔治·米德:《心灵、自我与社会》,胡荣、王小章译,桂冠图书公司1995年版,第172页。

② 转引自高觉敷主编:《西方心理学史论》,安徽教育出版社1995年版,第230页。

③ 赫根汉:《人格心理学导论》,海南人民出版社1986年版,第131页。

种新的、动态与发展的自我概念模型。①

二、"人格"之内涵

与"自我"紧密联系的是"人格"概念，人格（personality）有时也译为个性，从词源上来说是来自于拉丁文"persona"，本意为希腊罗马时代戏剧演员在舞台上戴的面具。对人格问题的研究通常分成两种截然相反的研究路径：一种是基于人类个体的研究，从个体的差异性出发去研究人格问题，关注人格的个体差异性和多样性；另一种是从社会性出发，在社会结构中去研究人格问题，关注人格的社会普遍性、一致性。

早期西方学者在研究人格问题时，多侧重于对个体的心理、生理研究，从个体的心理、生理方面寻找人格形成的原因，而不是从社会方面寻找原因。可以说，这既是他们对人格问题研究的突出特点，又是其致命的弱点。如果仅把对人格问题的研究局限于对个体的心理学、生理学上的研究，就会使人格问题的研究过于片面，不利于人格问题研究的进一步深入。我们可以着重从某个方面进行研究，但只有多角度、多层面地去研究问题，对问题的看法才能全面深刻。

下面简要介绍几种关于人格概念的观点。

弗洛伊德（Sigmund Freud）从人的生物本能角度去研究人的人格问题，把人格的发展看成是生物本能的展开。他以人的性本能为基础的人格发展理论，对后来西方学界从心理学角度研究人格问题影响极大。但他的理论片面夸大了人的性本能在人类活动以及生活中的作用，陷入了生物主义的误区。事实上，在个体生活中从来都无法阻止社会关系的介入。

弗洛姆（E. Froom）反对弗洛伊德的本能论，认为人格的发展不能只归结于人的生物本能的展开，更重要的是社会—文化的产物。每一个个体都以其特有的行为模式，在同化和社会化的过程中拓展着自己的潜能。个体既要满足自己的需求，又要适应特定社会的需要，个体人格就是体现了个体生存需求与社会需要之间的矛盾统一。他从社会与人的关联入手，着力探讨了人格的形成与变迁。弗洛姆看到了人所具有的社会性的特质，认为社会对人的影响和塑造最终都要通过个人人格表现出来。在其《逃避自由》一书中，他指出："这些不同种类的劳动，需要有完全不同的人格特质，并且也造成了不同种类的人际关系。人

① Gergen, K. J., The Saturatied Self: Dilemmas of Identity in Contemporary Life. Basic Book, 1991.

一出世，舞台已在等待着他。”[①]弗洛姆还提出，我们在研究一个社会团体的心理反应时，虽然会讨论团体的具体个人的性格特征，“但是，我们对每个人不同的特性不感兴趣，我们感兴趣的是该团体中绝大多数人所共有的性格结构，我们可以称这种性格为‘社会性格’。社会性格必然没有个人性格那么具有特殊性。在论述个人性格时，我们指的是一个人的全部特性，它们以其独特的构造构成了这个人和那个人的人格结构。而社会性格仅包括部分特性，它们是一个团体中绝大多数人的性格结构的基本核心，是作为这一人人共有的生活方式和基本实践活动的结果而发展起来的。虽然一个人的性格结构在总体上总是具有差异性，但这些由出生和生活经历(这些因素是人人不同的)的偶然因素所造成的差异性，也是在社会性格的基点上的差异性。假如我们想充分地分析某一个人，那么，至关重要的是要抓住其不同点。但假如我们想了解在一个特定制度中，人的精力如何被纳入一种生产性的力量并作为这种力量起作用，那么，我们应该把注意力引向社会性格”[②]。

马克思主义的人格理论认为，对人格的研究可以是心理学的，也可以是社会学和伦理学的，但不论如何，人格是人之为人的品格，它是社会经济、政治、文化、道德、法律、宗教等在人身上的集中体现。人格不是先天的，而是后天形成的；不是自然的，而是社会的。脱离了社会的政治、经济、文化、道德、宗教等，就难以理解人及其人格。在马克思看来，不仅人的本质“在其现实性上，它是一切社会关系的总和”[③]，而且“只有在社会中，人的自然社会的存在对他来说才是他的人的存在”[④]。离开了社会，人就变得无法理解，人的发展变化也就变得不可能。

据社会心理学家 G. W. 奥尔波特(Gordon Willard Allport)在 1937 年统计，关于人格的定义已达 50 种。而他自己的观点则认为，人格是个体内部决定其独特地顺应环境的身心系统的动力组织。他还为成熟的人格拟定了七条标准：(1)专注于某些活动，在这些活动中是一个真正的参与者；(2)对父母、朋友等具有显示爱的能力；(3)有安全感；(4)能够客观地看待世界；(5)能够胜任自

① 埃里希·弗洛姆：《逃避自由》，刘林海译，国际文化出版公司 2002 年版，第 32 页。

② 埃里希·弗洛姆：《逃避自由》，刘林海译，国际文化出版公司 2002 年版，第 357—358 页。

③ 《马克思恩格斯选集》第 1 卷，人民出版社 1972 年版，第 60 页。

④ 《马克思恩格斯全集》第 42 卷，人民出版社 1972 年版，第 122 页。

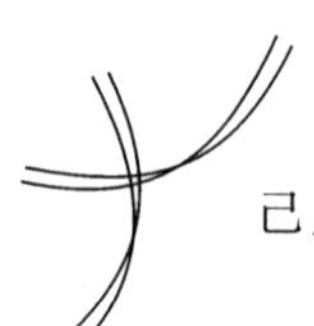

己所承担的工作;(6)客观地认识自己;(7)有坚定的价值观和道德心。①

在对各种人格概念进行概括的基础上,北京大学心理学教授陈仲庚给出了一个较为宽泛的定义:人格是个体内在的在行为上的倾向性,它表现为一个人在不断变化中的全体和综合,是具有动力一致性和连续性的持久的自我,是人在社会化过程中形成的能给予人特色的身心组织。② 这个定义强调了人格的四个方面:全面整体的人、持久统一的自我、有特色的个人和社会化的客体。其中所强调的统一的自我,指人格的各个部分并不是分离的,而是由自我协调为一个连续统一的整体,人格与环境之间也不是分离的,而是由自我加以调节的。从人格的界定中,我们可以看出,自我乃是人格的核心部分,只有融合统一的自我,才会有和谐健康的人格。

第二节　中国人自我意识之建构

自我既是个人对社会文化环境的一种反映,同时也是社会文化环境塑造人的结果。不同的社会文化环境会造就出种种不同的自我类型。要研究中国人的自我意识,就必须与对中国文化的分析联系起来。

一、"天人"关系与"自我"的建构

梁漱溟先生早年曾指出,中国文化在很多方面体现出早熟的特征。中国人的理性化过程开始得很早,将泛神崇拜、巫术崇拜以及偶像崇拜排除在主流信仰之外,使中国社会很早就具有了世俗化特征。③ 李泽厚也认为,中国人有着一个"一个世界(人生)"的观念,而且这是一个"天人合一"的世界。其中,"天"的观念使人们不会陷于人类中心的观念之中,也使人们获得反思社会和探索自我存在意义的力量。"天人合一"的世界是传统中国人的道德空间,它是用"内""外"两个纬度建构起来的:一切事物,都在"由内到外"或"由表及里"的"差序格局"中体现出来。在"差序"之外,是无限广阔的天,在"差序"之内,比"我"更接近内的范畴用"心"这个概念来指称,而"我"之内的"心"与"天"却是相通的,最

① 珀文:《人格科学——当代心理科学名著译丛》,周榕等译,华东师范大学出版社2004年版,第114页。

② 陈仲庚、张雨新:《人格心理学》,辽宁人民出版社1986年版,第4页。

③ 梁漱溟:《东西文化及其哲学》,商务印书馆1999年版,第150—155页。

"内"与最"外"不是封闭的两极,而是形成一个循环。[①] "人"的中心在人际关系上,这是儒家的基本思想。而这种自我意识是吸收了反思性意识,经过正—反—正的循环而建构起来的。

汉语的"天"兼有自然的和超越的两重意思,人们将它看作是自然欲望与超越力量的根源。中国人不能像基督徒那样从上帝那里获得力量,与世俗权力进行正面对抗,而是采用与世俗权力保持距离并加以批判的迂回方式,这种方式与道家的"尚柔"思想有着密切的联系。

二、"柔弱"的中国人

老子在论及"尚柔"的思想时指出:"人之生也柔弱,其死也坚强。草木之生也柔脆,其死也枯槁。故坚强者,死之徒;柔弱者,生之徒。是以兵强则灭,木强则折。"[②]"柔弱胜刚强",例如水是天下至柔,却能驰骋天下之至坚,这就是柔弱之妙。做人如果像水一样,具有柔软、谦虚和蕴藏力量的素质,就会无往而不胜。老子的智慧深刻启迪着中国人,使中国人"知退""能柔",笃信"太强必折,太张必缺"。该思想绝不仅仅是畏惧权力的思想,而是反思权力的理性思想。争强好胜的权力斗争的方式背离了事态变化的整体性规律,相反,将自己隐藏于"柔""弱"的位置反而能保全自己,保持不败。辜鸿铭在《中国人的精神》一书中生动描述道:中国人使用的笔是柔性的毛笔,用毛笔写字画画难,但练就之后,会写出比硬性钢笔字优雅漂亮得多的字,此柔性是中国人心性的象征。这不能不说是对中国人尚柔的文化个性的贴切比喻。

尚柔思想作为人们反思社会和自我修养的思想和方法,同时也是中国传统中反思性意识的重要组成部分,使得中心在关系上的"自我"具有了内在深度。尚柔的传统与中国文化几乎同源,而尚柔思想在社会生活中产生广泛的影响则要归于儒家。儒家提倡以"道隐"的方式迂回地与现实权力进行周旋,这对中国人的政治意识产生了广泛的影响。中国正统体制也试图将这种意识纳入其中,努力在政治权威与民众特别是文人士大夫之间形成一种迂回的互动模式,后者以迂回的语言进谏,权威以迂回的方式吸收进谏。

迂回的互动组织了意识形态的分化和对立,使意识形态能够在"名"上保持连续性,而在"实"上潜在地发生变化。在多数历史时期,中国社会就是以这种"名""实"之间有所距离的方式缓慢地变迁的。邹川雄指出:中国人在社会互动

① 李泽厚:《美的历程》,广西师范大学出版社 2001 年版,第 121—127 页。

② 《老子·七十六章》。

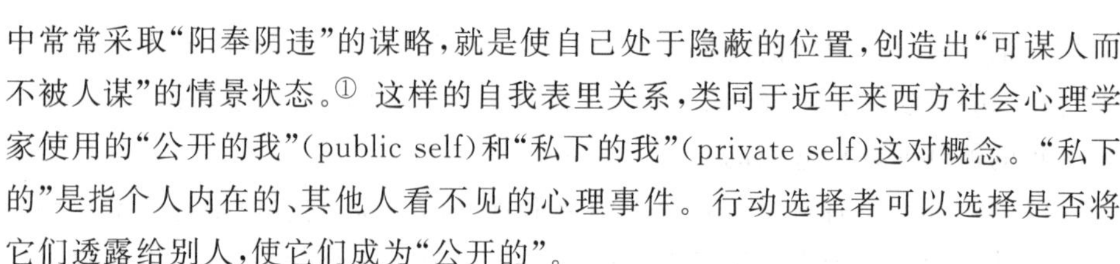

中常常采取“阳奉阴违”的谋略，就是使自己处于隐蔽的位置，创造出“可谋人而不被人谋”的情景状态。[①] 这样的自我表里关系，类同于近年来西方社会心理学家使用的“公开的我”(public self)和“私下的我”(private self)这对概念。“私下的”是指个人内在的、其他人看不见的心理事件。行动选择者可以选择是否将它们透露给别人，使它们成为“公开的”。

三、“公我”与“私我”

我国香港社会心理学者杨中芳和林以正将西方的私下、公开概念与中国传统的“公”“私”概念联系起来，形成“公我”和“私我”这对概念。她指出：中国文化要求个人将其“小我”的界限放下，去包容其他的人，形成超越“小我”的“大我”。由“小我”向“大我”的转变，是按照“差序格局”的外推方式发展的。为“大我”做事是为“公”的、道德的，反之则相反。因此人们在交往中表现出来的“公我”就是“大我”。但这种对自我的要求过高，它并未完全内化为自我的道德价值，而只是表面上的“面子”。个人内在的“私我”可以是基于原始冲动的、自私自利的“小我”，它一旦有机会就会表现出来。[②]

于是，表现给别人看的“公我”与个人内在的“私我”之间距离较远，自我的组织具有两面性。但二者之间还是有所沟通的。在人际交往中，人们最初并不直接表达自己的真实情感与利益要求，而是将它们以间接、隐晦的方式传达给对方，相互依靠对方来满足自己的要求。经过迂回的交往，人们可以相互满足利益要求，相互产生真实的情感。随着交往的进展，表现出的“公我”和内心的“私我”之间会有所靠近。这既是自我同一性的一致性趋势，也可用美籍华人人类学家许烺光先生的“心理社会稳态”概念来解释。

四、中西“自我”的对比

许烺光在研究对比东西方的文化与自我时构建了“心理社会稳态”这一概念，其含义为：人不是固定的实体，每一个人都在寻求保持令人满意的心理平衡和人际平衡，就像每一个生物体都倾向于在其各部分内和各部分之间保持有益

---

① 邹川雄：《中国社会学理论：分寸拿捏与阳奉阴违》，洪叶出版公司 1998 年版，第 88—102 页。

② 杨中芳、林以正：《公/私我重叠、公我意识与心理健康之关系》，第六届“华人的心理与行为”国际研讨会论文，2002。

的生理稳定。这样一个寻求稳定和平衡的过程即为心理社会的稳态。①

具体到中国和西方社会的差异，我们可以看出：在中国文化中，亲属关系高于一切，中国人的自尊和前途都是与其家庭等最初的群体分不开的。中国人把注意力主要集中在近亲上，并依据个体在亲属组织中的地位来尊重他或得到他的尊重。传统上，中国人很少发展出超出其亲属边界的第二群体，与其内圈之外的人发生的联系只是角色关系中的联系。中国人的心理社会稳态是深深根植于他们的亲属系统中的，这使得中国人在对待宗教及生活其他方面的态度上与西方人极为不同。

1. 宗教的薄弱

西方人的心理社会稳态的来源是比较不稳定的，他们虽同样是与其双亲和兄弟姐妹一起开始生活的，但由于西方文化认为个人的自尊和前途取决于他怎样自食其力，他们的双亲和兄妹只是亲密关系圈中的暂时居住者。因此，其亲密关系圈中往往充满了并非一开始就与之共同生活的另外一些人。他们不得不参加社交，寻找这些人并与他们建立起某种联系，或是求助于内部自我，以期得到解释和指导，他们注重探究自己的内部世界，自己的焦虑，自己的无意识，还会以个人的良心借助宗教的方式通向上帝。如有必要，还会借助于药物。而中国人则可能会认为，不必随着所谓的偶像沉浮，也不必捍卫其偶像，不必传播其偶像的功绩或启示，也不必为其偶像而改变信仰。

因此在中国社会，彼岸信仰的力量相对薄弱，中国人并不真正地爱慕和敬拜神，因为神并不是人的榜样或人要超越的境界，敬拜他们只是因为他们所拥有的“法力”，犹如讨好官员并非因为他们具有人格魅力而仅仅是因为他们手中拥有的权力一样。人们平时并不关心这些神的存在，而是如孔子所说“敬而远之”。只是在遇到诸如疾病、瘟疫或危难状况时才求助于众神和巫师，但却很少有人认为有必要只信奉一个神或一个信条，这仅仅是因为超自然的东西很少成为中国人心理社会平衡所必需的一部分。

2. 血缘的束缚

与西方形成鲜明对比的是，中国人陷于基于亲属关系的心理社会稳态中太深，从而使自己处于由各种原因造成的不这样做就不行的困境之中。过于束缚在亲属关系之上，无形中也就丧失了结成较大群体的基础。而西方人由于不得不采用更为多样化的方式以求达到心理社会的平衡，往往会通过控制外人和别

① 许烺光：《跨文化的自我透视》，载：《文化与自我：东西方人的透视》，浙江人民出版社 1988 年版。

的世界以扩大他的人际关系，引导自己走第三条路通向心理社会的平衡。当西方人驾驭及表现自己的物质世界，诸如进行商业垄断或远洋探索，开垦处女地等，中国人则在繁缛的仪式与复杂的等级关系中压抑着个人自我的发展，以维持家庭的稳定和亲属关系的紧密。

过于关注亲属关系，还造成了中国文化中私德比较发达而公德不发达的后果，社会的公德意识较为薄弱。罗素就曾言，中国文化里只重家族内的私德，不重社会的公德、公益，这一点是很要命的景象。费孝通也谈到，中国社会中存在的“差序格局”，造成了与己关系近的就关心，关系远的就不关心或少关心，甚至有些事从来就没人关心的景象①（这一点在后文中将会详细论及）。近年来在关于中国人社会心理的研究中，有学者提出将“自我”范畴区分为以个人身体为标志的“个己”，与包括了具有特别意义的他人的“自己”两大类，②这无疑也是与“差序格局”分析方式相吻合的。

第三节　中国人之自我的不发展

上面已提到，在中国和西方，“自我”概念存在着很大的差异。在这一节中，我们将进一步从“个性自我”和“深度自我”两个方面讨论中国人之自我的特征。

一、“个性自我”的不发展

在如何对待“个性”这个问题上，中国文化和西方文化可谓构成了鲜明的对比。西方文化的特点是张扬个性，追求卓越、出类拔萃；中国文化则是压抑个性，强调合群、“和合”。这是由中西方不同的历史背景决定的。

在西方的基督教特别是新教背景下，“个人”与“世界”往往处于对立状态。“个人”追求的是“得救”，而这个世界充满了“恶”，即魔鬼的诱惑，因此个人若想要得救，就必须超越这个世界，不被各种社会关系所束缚。

美籍华人学者孙隆基在他的《中国文化的深层结构》中指出，在西方的宗教背景下诞生了存在主义。存在主义者认为，一个人只有从所有的社会角色中撤出，对这些外显的角色做出内省式的再考虑时，他的“存在”才开始浮现。与之

① 费孝通：《乡土中国　生育制度》，北京大学出版社 1998 年版，第 27—28 页。

② 杨中芳：《试论中国人的“自己”：理论与研究方向》，载：《中国人，中国心——社会与人格篇》，远流出版公司 1991 年版。

相反，中国人则少了这么一种“超越”精神。中国人认为，“人”是只有在社会关系中才能体现的，中国人不承认在具体的人际关系背后还存在一个抽象的“人格”。中国人不存在西方式的个体灵魂观念，因此不容易产生明确的“自我”疆界。[①] 中国古语常谓“仁者人也，亲亲为大”[②]，而“仁”就其字面含义来讲即为“二人”，中国人是以“二人”关系来定义“一人”的，这样一来，独立的“个体”就失去了发展空间，对个人来说，社会关系才是最重要的。

事实上，中国文化发明了很多机制来压抑“个性”，抹去每个人的“自我”，具体表现在以下几个方面。

1.“自我压缩”的人格

中国人不像西方人那样尽情地发扬、展露自我，相反却不断地将自我打压。首先，中国人视社会关系为第一重要的关系，而要维持稳定的社会关系，就有必要对自我强加外在的限制。这在有些影视作品中也可见一斑，如电影《刮痧》中，中国人许大同在自己儿子和朋友儿子打架的时候，为了保住朋友的面子而不惜打了自己的孩子。相反，美国人就很不理解这种举措，他们认为打孩子永远是错误的行为，无论有什么理由，而且，小孩子打架应当由他们自己解决，大人不应插手。但这种事情在中国人看来却是再正常不过的，小孩子打架，父母不论谁是谁非，总是先打自己的小孩。这种方式，其结果自然会使小孩认为自己的利益不合理，变得事事去迎合别人。孙隆基将这种现象称为“让外必先按内”，即“按”住自己，去迎合别人的需要。孙隆基还认为，这种“让外必先按内”和所谓的“存天理、灭人欲”事实上是一脉相通的。中国人心目中“天理”没有抽象到西方的“上帝”那样的高度，所谓“人心即天理”，“天理”其实就是“二人”关系，而与之相对，“人欲”就是个体化的表现。在中国文化对人的建构中，“一人”之身不受制约的话就会趋向于“乱”，因此必须约束个人的“私欲”；但是这种设计很容易矫枉过正，将个体正常的欲望也当成“人欲”或“私心”，并以抹掉“自我”为美德。[③]

无视甚至抹杀个体正常的欲望的倾向最明显地表现在中国人对“性”的态度上。中国人对标志着人的成熟的“性”总是讳莫如深。儿童成长中总免不了对“性”的困惑，大人却觉得难以启齿，而让儿童自己在黑暗里摸索。长大后，婚姻关系也被赋予了传宗接代的伦理含义，并且极力消除能够给个人带来满足的

---

① 孙隆基：《中国文化的深层结构》，广西师范大学出版社 2004 年版，第 14 页。

② 《礼记·中庸》。

③ 孙隆基：《中国文化的深层结构》，广西师范大学出版社 2004 年版，第 239—245 页。

“性”的因素。结果“性”在生理上就无法萌芽,从而使一个人长期维持在儿童的身体形态和幼稚思想中。这就容易造成人格发展阶段的颠倒错乱。而正因为个人人格发展阶段的颠倒错乱,个人常常被“儿童化”和“非性化”,所以他的生理成长阶段就不能与人格发展相符合,他的正常欲望也就与社会规范完全脱节。[①] 于是,本来很正常的东西,却必须像防贼一样去防范它。进而,整个“自我”也成了防范的对象。

2. 未开化的利己主义

有很多学者都认为中国人是“集体主义”取向的,因为他们看到了中国人的社会行为充满了“集体的或亲和的倾向”;而另一批学者则认为在这种表面现象之下,中国人实际上持有的是一种特有的自我主义或“个人主义”(又可谓利己主义)。[②]

费孝通在提出他著名的“差序格局”论时指出:“在这种富于伸缩性的网络里,随时随地是有一个‘己’作为中心的。这并不是个人主义,而是自我主义。个人是对团体而言的,是分子对全体。在个人主义下,一方面是平等观念,指在同一团体中各分子地位相等,个人不能侵犯大家的权利;一方面是宪法观念,指团体不抹煞个人,只能在个人所愿意交出一分权利上的控制个人。这些观念必须先假定团体的存在。在我们中国传统思想里是没有这一套的,因为我们所有的是自我主义,一切价值是以‘己’作为中心的主义。”[③]

我们切不可认为这种“自我中心主义”有利于“自我”的发展。一切都以“自我”为中心,这其实是“自我”发展的低级阶段。根据乔治·米德的“自我发展三阶段论”,在最初的“模仿阶段”,儿童尚未形成真正的“客我”,事事都以自我为中心,有的只是模仿别人的行为。到了第二阶段,即“嬉戏阶段”,儿童才试着去扮演父母等“重要他人”的角色,此时才开始第一次把自己看作是社会客体,客我开始得到发展。到了第三个“游戏阶段”,儿童逐渐走出家庭,与更多的人和群体发生联系。此时他需要扮演各种各样的人的角色,因此必须形成“概化他人”的概念,自己的行动要符合人们对他们的一般要求和期望。例如,儿童在群体游戏中,必须预知所有其他同伴的行为并决定对这些行为做出何种反应。当能够这样做时,他们已经将“社会”内化了,“客我”的形成过程已经能够完成。

---

① 孙隆基:《中国文化的深层结构》,广西师范大学出版社 2004 年版,第 227—231 页。

② 翟学伟:《中国人社会行动的结构——个人主义和集体主义的终结》,《南京大学学报》,1998 年第 1 期。

③ 费孝通:《乡土中国　生育制度》,北京大学出版社 1998 年版,第 28 页。

可见,“自我”的真正发展恰恰意味着“去中心化”,个人要学会去扮演别人的角色,形成了“客我”,才能实现真正完善的“自我”。对于终身笼罩在“家族集体主义”中的中国人来说,是很难跨出“自我”发展这重要一步的。中国人熟悉的不是“概化他人”,而是具体的“君君臣臣父父子子”的“二人”关系中另一方对自己的看法。

在中国的“二人”设计中,一个人须凭对方才能定义自己这一方,也往往要靠对方来帮助自己这一方。但在文化的理想中,又主张双方都“毫不利己,专门利人”,于是,很多人便利用这一点,让对方“毫不利己”,然后专门“利”自己这一方。在中国这个“依赖感”的文化中,既然能产生连终身大事也必须靠别人处理的人,自然也会出现想成名就必须踩在别人身上的情况。①

正因为“自我”的不发展,所以中国人不能凭借完善的“自我”去合法地追求个人利益。前面已经指出,“儿童化”造成的影响是,“个体”是不被人信任的,个体的正常欲望也是不合法的“私欲”。因而在中国,个人主义只能是自私的同义词。如果说在传统文化下,还能够用“耻”感去约束大部分的人的话,那么到了市场经济时代,公然“逐利”已经合法化了,中国人就很容易失去控制。于是,“他制他律”就会崩溃,而人也会变得“无耻”。孙隆基将之称为“未开化”的利己主义,以区别于西方完善的利己主义——个人主义。中国人一向反对“个人主义”,其结果只是让自己的“未开化的利己主义”发扬光大。②

3.“铲平主义”

所谓“枪打出头鸟”“出头的椽子先烂”,中国人似乎总是对那些“强出头”的人另眼看待。“强出头”意味着当大家都“平头”的时候有一个人冒出头来,这就不得不引起别人的猜疑和嫉妒。因此,中国人的父母总是以“明哲保身”来教育子女,凡事都要“跟大家一样”,只有磨灭自己的个性才能保全自己。这套“龟缩哲学”和“活命哲学”在道家的思想当中也有表现:“此果不才之木也,以至于此其大也。嗟乎!神人以此不才……故未终其天年,而中道之夭于斧斤,此材之患也。”③为了避免因招致大家的嫉妒而被消灭的灾祸,人必须造成自己的“不才”,不去追求卓越。④

值得注意的是,普通老百姓奉行“铲平主义”,最有利于上层实行专制主义。

① 孙隆基:《中国文化的深层结构》,广西师范大学出版社 2004 年版,第 294 页。

② 孙隆基:《中国文化的深层结构》,广西师范大学出版社 2004 年版,第 298 页。

③ 《庄子·内篇·人间世第四》。

④ 孙隆基:《中国文化的深层结构》,广西师范大学出版社 2004 年版,第 254—255 页。

按孙隆基的说法,同为“国民”,“老百姓是自我压缩的人格,而少数统治阶层却出现自我扩张的人格”。“在中国历史上,老百姓的铲平主义与统治者的专制主义是互相配合的,如果中国文化说得上是人类历史上最牢固的保守主义,那么,中国老百姓与统治者的这种完善无间的配合可以说是人类史上最成功的阶级合作主义——其共同效果则为维系结构之不变。”这大概是因为,既然每个人都被“铲平”了,都是平凡的芸芸众生,那么一旦出现了真正卓越的人物,就会被人们赋予异常高的期望。

二、深度自我的不发展

前文所谓的“个性自我”事实上只是“表层”的自我。每个个体看上去都与别人相异,这只是一个方面。事实上,每个个体不仅有“相异”的一面,而且有“相同”的一面。涂尔干(Emile Durkheim)指出,个人尊严的重要性,并不是来自个人的品格、他与其他人相区别的特殊性,而是他与所有人共享的东西,即每个人都分享了的人性。正是这种共享的人性构成了涂尔干所说的现代个人主义“公民宗教”。[①] 李猛认为,涂尔干说的这种个人主义的自我实际上是一种具有复杂结构的深度自我,这种深度自我最早的来源是基督教,而在进入现代社会以后,则是现代社会独特的抽象机制建构了这种深度的“自我”,直言之,它的形成与西方社会“纪律”的发展有很大关系。[②]

17 世纪,宗教战争等因素带来了西方世界的“总危机”,战争的巨大开支与税收的沉重负担之间是一个两难的选择。在此背景下出现了“纪律”,一方面,国家必须讲“纪律”,不能横征暴敛,战争借贷要讲信誉;另一方面,市民要讲纪律,必须按照协议在必要的时候(比如面临战争时)给国家提供贷款。不管是谁,都要讲究“理性”,做出别人可预期的选择。因此“市民社会”首先是一个“礼貌社会”,用稳定的利益来控制危险的、不确定的激情。这样“纪律”就塑造了“驯服的身体”,这一方面便于国家的统治,另一方面也给国家的“治理技术”提出了更高的要求——不能像过去那样粗暴地治理,而必须讲求理性。

现代社会的市场是由陌生人组成的,假如没有在陌生人之间建立的某种抽象的信任机制的话,那么人与人之间就是“狼与狼”的关系,任何交易都将成为不可能。事实上,这种抽象关系正是在“纪律”的基础上建立起来的,面对现代

---

① 涂尔干:《个人主义与知识分子》,载:《乱伦禁忌及其起源》,渠敬东译,上海人民出版社 2003 年版。

② 李猛:《论抽象社会》,《社会学研究》,1999 年第 1 期。

早期城市中的陌生人，倡导新斯多葛学派的学者，试图在理性的自我控制的基础上建立一个社会秩序，这种社会秩序不再基于不可信赖、反复无常的个人纽带、个人忠诚和个人情感，而是基于抽象和一般性的社会关系。这样，从事市场活动的主体，就不是一个任意胡为的暴君，相反，它是一个成功将自己建构为“利益”主体的人，一个用“利益”来管理激情的人，从事市场活动的主体便成功地实现了对自我的治理。在此基础上，由抽象机制所产生的“抽象人格”也跟着发展，最终建构出涂尔干意义上的“深度自我”。进而“抽象人格”成了崇拜的对象，由此便达到了涂尔干所希望的“社会整合”。

反观中国，似乎这种“抽象机制”从古至今就是缺乏的。比如，中国人从来没有离开“君君臣臣父父子子”之类的具体“二人”关系去谈抽象的人际关系，在陌生人之间建立起信任，则更是不可想象的。这许是因为，中国文化中少了西方那种超越精神——主要是基督教等彼岸宗教。基督教的一条原则就是“上帝面前人人平等”，每个人都应该抛开具体的人际关系，而与抽象的“上帝”直接建立起某种联系，这才有助于个人得救。

这一点在新教特别是加尔文教中表现得特别明显。正如马克思·韦伯说的，一个人的新教教派的成员资格，本身就表明了这个人的相应道德品质。[①] 这对现代交易的影响就是，信任不是借助于一个熟人的具体的道德判断，而是借助对一个陌生人的范畴性的理解。在当今中国，“陌生人”基本就是“不安全”的代名词。中国人办事总喜欢“托熟”，似乎不是熟人就不会全力以赴；买东西也一样，似乎熟人推荐的东西才是最可靠的；就连去医院看病也要熟人介绍，否则就要送“红包”，唯如此医生才会尽心尽力给你医治。人们不会认为，“医生的职责就是给病人看病，因此我信任任何一个医生”，这些都是“抽象机制”缺乏的表现。

此外，“纪律”的前提是信仰。在没有外在限制的情况下，人是否就能为所欲为？有信仰的人和没有信仰的人对此问题的回答大为不同。比如深夜无人的十字路口，红灯亮起，中国人一般都会踩油门冲过去，美国人则一般会停下车来等着，因为虽然没人在那边看着，但是“上帝”无时无刻不在关注着你。中国人思维中没有“上帝”，所以要树立起“纪律”绝非易事。

总之，由文化差异造成的“抽象机制”的缺乏，使中国人失去了发展“深度自我”的可能。这与前面说的“个性自我”的发展是相互促进的：没有能够承担责

① 马克思·韦伯：《新教伦理与资本主义精神》，于晓等译，三联书店 1987 年版。

任的“个人”的发展，何谈人与人之间的相互信任；同样，正因为人们彼此不信任，所以才需要强加各种外在的约束，这使得独立的个体发展更加不可能。正是这两个因素的共同作用造成了中国人自我的不发展。

第四节　中国人的传统人格

一、研究进路：社会性

在对人格的认识上，我们可以采取不同的途径和方法，但无论采用何种途径和方法，都不应脱离社会来孤立地谈论这一问题。只有将之放到一定的社会历史条件中，人格问题才能得到合理的解释。较之因个体的主客观因素而引起的个体人格的差异而言，在此我们更关注的是因社会文化的差异而造成的不同社会文化间人格结构上的差异。透过个体人格的差异性，我们仍然能够清楚地看到在个体人格中表现出来的社会普遍性的特征。

中国人的传统人格是什么？众多学者由于立场不同，视角不同，因而大多各执一词，仁者见仁、智者见智。如上所说，我们此处所讲的人格，主要侧重于从社会性角度来把握个体人格及其基本特征。虽然在任何社会中个体人格都存在着很大的差异，即使是同一种人格类型，其具体表现形态也不完全相同。但无论如何，我们仍然可以在多种人格形态中寻找到社会的主流人格。这种主流人格，用林顿(R. Linton)的话来说，就是“基本人格类型”；用卡丁纳(A. Kardiner)的话来说，就是“基本人格结构”；用杜波依丝(C. Dubois)的话来说，就是“众数人格”。[①] 只有认清了社会的主流人格，我们才能认识到社会之文化价值取向对人格塑造发生的影响，才能加深对不同历史时期个人发展与社会发展的理解。

二、传统主流人格的特征

在中国传统文化价值的熏陶下，中国人传统人格大体上呈现出三大特征，即贵和尚中、谦恕和务实。

---

① 周晓虹主编：《现代西方社会心理学流派》，南京大学出版社1990年版，第294—300页。

1. 贵和尚中——修身之道

(1)“贵和尚中”的宇宙观与社会观

贵和尚中,是中国人传统人格的一大显著特征。“贵和尚中”之人格特质的潜在和表象状态及其功用,已在现代数据分析及其模糊聚类中得到了验证。① “和”与“中”是中国传统文化中极为重要的思想范畴,在中国古代的经典论述中,“和”的基本含义是和谐,古人重视宇宙自然的和谐、人与自然的和谐,更加注重人与人之间的和谐。

孔子主张“礼之用,和为贵”②。孟子提出“天时不如地利,地利不如人和”③。这就是以人与人之间的和睦、和平、和谐,以及社会的秩序与平衡为价值的目标。中国人的贵和取向与自身的生存环境有密切关系,中国是一个农业宗法型社会,乡土社会稳定的生活秩序,聚族而居的血缘亲情,以及在落后生产条件下对互助协作的寻求,正是“贵和尚中”的传统人格的现实基点。

(2)“中和”与性情修养

“贵和尚中”这一人格特质,是对人之七情六欲的控制与诱导,使之不随欲而发,而是发皆中节。《中庸》首章中所言“喜怒哀乐之未发,谓之中;发而皆中节,谓之和。中也者,天下之大本也;和也者,天下之大道也”,此一章句与弗洛伊德“自我论”中“超我”对“本我”进行控制与诱导,使之处于“本我”与“超我”之间正常的自我这一观点,颇有相似之处。“和”“中”正是处于人之本性与人之社会性之间,起着心理调节作用。“发而皆中节”,属于情之节制,情之正,平常而不乖戾的人文状态,其为“和”。可见,在中庸的内涵中,有着社会心理学的性情说。故此中国人性情平和,含而不露,不偏不怪,温文尔雅。

“尚中”作为人格特质,还意味着“慎独”。既然人之道是“人人共由之”之路,则“不可须臾离也”。因此,君子必然要“莫见己隐,莫显乎微”“慎其独也”④。人人修己化人,则能“修道”“率性”,进而能顺天之理,尽其性,这种状态,即是“天人合一”的理想状态。从尚中人格特质看人格力量,则可以看出“修己”“诚身”,是人格力量助天地之化育,从而使人与天地“并立而为三”⑤。

---

① 参见沙莲香:《中国民族性》,中国人民人学出版社 1990 年版。

② 《论语·学而》。

③ 《孟子·公孙丑下》。

④ 《中庸》第一章。

⑤ 《道德经》第二十五章。

当然,要真正达至“中和”并非易事。孔子说:“中庸其至矣乎!民鲜能久矣。”[①]中和的两端为“过之”与“不及”,“过”则失中,“不及”则未至,应当采取适中和恰当的态度,“执其两端而用其中”。但是智者、贤者以为中和过于平常而不屑知,不屑行,故而过之,而失其中,愚者、不肖者则又不能知,不能行。因此,要真正达到中和,实际上很难。

(3)“中和”之利弊

中和之利,在于可以为人们的知与行留下足够的空间,使人们灵活自如地应对生活和诸多人际关系。中国人的圆熟老成,左右逢源,“圆而神”的智慧和心力,均本于中和之道,本于重中正,求圆满。可以说,在漫长的历史岁月中,“中和”观念被历代思想家反复强调,积淀成为中国人的一种心理定式和特有品格,它使得中国人在传统人格的理想和现实之间的冲突中找到了一种调节和均衡,使我们的传统人格更富有弹性。

但“贵和尚中”的负面效应亦不可忽略。对“中和”气象的崇尚与追求,在消解、缓和正面冲突的同时,又间接性导致了人与人之间不满情绪表达的模棱两可、表里不一的市侩习气,难以形成坦诚轻松的交往风格。更为重要的是,对“中和”品格的推崇和执着,压抑了个性的发展,助长了不求进取、反对冒尖、无所作为的保守心理,导致了中国人竞争与开拓意识的匮乏。

2. 谦恕——为人之道

作为中国人传统人格另一大特征的“谦恕”,从其出处来看,就是孔子所言之“己所不欲,勿施于人”[②]“己欲立而立人,欲达而达人”“人之方也已”[③],就是《礼记》所言之“躬自厚而薄责于人”“不以己所能病人,不以人所不能愧人”[④]。孟子所说的“老吾老,以及人之老;幼吾幼,以及人之幼”[⑤],以及后人的“不责人小过,不发人阴私,不念人旧恶”[⑥]等,所表达的也均为“恕道”的理念。“恕道”的要点在于将心比心,推己及人,设身处地为他人着想,是一种与人为善的人格特性。

今天我们在解读“谦恕”之道时,还应该注意其中所蕴含的个性发展和理性

① 《中庸》第三章。

② 《论语·颜渊》。

③ 《论语·雍也》。

④ 《礼记·表记》。

⑤ 《孟子·梁惠王上》。

⑥ 洪应明:《菜根谭》。

选择的文化价值。综上所述,“谦恕”是儒家思想的一个重要范畴。伦理意义上的“谦恕”,是受“义”“礼”严格约束的行为规范,儒学框架之下的“义”基本上缺乏康德所言说的对己的义务,本质上是社会以道德要求的形式向特定个人提出来的“应当”完成的职责、使命和任务,倡导的是重伦理价值、轻功利价值的人生理念。然而,一旦我们从社会心理学意义上来诠释“谦恕”这一人格特质,便会看到其中所蕴含的“己立”“己达”和“立人”“达人”的成就追求精神及动机达成的方式,同时也可以看到“以己推诸人”式的“己—人”互动方式以及渗透于其中的互动选择性。而由此,我们也就可以进一步看到包含在“谦恕”这种人格特征中的特殊理性内涵。

当然,也必须看到,中国人这种“谦恕”的性格特征,如果发展得不适当,也会表现出明显的负面效应。“谦”如果与所谓的“恬退”结合,并病态发展的话,就很容易表现为不勇于任事、消极躲避、没有担当、一味谨守前面所说的“龟缩哲学”或“活命哲学”的“怯懦”;而所谓与人为善的“恕”,则很容易流于没有是非感的不言人之过,不指人之错,甚至听任人之恶,从而沦为所谓的“好好先生”,沦为“乡愿”。

3. 务实——处事之道

在三大人格特性中最能体现中国人之理性精神的,当属务实这一人格特质。这一特质在现代人身上表现得也很突出。改革开放以来,中国人的利益追求,其勤奋、利益算计以及随之而来的关系组建,都与“务实”这一人格特质有关。“务实”精神,源于中国文化注重“知行合一”、注重现实、注重此岸人生的实践理性。孔孟的思想不仅强调中庸与忠恕,还重视人人从己做起,修身以敬。修身、齐家、治国、平天下就是以“修身”为端,“身”为“家”之本,“家”为“国”之本。中国文化对人格的培育,以“己身”为端,把“笃行”和“敏事”作为人格养成的起点,也作为“达道”的基点。

中国人人格中之务实的特征不仅表现在“笃行敏事”,而且也表现为中国不尚玄虚。孔子即“不语怪力乱神”,还说:“不知生,焉知死?”自觉地将目光所及限定在现世人生。中国人当然也有他们的“神灵”,但这并不表明中国人的关注超越了现世生活,恰恰相反,中国人对于神灵世界的处理对待方式正好反映出了其务实的精神或者说注重实用的态度。我们看到,中国人的神灵世界是极其含糊的,尤其是佛教传入以后,中国人甚至不去区分本土神灵和外来神灵,或者说不同宗教系统的神灵之间的界限。经常发生各路神灵和平共处的情况,道教的神谱里充斥着大量属于佛教系统的菩萨。在这种局面下,西方式的宗教战争在中国社会中是不可想象的。在中国民间信仰中，神和人之间的关系是一种纯粹的功利交换关系。一方面，似乎神都难以自立，须靠人类的供品生活，所以有许多神会定期地给人间制造灾难来警告人们这是对他们的不恭；另一方面，人们也可以通过给各路神灵提供供品、过生日乃至娶媳妇来收买他们，以保证一年的平安。中国人和神灵之间的关系，完全是一种相互交换、相互利用的关系，这集中地体现中国人人格之讲究实用的特点。

中国人人格中之务实、讲究实用的特征，同样也有其消极的一面。那就是，由于过于实际、过于讲究实用、过于关注现实人生，中国人往往缺乏更为高远的关怀，缺乏高超的想象力和深邃的思想。因此，杞人忧天的人在中国是嘲笑的对象，如果在西方，则会是仰慕、赞赏的对象。其实，陈寅恪和王国维分别说过："中国古人……其言道德，惟重实用，不究虚理。其长处短处均在此。长处即修齐治平之旨；短处即实事之利害得失，观察过明，而乏精深远大之思。"①"我国之重文学，不如泰西，……夫物质的文明，取诸他国，不数十年而具矣。独至精神上之趣味，非千百年之培养，与一二天才之出，不及此。"②

第五节　中国人的公私观

中国人的自我、人格与西方人的巨大差异，造成了两者在社会认知、社会行动等方面的一系列不同。中国人和西方人之间在公私观念上的显著差别则是其中一个突出的表现而已。

为了理解中国人之公私观念的特性，我们先来了解一下西方人对于公私关系的一般理解。在第二章的结束处谈到中国人的角色冲突时，我们曾指出，一般而言，对于西方人来说，"公"与"私"尽管无疑是两个对立的范畴，但却同时又彼此勾连贯通着双方。勾连贯通的桥梁就是"个体"(个人)范畴。可以说，在西方人的观念中，"公"与"私"两个方面共同构成了一个完整而独特的"个体"：个体身上和其他所有个体共同共通的东西，包括共同的精神和物质的利益、共通的人性等，构成了"公"的基础和源泉，个体所独有的、有别于其他个体的方面，则构成了他的"私"。这里先撇开包容了"公""私"两个方面的个体人格的发生起源问题不谈，单就上述"公""私"与个体自身的关系而言，则可以明显看出，

① 转引自吴学昭：《吴宓与陈寅恪》，清华大学出版社 1992 年版，第 9—10 页。
② 王国维：《王观堂先生全集》(第 5 册)，文华出版公司 1968 年版，第 1761—1762 页。

"私"固然与己相连,但"公"同样与个体自身密切相关。正是在此意义上,公共事务应是每一个个体"自己的事"。英语中的 public 或 publicity 虽然也与 private 或 privacy 对立,但是后者不但没有贬义,而且还与独立、完整的个人的观念联系在一起。而前者,即 public 或 publicity,也不是与个体无关,而是与所有的个体有关,因此必须向由所有个体构成的公众公开(public)。西方人对于公私关系的这种理解方式既得益于其由来已久的对于"人"的定义方式,也受到近代契约论有关公权、公益之理解的支持。无论是古希腊人把承担参与公共事务看作是人之为人的必要条件(亚里士多德说"人是政治的动物"),还是中世纪的基督教信仰从"神—人"关系中来定义人的传统,都容易突显出人作为区别于高于人的神和低于人的兽畜的物种所具有的"共通的人性"。由此,西方人比较容易将对这种共通的人性的捍卫守护看作是对自己本身的捍卫守护,将对这种人性的冒犯亵渎(哪怕在现实中表现为对别人的侵犯)看作是对自己作为其中一员的人类尊严的冒犯亵渎,这一点我们在西方一些反思二战纳粹罪行的文艺作品中可以看得很清楚。而在近代契约论那里,尽管霍布斯、洛克、卢梭的观点相差甚大,但却有共同的一点,那就是都肯定个体的权益是公权、公益的本源,因而,维护共同体的公共权利也就是维护个体自身的权利。而作为非历史理论的契约论事实上只是历史现实的一种理论抽象,一些历史的考察同样表明,对于近代西方人来说,正是"为了保护私人利益,才有想法保护公众的利益。进一步说,如果没有私人的财产需要保护,那么,也就没有公众利益一说"①。显而易见,西方人对于公私关系的这种理解,由于将"公"(无论是基于"共通的人性"还是"共通的权益")与"私",还有个体自身权益密切联系起来,而非敌对起来,因而在现实社会生活中就比较容易引发人们对于公共事务的自发主动的关注,引发人们的政治参与意愿。事实上,对于他们来说,作为公共事务的政治更多的并非是外加的,而是内发的。

但是,在漫长的历史中形成并积淀扎根在中国人的文化心理结构中的公私观念则与西方人非常不同。如果说,西方的观念强调了公与私之间通过独立的个体的范畴而相互勾连贯通的话,那么,在没有"独立的个体"意识(对此后面还将展开论述)的中国文化观念中,则强调了公与私之间的冲突对抗、互不相容,并且在这势不两立的双方中,"私"在正统的意识观念中始终是被贬斥鞭挞的一方。不少学者指出,公私对立、此消彼长,要求人们在道德意识和政治理念上

① 刘畅:《中国公私观念研究综述》,载:《新哲学》(第二辑),大象出版社 2004 年版,第 207 页。

"以公灭私""大公无私"构成了中国文化的基本观念。早在先秦时代,儒、道、法、墨等诸家即开启了旨在"立公灭私"的公私之辩。他们不像西方的先哲那样对公与私一视同仁地进行对应论证,寻求公、私各自存在的理由和依据,探索公、私相对存在的机制和道德准则,而是相反:一方面他们对公进行了无限的颂扬,并为了证明公的绝对性,他们还把公诉诸本体,认为公源于天地、四时、神明,还源于"道",即所谓"大道之行也,天下为公"[①];另一方面,又众口一词将私看作万恶之源,视为政治的大敌,对私没有丝毫宽容之意,而是全力进行批判、抑制、杜绝。在他们看来,立公与灭私是一个问题的两个不可分割的方面,"立公所以弃私也"[②],故必须"以公灭私"(《尚书·周官》或"废私立公"[③])。不仅如此,先秦诸子还基本上将所有与个体自我相关联的思想欲望都归入了"私"的范畴(这也是"个人主义"在中国一直声名狼藉的缘故),因为都在废灭之列,于是就有"无我""无己""无欲""无身""无心"等命题的提出。[④] 就像在其他许多论句中的情形一样,先秦诸子有关公与私的基本理念在很大程度上也规范约束了以后漫长历史中有关此论题的基本思想言路。而其中犹以宋明理学中公私对立的冲突最为严峻,理学力倡"存天理、灭人欲",实质也即存公灭私,如朱熹所言:"凡一事便有两端,是底即天理之公,非底乃人欲之私。"[⑤]到了近现代,"尚公抑私"还成了发动一次次激烈"革命"的强大思想引擎:太平天国主张平等之公;孙中山手书"天下为公",以此为动员国人推翻清朝一姓之"私天下"的精神武器;20 世纪 50—70 年代,"大公无私""以公灭私""斗私批修""狠斗私字一闪念"等不仅是书本教义规范,而且是几代人身处其中的活生生的现实;沟口雄三还把尚公抑私的观念与我国的社会主义思潮挂钩起来。[⑥] 可以说,无论古今,不分朝野,立公灭私作为一种道德和政治观念具有一贯的统一性,鲜有人敢公然挑战质疑,至少在表面上这一观念被人们所普遍接受。

应该承认,对于维持正常的社会生活和公共秩序而言,"立公"无疑是合理而必要的,关键在于一个社会在立公时如何处理公与私的关系。而如上述我国

---

① 《礼记·礼运》。

② 《慎子·威德》。

③ 《管子·正》。

④ 刘泽华:《公与私:先秦的"立公灭私"与对社会的整合》,载:《新哲学》(第二辑),大象出版社 2004 年版,第 153—155 页。

⑤ 《朱子语类》。

⑥ 刘畅:《中国公私观念研究综述》,载:《新哲学》(第二辑),大象出版社 2004 年版,第 192—193 页。

传统上这般，不是从每个个体自身共同的利益关怀中引申出“公”，从而将公私两者贯通勾连起来，而是将公私看作是绝对冲突、势不两立的双方，并且将与个体自我有关的一切方方面面都归入“私”的范畴而视作必须灭绝铲除之列，如此逆人的天性而行，则实际结果只能是公私关系的扭曲和逆转，只能是正常、正当的“公”与正常、正当的“私”的两败俱伤。一方面，立公以灭私为前提，而这个前提事实上无法真正确立，因为，无论是作为个体自我之一部分，还是作为囊括了与个体自我有关的一切的范畴，“私”乃是个体生命所固有的有机构成部分，它无法被根绝。既然前提无法成立，那么“公”心也就无法在人们的心中真正扎根确立起来，相反，从个体“私心”看去，“公”乃是异己之物，是压抑甚至剥夺自己的力量。这在一定程度上可以解释，为什么虽然中国一直强调“公”，强调要“以公灭私”，但近现代的许多思想家如孙中山、梁启超、陈独秀、梁漱溟、费孝通等都一致诊断说中国所缺乏的恰恰是公共精神、团体精神。公私对立、以公灭私的实际结果并不能灭私，只导致了人们认为公与自己无关。而另一方面，就“私”的方面而言，正因为“私”在政治和道德伦理上成了“过街老鼠”，正因为“在中国文化中没有开诚布公的‘逐利’行为，也没有具有尊严的‘逐利’行为，才会出现大家都必须把自己说得堂而皇之及纯粹无私的现象，结果，公与私的界限就不知道划在哪里，而任何人都可以假公济私”①。如果以西方观念对于公私关系的处理方式为参照，则很显然，认为公私对立、强调以公灭私的中国传统观念在人们现实社会生活中造成的结果恰是公私两伤。人们既不能光明正大地追求私利，也不可能从“公私关联、公乃众人共通之私”的认识、从关心捍卫自身正当权益的动机立场出发而来关心“公”，参与“公”。如果说在西方人的观念中，我们看到的往往是：因关心私，所以关心公，关心公即关心私，那么，在公私分道扬镳的我们这里所看到的，更多的只是假公济私、损公肥私、阳公阴私。换言之，在我们这里，公与私始终是“两张皮”，表现在政治体制上，就是国家（公）与个人（私），以及社会是两张皮。这种两张皮的现象既影响国人的道德人格，同时也不能不妨碍他们的政治参与意愿或动机。既然“公家”“私（自）家”是两家，并且是对立的两家，既然国家、政府之“公”被视作是与自身利益无关，甚至是对立冲突的异己之物，而人们又不可能从根本上摆脱与生俱来的利己之心，则他们对其避之唯恐不及，又怎可能主动地、发自内心地去关心它呢？与西方的情形不一样，对于普通中国人而言，就其由公私观念所引申出的对利益关联的理

① 孙隆基：《中国文化的深层结构》，广西师范大学出版社 2004 年版，第 287 页。

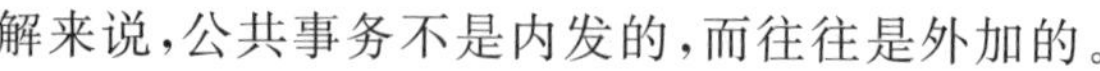

解来说，公共事务不是内发的，而往往是外加的。

中西在公私观念上的差异还进一步直接体现在双方社会中公共领域和私人领域之间结构关系的显著区别。如上所述，在西方文化中，“私”(private 或 privacy)很早就与独立、自主的个体的观念联系在一起。独立的个体以私人身份追求各自利益，形成自主的“私域”；而通过私人之间的自由沟通、结社，通过对共同关心的话题、事务的关注、讨论、参与，一个超乎个人的“公域”便逐步出现形成了，这个领域一旦出现，不但会发展出一种它自己独有的社会认同，而且会对公共决策、政策法律产生影响，进而成为维护个人(包括自由独立在内)的基本权利的有力武器。①

与西方的情形相反，在中国传统的公私格局之下，则私域既不能自主独立，公域也无法形成和存在。也就是说，在中国，不仅在政治和道德观念上是公私两败，而且在实际社会关系和制度结构层面上，也是公(域)私(域)两亏。这是因为，在中国历史上，“公”胜“私”的过程事实上也就是从分封制国家转到君主集权国家的过程。这一转变本身就关系到社会结构、社会关系、观念和价值体系等方面。② 理念上的公私对立、立公灭私，在社会关系、政体法制上就表现为君主、国家与民间社会和个体的对立，表现为前者对后者的极端压制和吞没。

常有人(如康有为、孙中山等)认为中国历史上所谓的“天下为公”体现了民本意识、民主精神，并力图从这里为建立现代中国的民主政治体制寻找到历史的资源。而事实上，这要么是有意的附会，要么是一厢情愿而不自觉的误解。对此，实际上老子说得最为明白透彻：“公乃王，王乃天，天乃道。”③因此，所谓大道之行也，天下为公，落到现实制度和操作层面，实乃是天下为王；“天下为公”的体制表现或者说制度表述实际是“普天之下，莫非王土，率土之滨，莫非王臣”；而体现在现实政治实践和行为上就是“君为政源”④，是“一人定国”⑤，“一

① 刘畅：《中国公私观念研究综述》，载：《新哲学》(第二辑)，大象出版社 2004 年版，第 205—208 页。

② 刘泽华：《公与私：先秦的“立公灭私”与对社会的整合》，载：《新哲学》(第二辑)，大象出版社 2004 年版，第 158 页。

③ 《老子・十六章》。

④ 《贞观政要・诚信》。

⑤ 《大学・九章》。

人有庆，兆民赖之”[1]，是“惟皇作极”[2]，“非天子，不议礼，不制度，不考文”。[3] 显而易见，在这样一种举国系于一人且举国归于一人的绝对君权的政治体制和政治实践之下，首先是根本没有为个人独立的私人空间、为个人不可侵犯的基本权利的存在留下任何余地。任何个人，身为“兆民”之一分子，都只能依赖于君主（国家）、仰仗于君主（国家），并将自身交托于君主（国家），在君主（国家）面前，他既没有任何合法的隐私可言，也没有任何正当的私人权利，甚至包括他的私有财产、他的生命在内的一切，对于君主（国家）而言都是我予我取的、随时可以褫夺的对象。这种情形既体现在我国的行政管理制度上，也体现在法律传统中。体现在行政管理制度上，就是自秦汉以来，我国所有的居民都必须纳入“编户齐民”的行政管理系统中。须知，这种制度不只是一般的行政管理与户口登记，而是整套的人身控制，包括职业控制、行为控制、义务控制、社会控制等，是君主（国家）对每个人全方位的统制和对私人空间的侵占与褫夺。体现在我国的法律体系上，则就是，在中国历史上，始终只存在公法，而不存在私法（民法），只存在“公权”，而不存在“私权”；并且对公权的论证，也不像作为西方法律基础的罗马法那样从“普遍个人权利”中引申出来，而只是热衷于为普遍王权作论证。[4]（值得一提的是，也许正因为东西方之间的这种显著差别，使得置身于他们自己传统之中的一些西方思想家一旦将目光投向中国，则对于中国社会这样一种缺乏独立自主的私人领域和个人权利的情形，会有更敏感的认识体会。无论是黑格尔说中国是一种“普遍的奴隶制”，[5]还是马克思，事实上在马克思前面还有亚当·斯密、约翰·斯图亚特·穆勒、里查德·琼斯等说的“亚细亚生产方式”“国家是唯一真正的地主”，国家对臣民的财产乃至人身权利具有“最高”支配权[6]，所指陈事实上都是这同一个事实。）

综上所述，在中国，对于公私关系之源远流长的传统处理方式既在人们的思想意识上造成了公私两伤，同时也在社会关系和制度结构层面上造成了个体的绝对不完全独立或者说私域的不自主以及公域的缺失。

---

① 《尚书·吕刑》。

② 《尚书·洪范》。

③ 《礼记·中庸》。

④ 刘畅：《中国公私观念研究综述》，载：《新哲学》（第二辑），大象出版社 2004 年版，第 209—210 页。

⑤ 黑格尔：《历史哲学》，上海书店 1999 年版，第 136 页。

⑥ 马克思：《资本论》（第 3 卷），人民出版社 1975 年版，第 370—373 页。

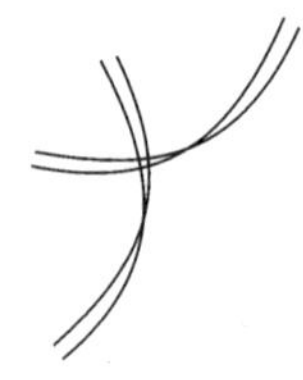

第四章　中国人的社会认知

亚里士多德曾经说过，离群所居的不是动物就是神。人类无法离开他人而独自生存，而人们要顺利地进行社会生活就离不开对他人的认识。在社会心理学中，研究对人的认知及其规律的这部分内容，被归入“社会认知”这一范畴之下。社会认知是社会行为的基础，社会心理学对社会认知的研究起步于20世纪50年代，至80年代已成为研究的一个热点。

第一节　社会认知概述

一、社会认知的内涵与外延

如上所说，在社会心理学中，对人的认知被称作社会认知。具体地说，社会认知是指个人在与他人进行交往接触时根据他人的外显行为，对他人的心理状态、行为动机、意向等做出推测与判断的过程。社会认知的过程既是根据认知者的过去经验及对有关线索的分析而进行的，又必须通过认知者的思维活动（包括某种程度上的信息加工、推理、分类和归纳）来进行。社会认知是个体社会行为的基础和前提，在某种意义上，个体的社会行为是社会认知过程中做出各种裁决、判断的结果。

社会认知对象的范围很广，总括起来，可以分为对他人的认知、对人际关系的认知、对自我的认知以及对人的行为原因的认知。

对他人的认知包括：(1)对他人表情的认知。人的表情是反映其身心状态的一种客观指标。在社会生活中，人们往往根据他人的表情来判断其心理。作为一种重要的社会刺激，准确认知他人的表情有助于判断他人的情绪、态度，对人际交往有重要作用。依表达情绪的身体部位的不同，可以把表情分为面部表情、身段表情和语言表情三种。美国心理学家 R. S. 伍德沃思(R. S. Woodworth),在研究 100 名被试者判断 86 张照片的面部表情的基础上,提出由他人面部表情来判断情绪状态的项目有 6 种:喜爱、幸福与快乐,惊讶、恐惧与痛苦,愤怒,决心,厌恶与蔑视。① 个体对面部表情的判断能力受暗示和训练的影响极大;当然,年龄也是影响面部表情判断的一个因素,判断能力随着年龄的增长而提高。身段表情主要指手势,此外还有身体姿势和运动情况。对身段表情的判断有较大的文化差异,但在某些方面也有全人类的共同性。言语表情主要表现在语调、讲话的节奏、速度等方面。研究表明,个体辨别言语表情的准确性几乎和辨别面部表情的准确性一样高。(2)对他人人格特征的认知。社会心理学的研究表明,根据外表判断人的个性特征是不可靠的。对他人人格的真正认识,必须通过长期的观察才有可能了解。但对他人性格的某些方面,在较短时期内也是可以认识到的。例如了解一个人的过去生活道路,甚至是了解一个人在家里兄弟姐妹中的排行,都会有助于了解其人格特征。尽管对人格认知的研究,因其缺乏科学的、客观的标准而相当困难,但也有许多研究通过上述行为观察、生活史分析以及使用专门的个性量表等多种方式来获得对人的个性较为全面和准确的了解。

对人际关系的认知包括两层意思:一为对自己与他人关系的认知;二为对他人与他人之间关系的认知。在社会生活中,个体往往根据他人经常表达的意见、表露的态度和情绪,来推测人与人彼此之间的关系。使得它对人际关系认知有一个明显的特点,就是认知者的情感成分参与其中。对人际关系的认知是否正确十分重要,它直接影响到认知者能否协调彼此之间的关系。

对自己的认知,即自我认知,包括对自己的生理状况(如身高、体重、形态)、心理活动(如情绪)、心理特征(如兴趣爱好、能力、性格、气质)、社会特征(如自己与他人的交往关系、自己在群体中的地位和作用)等方面的认知。自我认知和对他人的认知密切相关。一方面,在认知他人的过程中,自我认知得到发展,对他人的认知越深刻,对自己的认知也就越全面;另一方面,自我表象越丰富,对他人的表象也就越生动。个体在自我感知的基础上产生自我意象。自我意象综合了自己已有的经验,具有一定的概括性,自我意象的进一步概括,便产生了自我观念和自我评价。自我认知的方式有:(1)直接的自我观察。个体把自己的行为和外部特征当成观察的客体,就好像站在镜子前面察看自己一样。个

① Woodworth, R. S., Dynamic Psychology. New York: Macmillan, 1918, http://kepu.ccut.edu.cn100kread-htm-tid-14781-fpage-3.html.

体对于自己的心理活动也可以进行自我观察，以此获得对自己正在进行的心理活动和对自己的个性心理特征、已有经验的认知。(2)通过分析自己的外部活动及其情境因素而认识自己。个体常以外部活动和情境为线索认知自己的心理活动。例如，有关对自己情绪认知的研究表明，当个体处于生理唤起状态而又缺乏解释它的内部线索时，通常用自己所处的情境来标定自己的情绪反应。(3)社会比较。社会心理学的研究表明，个体的自我认知也是一个通过社会比较进行的过程。个体为了准确地认知自己，尤其是在失去判断的客观标准时，往往进行社会比较，以别人作为认知自己的工具。如果所选择的比较对象与自己类似，则可以达到较好的自我认知效果。

除了上述三个方面的内容，社会认知的对象还包括人的行为原因。对人的行为原因的认知包括对他人行为和自己行为原因的认知。社会心理学对这方面内容的研究构成了一个专门的研究领域，那就是归因研究，由此还形成了一系列归因理论，包括：(1)F. 海德(F. Heider)的归因理论；(2)H. H. 凯利(H. H. Kelly)的三度归因理论；(3)B. 韦纳(B. Weiner)的成功与失败归因模型；(4)E. 琼斯和 K. 戴维斯(E. Jones & K. Davis)的对应推断归因理论……①在社会生活中，由于主观动机的差异或由于对所获得的信息加工的局限性，个体对自己或他人行为原因的判断常会出现偏差。例如，在对自己的行为进行归因时，如果行为是成功的，则可能倾向于低估情境的作用而高估内因的作用；如果行为是失败的，则可能倾向于高估情境的作用而低估内因的作用。在对他人的行为进行归因时，如果他人行为是成功的，则可能倾向于高估情境的作用而低估内因的作用；如果他人行为是失败的，则可能倾向于低估情境的作用而高估内因的作用。

二、影响社会认知的因素

影响社会认知的因素很多，主要包括以下四方面。

1. 认知对象本身的特点

认知对象可以是某个个人、某个团体成员或具有社会意义的事物。由于认知对象本身的特点不同，特别是，由于认知对象对于认知者所具有的价值及其社会意义不同，因而认知结果也往往不同，这种情况在生活中普遍存在。

① 参见周晓虹：《现代社会心理学——多维视野中的社会行为研究》，上海人民出版社 1999 年版，第 198—202 页。

2. 所处的情境

认知社会中的他人及其行为，总是离不开对所处情境的分析。而个体对认知情境的理解也往往会转移到认知对象上，从而影响个体的认知结果。在一张清代末年的照片上，有几个清朝装束的官员坐在官衙里，人们很难想象这里就有曾在西方留学、学贯东西，并且思想激进的严复，这就是背景因素在起作用。

3. 认知者本身的特点

认知者已有的经验、需要、人格特征等方面的特点，也会影响社会认知的结果。由于认知者本身的经验、生活方式、文化背景、个人需求、性格和心理结构不同，对同一个社会刺激会发生不同的认知结果。

4. 逻辑推理和定势作用

社会心理学家发现，每个人的认知活动事先都有某种假设，并从这假设出发来看待当前的事物。还有，人们在认知一些平时不太熟悉、接触不多的人时，由于获得的信息少，缺乏必要的线索，因而常常以一些表面特点作为认知的线索，加以推理想象，得出归因结论，这些都会影响到社会认知的结果。

以上四个方面因素都能影响人们的社会认知。需要指出的，在实际的社会认知过程中，这些因素通常并不是单个地发生作用的，而往往是几种因素交织在一起作用于社会认知活动。只是在不同的情况下，某些因素的作用更大些，某些因素的作用可能小一些。

三、社会认知与文化

美国文化人类学家怀特(L. A. White)认为："在心理学及大部分社会学之外，存在着另外一类人类行为的决定因素。这就是传统的风尚习俗、典章制度、工具、哲学、语言等，即我们统称的文化。"怀特还进一步指出："我们在世界上不同民族中所发现的人类行为只能根据他们各自的文化来解释，而不能求助于'人的感情'或'心理倾向'。"①文化人类学家从文化的角度对社会心理现象的解释同样丰富和深化着社会心理学对于社会认知的理解和认识。作为社会行为、社会心理的一个不可忽视的影响因素，文化不可能不影响到人们的社会认知活动。美国加州大学的华人学者彭凯平更是直接地从认知与文化的角度对文化做了界定。他认为，文化就是个体通过与其他具有相似背景的人交流而获得的共享的认知模式，这些认知模式在某种意义上说是动态的，也就是说它们是处

① L. A. 怀特：《文化科学》，曹锦清等译，浙江人民出版社 1988 年版，第 69 页，第 133 页。

于变化中的，而且，更重要的是，它们只能在使用中显示出来。文化是个体用来理解万物的认知表征集合。[①] 由此可见，文化是构成认知的模式，社会认知在实践过程中无法摆脱文化的深刻影响。

我们从出生开始，经过不断的社会化，习得、内化和传承着所属时代、社会与民族的不同文化，而社会认知作为我们处理信息和感知他人与周围环境的途径与模式，也体现着一个时代、社会或民族的文化特征，甚至构成了一个民族文化的核心部分。精神分析学家阿德勒(Alfred Adler)提出了"生活风格"的概念，用以描述个人在社会和文化的影响下的思维和认知方式。在他看来，个体所处的生活环境和文化环境的不同，使得人们形成了应对生活问题与生活世界的独特思维方式。20世纪60年代，"个人建构心理"的创始人凯利(G. A. Kelly)进一步强调了这种风格的影响，他认为个体与文化之间的相互作用，形成了一个人独特的看待与处理问题的方式，这种方式很难被改变。[②]

既然文化是社会认知的一个非常重要的影响因素，那么，在中国社会之特定文化的影响下，中国人的社会认知具有什么样的特征呢?

第二节　中国人社会认知的基本特征

每一个个体面对所属社会文化的内容，都是在自身个性的基础上有选择地摄取，而每个人所共同选择并同化的文化内容，则使隶属于该文化的人们具备了一种共同性的社会性格。国民所表现的共同的社会认知特点是人们在社会生活的过程中所获得的一种超越个体差异的思维模式。这种思维模式是人们用来处理信息和感知周围世界的认知习惯，它是一个民族在长期的历史发展中形成的一种较为固定的元认知模式。从某种意义上说，认知方式体现着一个民族的文化特征，是一个民族文化的核心部分。

一、中国人社会认知的特点

研究东西方文化的差异及其对中西方人认知方式的影响，已成为心理学的

① 彭凯平:《文化与认知》，清华大学2003年11月26日讲学PPT，http://www.iacmr.org.cn/up_files/peng_tsinghua_2003.11.26.pdf.

② Kelly, G. A., "A Brief Introduction to Personal Construct Theory", In: Bannister, D. (ed.), Perspectives in Personal Construct Theory. New York: Acadamic Press, 1970.

一个重要课题。较早从思维与认知方式角度分析中西方文化的差异的是理查德·尼斯比特(R. Nisbett)和彭凯平等人。他们从中西方文化的不同起源出发,认为基于不同历史传统和地域文化的东西方人具有不同的思维方式。[①] 他们认为,东方人的认知模式是整体性的:这种思维强调事物之间的联系,强调主体和环境之间的和谐以及环境的影响,强调承认矛盾以及学会用矛盾论的观点看世界。而西方人的思维方式是分析式的:它强调事物本身的特性,强调用逻辑的、非矛盾的观点来看待和分析问题。彭凯平进一步指出,中国人具有辩证的思维认知模式,这种辩证的观念包含三个原理:变化论、矛盾论及中和论。变化论认为世界永远处于变化之中,没有永恒的对与错;矛盾论认为万事万物都是由对立面组成的矛盾统一体,没有矛盾就没有事物本身;中和论则体现在中庸之道上,认为任何事物都存在着适度的合理性。[②] 综括这些社会心理学家和其他学者的研究,大体上,我们可以将中国人的社会认知特点主要归纳为以下几点。

1. 认知的整体性

中国人的朴素辩证法强调变化、矛盾和联系,不善于把某个作用力从一个整体中拿出来分析。中国人习惯在群体中定位个体,在整体中确定部分。这种特点首先就表现在中国人的时空意识上。例如,中国人和西方人对时空顺序的表达有明显的不同。西方对顺序的表达往往由微而巨,时间顺序——时日月年,空间顺序——村乡县郡;中国人则由巨而微,时间顺序——年月日时,空间顺序——郡县乡村。这种时空表达顺序的不同,说明中国人的思维方式是从整体入手的,在整体框架中安排个体的位置。它深刻地影响着一个民族的文化性格。中国人的这种特点同样也表现在姓名顺序中。也正是由于中国人缺少把问题从整体背景中区分出来的意愿、能力、技巧,他们不善于做出进一步的分类。例如中国人很早就认识到远程作用力,却不善于对此内容进行更细致的分类,也就不可能产生电磁学、量子力学等新的学科,更别谈更深入地研究了。

2. 认知的联系性

中国人认知的联系性不完全等同于因果联系,甚至在很大意义上这种对事物联系性的把握是毫无确切因果关系可言的,中国人认知中的联系性思维模式

---

① Nisbett R, Peng K., Choi I, Norenzanai A., "Culture and System of Thought: Analytic and Holistic Cognition". Psychological Review, 2001, 108: 291-310.

② Peng K., Naive Dialecticism and Its Effects on Reasoning and Judgment about Contradiction. Doctoral dissertation, University of Michigan, Ann Arbor, 1997.

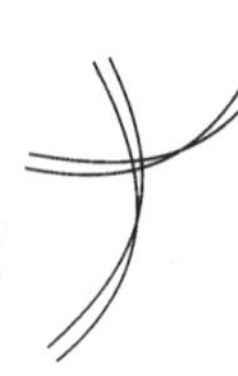

体现为习惯于从对应性、平行性关系来体察把握认知对象。这可以说是这个民族思维中最有特色的一方面。精神分析学家荣格(Carl Gustav Jung)曾将这种与因果律完全不同的心理世界与现实世界奇妙的对应性和平行性联系，称为“同时性原理”，他说：“借着因果律，我们可以解释两相续事件间的联接关系；同时性却指出了在心灵与心理、物理事件间，时间与意义上都有平行的关系。科学知识至今为止，仍不能将其化约为一项共通的法则。同时性这个词语其实无一解释，它只陈述了有意义的巧合之兴起，就其本身而言，此种巧合之发生可以说是偶然的，但它既然如此不可能，我们最好设想它是立足于某种法则，或是奠基在经验世界的某些性质上面。然而在平行事件间，却发觉不到因果连接的痕迹，这正是它们之所以具有概然性质的原因所在。在它们之间唯一可以认定，也唯一可以展示出来的环扣，乃是一种共同的意义，也就是一种等价的性质。古老的符应观即建立在这种联结的经验上面——此种理论在莱布尼兹提出‘预定和谐’之观念时，达到了高峰，但也在此暂告一段落，随后即被因果律所取代。同时性可说是从符应、感通、和谐等荒废的概念中，脱胎而成的现代词语。它并非奠基于哲学的设准上面，而是根据实在的经验和实验而来。同时性现象证实了在异质的、无因果关联的过程中，盈满意义的等价性质可同时呈现。换言之，它证实了观者所觉识到的内容，同时可由外在的事件展现出来，而其间并无因果的关联。”①在中国人的认知思维里，宇宙大化的茫茫过程中，因果联系不过是事物普遍联系的一种，此外还有别的联系，例如，万物在连绵不断的时间之流中并排地进行着，其中有些东西在许多地方基本上同时出现，它们可能是思想、符号、心理状态、某个数字、某种物品等，尽管性质不同，形态不同，却有着相合和等价的意义。由于它们分属各自独立的不同的时间演进系列，出现在不同的地方，不可能发生因果性的联系，却有着巧合性的对应关系。中国人这种习惯于从对应性、平行性关系来体察把握认知对象的倾向最明显地体现在其类比的认知方式中。类比是一种完全不同于逻辑推理的取象比类的思维认知模式，如中国人总是习惯于将天地、日月、阴阳、父子、夫妇、男女、君臣等不同的对象进行比附，从而认定其间共同的关系。

3. 认知的对立统一性

中国人的思维认知方式既不否认认知对象的差异、对立、矛盾，又善于看到对象的统一性，更善于发现对立面或者说矛盾双方调和的可能性。比如，西方

---

① 荣格：《东洋冥想的心理学——从易经到禅》，杨儒宾译，社会科学文献出版社 2000 年版，第 247—249 页。

人始终强调“神凡两分”，强调此岸世界和彼岸世界的对立，中国人则虽然不否认圣俗之间、天人之间的差别，但始终肯定圣不离俗，强调天人合一。孔子提出“扣其两端”。老子强调对立面的相互依存和转化：“有无相生，难易相成，长短相较，高下相倾。”“祸兮福之所倚，福兮祸之所伏。”《周易大传》提出“一阴一阳之为道”“刚柔相推而生变化”。中国人的这种思维认知模式反映在社会认知上，对于人际关系，中国人比较善于发现双方差异中的一致，善于求同存异，善于捕捉到使矛盾化解的契机；而在对他人个体行为的认知上，尽管不否认个体行为之矛盾的存在，但往往更能注意到其看似矛盾的行为之内在一致性。中国的文学作品绝少像西方那样描写强烈的性格冲突，即是中国人这种认知特征的一个表征。

4. 认知的变化性

上面提到，彭凯平认为中国人朴素的辩证认知方式的一个首要特征就是变化论，即认为世界永远处于变化之中。刻舟求剑的寓言就表现了这种观念。这种特征表现在社会认知上，就是强调不要以“老眼光”看人，不要把人“看死了”。所谓“士别三日，当刮目相看”，就是提醒时刻要以变化、发展的眼光来看待、认识认知对象。

5. 认知与情感的交融性

认知不完全是理性的事，任何认知都有情感因素渗透其中，这是现代科学研究所肯定了的。但中国人认知模式的特点是，把认知和情感完全融合在一起，知、情、意处在合一未分化的状态，而其中又以情感因素起重要作用。[①] 在中国人的社会认知活动中被派以重要功能的“心”，既非理性的，也非纯情感的，而是“情理”性的。揣情度理，是中国人社会认知的一个重要特色。在所谓“人同此心、心同此理”的信念下，通过“反求诸己”，然后设身处地、将心比心、以己度人，这是中国人社会认知的重要模式。

6. 归因的环境决定性

对人知觉不同于对无生命客体如桌椅、机器、建筑物的知觉，我们总是对人们的活动进行推断，但对无生命客体却不是这样。当我们观察人时，总是试图对为什么他以某种方式行动进行解释，总是试图判断人们的活动是由内部原因还是外部原因造成的。在这方面，中国人的认知表现出更强调外在原因、突出环境和他人的作用而相对不太关注内在归因的特征。比如彭凯平研究了美国

① 蒙培元：《中国传统思维方式的基本特征》，载：张岱年、成中英等：《中国思维偏向》，中国社会科学出版社 1991 年版，第 29 页。

人和中国人对两起谋杀事件的归因，就发现中国人倾向于把事件归于周围的环境，而美国人则认为这是凶手本人的特征造成的结果。

二、中国人社会认知特点的产生原因

中国人和西方人的认知方式有着明显的不同。要想真正理解中国人的认知方式，就必须从中国文化本身出发，探讨中国人认知方式的结构，以及这种认知方式对中国人的心理与行为有怎样的影响。

美国著名文化心理学家理查德·尼斯比特在《思维的版图》[①]一书中说，东西方文化的发展有着各自的轨迹：西方文明建立在古希腊的传统之上，在思维方式上以亚里士多德的逻辑和分析思维为特征；而以中国为代表的东方文化则建立在深受儒教和道教影响的东方传统之上，在思维方式上以辩证和整体思维为主要特征。[②] 尼斯比特从古希腊和古代中国入手，系统地阐述了东西方思维的产生渊源和特性。

首先，从社会背景上讲，古希腊社会强调个人特性和自由，是一种以个人主义为主的社会；而古代中国社会却强调个人与社会的关系，是一种以集体主义为主要特征的社会。这种不同的强调重点决定了相应的哲学信念，并导致对科学和哲学问题的不同回答。

其次，从社会认知系统上讲，东西方不同的哲学和认识论在社会历史背景中建构了不同的心理学理论。中国人生活中复杂的社会关系使得他们不得不把自己的注意力用来关注外部世界，所以中国人的自我结构是依赖性的；相反，西方人生活的社会关系比较简单，所以他们更有可能把自己的注意力放在客体和自身的目标上。在这个社会认知系统中，社会组织对认知过程有着直接的影响，辩证和逻辑思维就是这种认知过程的特性。更为重要的是这种特性一直保持下来，对生活在现在的人们的心理和行为产生了广泛的影响：中国人的认知以情境为中心，西方人则以个人为中心；中国人以被动的态度看待世界，西方人以主动的态度征服世界。

最后，从生态背景上讲，中国文化基于农业社会，这种社会是一个复杂的等级社会，强调等级与和谐。而希腊文明则不完全依赖于农业，由于生态环境的原因他们对狩猎和捕鱼的依赖性较大，这些产业对个人特征的要求更高，所以与这种生态环境相适应，西方人的思维取向是个人式的，与中国人人际式的取

---

① 理查德·尼斯比特：《思维的版图》，李秀霞译，中信出版社 2006 年版。

② 侯玉波：《从思维方式看东西方文化的差异》，《光明日报》，2003-10-14。

向不同。这两种思维系统的维持和社会实践紧密地联系在一起,因而二者是一种互相促进的关系:思维系统引领社会实践,同时社会实践也强化着思维系统。

三、中国人社会认知研究的努力方向

作为文化心理学研究的一个核心领域,即对认知方式的研究,对我们理解文化的影响方式有着重要的价值。在过去的社会心理学研究中,学者们不仅从文化与认知的角度探讨了思维方式的影响机制问题,而且还确定了中国人思维方式的基本结构,但对全面理解中国人思维认知方式而言,这些工作仅仅只是个开始。有学者指出,要全面理解文化、认知、思维与社会行为之间的关系,还有待人们从以下这些方面进一步展开深入的探讨研究:①

第一,研究思维方式通过什么样的机制影响个体的心理与行为,这类研究将能够有效地证明我们所提出的思维通过认知过程影响行为选择的观点。通过进一步研究思维方式对健康行为、决策行为、人际行为等的影响,可以真正理解中国人的思维特性在行为产生和行为控制中的作用,从而为通过思维训练改善行为提供理论的依据。

第二,研究中国人的思维认知方式和人格的关系问题。社会行为并非是单纯的个人行为,它直接或间接地受到个人之外的诸多主客观因素的影响与制约。一般来说,影响人类行为的因素有:社会、文化和人格。② 研究人格和思维认知方式的关系,不仅可以为人格的文化特异性理论提供解释,而且对研究思维认知方式本身也具有推动作用。到目前为止,心理学框架下有关中国人"大七"人格的理论已经有了相当多的证据,③这些来自本土研究的数据所提供的人格结构,对我们理解中国人的思维认知方式是有帮助的,寻找二者之间的关系,可以使我们对中国文化的影响有更深入的理解。

第三,研究思维认知方式与自我的关系以及在不同人际情境中的表现。中国人的自我和西方人的自我有着明显的不同,这种不同和思维认知方式有关系吗?中国人的自我概念和思维认知方式存在什么样的联系?他们在不同的人

① 侯玉波:《文化心理学视野中的思维方式》,《心理科学进展》,2007 年第 2 期。

② 周晓虹:《现代社会心理学——多维视野中的社会行为研究》,上海人民出版社 1999 年版,第 12—18 页。

③ 王登峰、崔红:《文化、语言、人格结构》,《北京大学学报》,2000 年第 4 期。

际情境中表现如何？这些都是很重要的问题。[①] 西方研究者通过他们的研究发现中国人缺乏自尊，但基于对中国人的研究发现，中国人的自尊表现具有很强的情境性。据此，我们认为在考虑思维认知方式和自我的关系时，还应该考虑到情境和思维认知方式的交互作用。

第四，研究中国人思维认知方式的形成与发展特性。中国人的思维认知特性的发展是否具有阶段性？中国人的思维认知方式是否可以像西方研究那样分类？中国人的思维认知方式是如何形成的……类似这些问题都是需要进一步研究回答的。对于个体思维方式的形成问题，除了从文化和历史角度去分析，我们能不能从个体的成长历史去理解呢？为了更系统地回答这些问题，我们是否有必要把对个体的自传体记忆研究结合进来，从个体的自传体记忆中去寻找思维特性的痕迹呢？

最后，研究中国人思维认知方式对个体社会适应的影响。我们考虑认知问题的方式决定着我们用什么样的态度和行为去适应生活，研究思维认知方式对个体压力应对方式的影响，对个体传统性和现代性观念的影响，都将有助于我们更好地适应社会。总之，尽管心理学家在过去的十年中对中国人的思维认知方式做了很多的研究，但是这些研究仅仅是我们理解中国人思维认知方式的开始。未来的研究将帮助我们更全面地理解中国人和西方人的思维认知方式，从而有效地为东西方的研究交流架起一座沟通的桥梁。

第三节　中国人的刻板印象和归因偏向

一、刻板印象与归因理论概述

（一）刻板印象

刻板印象（stereotype）这一术语最初是由新闻记者李普曼（W. Lippmann）在其《公众舆论》一书中提出的。[②] 他发现成见（preconception），或者沿用他的措辞“头脑中的图像”对决定个体对于人与事的知觉的影响很大。而在群体知

---

① 杨国枢：《华人自我的理论分析与实证研究：社会取向与个人取向的观点》，《本土心理学研究》，2004年，总第22期。

② Lippman W., Public Opinion. New York: Macmillan, 1922.

觉领域，这些“头脑中的图像”就是认为群体成员彼此相像并且区别不太明显。为了更好地诠释这个观点，李普曼借用印刷业的术语“铅版”(stereotype)来指代上述现象，并对此予以引申。自此以后，社会心理学逐步形成了三种取向的关于刻板印象的理论——心理动力学(psychodynamic)取向的、社会文化(sociocultural)取向的和认知(cognitive)取向的。心理动力学理论强调可以导致和保持刻板印象的动机驱力与心理利益的作用。社会文化学派探讨通过社会学习与社会强化如何获得并维护群体间观念和态度的各种途径。认知理论则将刻板印象看作是一种可以引导信息加工的观念系统或认知结构，它所要检验的是这些认知结构是如何发生的，对信息加工的影响如何作用于知觉以及群体成员之间的相互交往等。

总体上，刻板印象是社会认知偏差的一种表现形式，是指“人们对某个群体形成的一种概括而固定的看法”①。一般而言，生活在同一地域或同一社会文化背景中的人，在心理和行为方面总会有一些相似性；同一职业或同一年龄段的人，他们的观念、社会态度和行为也可能比较接近。如在地域方面，人们有英国绅士、美国西部牛仔、原始部落中的非洲人、观念保守的东方人的印象；在职业方面，人们会自然想到教师的文质彬彬、医生的严谨或地质勘探队员的粗放等；在年龄方面，老年人比青年人更加守旧等。人们在认识社会时，会自然地概括这些特征，并把这些特征固定化，这样便产生了社会刻板印象。我们通常通过两种途径获得社会刻板印象。一种是我们直接与某种人接触，然后将这些人的特征加以概括和固定化。比如，我们从生活中可以直接获得关于老干部、工人、教师、知识分子、商贩的印象。另一种是通过间接材料来获得的，如他人的介绍、大众媒介的描述等。在现代社会中，大众传媒为我们塑造了大量的社会刻板印象。我们从电视和其他媒介中，看到了我们不可能实际接触到的各种类型的人，并且当我们需要更多地了解社会时，我们会越来越依赖大众传媒的描述。

此外，从功能上来说，刻板印象具有一定的积极作用。首先，刻板印象中包含了一定的真实成分，它或多或少反映了认知对象的若干状况。其次，刻板印象可以将所要认知的对象进行分类，简化人们的认识过程，起到执简驭繁的作用。最后，刻板印象能帮助人们更有效地了解和应付周围的环境。我们常常要与一些陌生人打交道，在这种情况下，利用刻板印象指导我们对对方表现出适

① Ashmore, R. D., Boca, F. K., “What Research on Physical Attractiveness can Teach Us”, In: Lee J. Jussim (ed.), Accuracy of Stereotypes: Toward Appreciating Group Differences. Washing, DC: American Psychological Association, 1995, 6.

当的言论和行动，有时还是颇有作用的。而刻板印象的消极方面表现在它会使认识僵化，这势必要阻碍人们接受新事物，阻碍人们开阔视野。另外，持有刻板印象的人在判断他人时，把群体所具有的特征都附加到他身上，也常导致过度概括的错误。

(二)归因理论

归因是指人们对他人或自己的所作所为进行分析，指出其性质或推论其原因的过程，也就是对他人的行为或自己的行为的原因加以解释和推测。了解了行为原因之后，就可以加以预测，从而对人们的环境和行为实行控制。归因这种心理现象在生活中十分普遍，但是不同的人对于同一件事情的归因，可以有所不同甚至截然相反。这是由于每个人过去的经验、思想方法乃至世界观、价值观不同。社会心理学在科学研究基础上建立的归因理论，在各个领域中都有一定的指导意义，甚至可以说归因理论的应用是随时随地都在进行着的。

有影响的社会心理学归因理论有：海德的理论、维纳的理论和凯利的理论。海德认为，一个人的行为必有原因，或决定于外界环境即情境归因(外部原因)，或决定于主观条件即个人倾向归因(内部原因)。可以认为个体的任何行为，既有外部原因，也有内部原因，是内外两方面原因共同作用的结果。但在每个特定的时刻，总有其中某一种原因起主要作用。海德归因理论的核心在于：只有先搞清楚其根本原因是内在的还是外在的，然后才能有效地控制个体的行为。维纳根据海德的理论，研究了人们对成功与失败的归因倾向。提出在分析他人行为的因果关系时，原因的稳定与不稳定是继内部原因与外部原因之后的第二个重要的问题。凯利认为，人们行为的原因十分复杂，要根据多种线索才能做出个人(内部原因)或是情境(外部原因)的归因。这些线索包括：客观刺激物(存在)；行为者(人)；所处的情境或条件(时间和形态)。

二、中国人的刻板印象：民族与性别

刻板印象具体表现在许多方面，比如民族的、性别的、职业的、社会阶层的等，其中学者们研究得较多的是关于民族和性别的刻板印象。

(一)关于对民族的刻板印象

有一则笑话特别反映人们对于不同民族的刻板印象。笑话说：一位美国老教授带了几位来自不同民族的研究生，暑假前以“大象”为论题布置他们每人写一篇文章。暑假结束后，英国学生交上来的文章题为“猎象记”，法国姑娘交上来的题为“大象罗曼史”，德国小伙交上来一本厚厚的《象类百科全书》，苏联学生交上来的题为“论象之存在与否的唯物主义前提”，中国学生交上来的题目更妙，叫作“象肉烹调法”。

笑话固然反映了人们对不同民族之刻板印象的存在，而正式的研究同样揭示了这种刻板印象。美国社会心理学家戴维・卡兹和科尼斯・伯莱利(David Katz & Kenneth Braly)调查了美国普林斯顿大学学生对于各个国家、各个种族成员所具有的刻板印象，发现这些大学生对各国国民及民族的看法颇为一致。他们认为：英国人有绅士风度、聪明、传统、保守；黑人爱好音乐、无忧无虑；亚洲人聪明、勤劳、有进取心、机灵、狡猾。

1970 年，我国台湾社会心理学家李本华、杨国枢用类似的方法调查了台湾大学生对于不同民族之人民的刻板印象，包括美国、日本、法国、苏联及中国等国国民及民族，发现这些大学生的看法也比较一致。表 4-1 即是他们的研究结果。

表 4-1　中国台湾大学生的民族刻板印象①

美国人	日本人	苏联人	中国人
民主的	善于模仿的	狡猾的	爱好和平的
天真的	爱国的	欺诈的	保守的
乐天的	尚武的	有野心的	爱好传统的
友善的	进取的	残酷的	耐劳的
热情的	有野心的	不择手段的	友善的
进取的	有礼貌的	唯物的	容忍的
坦率的	小气的	野蛮的	无效率的
喜欢夸耀的	耐劳的	战争分子	仁慈的
爱冒险的	狡猾的	冷漠的	迷信的
慷慨的	勇敢的	投机分子	勤奋的
有科学精神的	国家主义的	暴露的	容易满足的
活跃的	有经济头脑的	善于外交的	有经济头脑的
实际的	投机分子	国家主义的	聪明的
爱好和平的	自私的	自私的	有礼貌的
	残酷的	耐劳的	自私的

(二)关于性别角色刻板印象

关于性别角色的刻板印象在世界范围内都较为普遍，研究也更多。性别角色是指人们对于男人和女人在行为、人格、人格特征等方面的期望、要求和一般

① 转引自孔令智、汪新建、周晓虹：《社会心理学新编》，辽宁人民出版社 1987 年版，第 123 页。

看法。性别角色的刻板印象是指传统的、被广泛接受的对两性的生物属性、心理特质和角色行为较为固定的看法、期望与要求。人们往往不约而同地认为,在一些行为和人格特征上男性是且应该是这样,女性是且应该是那样。对两性的刻板印象的存在是一个毋庸置疑的现实。不过,在不同的社会文化中,人们对两性所持有的刻板印象既有同也有不同。

1968 年,美国心理学家罗森克兰兹等人研究发现,即使那些自诩为思想民主的男女大学生也都认为男女之间存在,而且应该存在一系列心理差异。表 4-2即是他们对男性和女性分别持有的刻板印象。

表 4-2　美国男女大学生对两性所持有的刻板印象①

男性特征	女性特征
攻击性强　善于经营	喜欢聊天
独立性强　直率	做事得体、分寸感强
情绪稳定　广于事理	雅淑温柔
客观性强　感情不易受打击	敏感
不易受外界影响　冒险精神强	虔诚笃信
支配感强　果敢	陶醉于自己的容貌
爱好数学和科学　从不哭哭闹闹	起居洁净
临危不惧　往往以领导者自居	文静
竞争性强　能够区分理智与情感	有强烈的安全需要
逻辑性强　抱负宏大	欣赏艺术和文学
无依赖感　不因相貌而自负	善于表达、脉脉温情

分别由我国台湾学者李美枝(1878)和大陆学者张德(1983)进行的关于中国人的性别角色刻板印象的研究得出了与罗森克兰兹等人的研究类似的结果。李美枝的研究样本为 191 名台北的大学生,其中男性 95 名,女性 96 名。他们对测验表中的 30 个男性项目、30 个女性项目和 30 个中性项目(皆由人格特质组成)进行了评定。结果发现,由男女大学生们选出来的男性项目基本上由有助于个人事业成就发展的工具性特质组成,而女性项目则由与人际关系和情感发展有关的体态和气质特质组成。② 表 4-3 为张德的研究结果。

① 转引自周晓虹:《现代社会心理学——多维视野中的社会行为研究》,上海人民出版社 1999 年版,第 193 页。

② 李美枝:《女性心理学》,大洋出版社 1984 年版,第 16 页。

表 4-3 中国人的性别刻板印象①

男性特征	女性特征
胸怀宽广 意志坚强 直爽大方 深思熟虑 有勇有谋	细心 善做家务 性情温和 心地善良 嫉妒、软弱、好哭、好嘟囔

不过,尽管中国人的性别角色刻板印象呈现出与西方人(美国人)大体相似的情形,但是,两者之间的差别还是存在的。有人分别对美国大学生和中国大学生的性别角色刻板印象进行了比较研究,尽管结果同样发现两者之间存在着相似之处,但同时也发现:"中国学生对性别角色的分化比美国人大,如对于男性的刻板印象,认为中国男人就比美国男人更'男子气'(如更独立、更自信、更果断、更具有支配权等)。"②研究者认为,中美之间的这种差异可以用中国传统家庭的结构来解释,因为,在中国传统家庭中性别角色分化程度很高,且基本上以男人为中心。当然,这一解释同时也意味着,随着现代社会中西家庭结构以至社会结构的趋同,中西方人对于男女两性的性别角色的刻板印象也就会越来越相似。

(三)刻板印象形成的社会心理因素

刻板印象形成的社会心理因素可以从三方面把握:

首先,在阶级社会里,每一个人的思想意识都被打上了阶级的"烙印",形成阶级偏见。任何一个民族都有一种独特的民族意识,也会形成民族偏见。甚至每个年龄阶层、地区或职业阶层,也往往持有某种偏见。例如年轻人对老年人的偏见,经济繁荣、文化发达地区对经济贫困、文化落后地区的偏见等。

其次,刻板印象的形成也受到传统习惯势力的影响。社会遗留下来的传统习惯势力能影响人们的认知,成为刻板印象的根源之一。例如男尊女卑、重男轻女等思想就是千百年来流传下来的,至今还残留在人们的头脑里。又如"劳心者治人,劳力者治于人",也是一种传统习惯势力的表现。虽然这种论调早已被否定,但对人们的认知还有一定影响。

另外,刻板印象的产生和发展与社会权威的观念有关。在十年动乱中人们

① 转引自孔令智、汪新建、周晓虹:《社会心理学新编》,辽宁人民出版社 1987 年版,第 124 页。

② 迈克·彭等:《中国人的心理》,邹海燕等译,新华出版社 1990 年版,第 207 页。

对知识分子持有偏见，这与当时社会权威的观念有关。

三、中国人的归因偏向

归因理论对行为归因过程的解释是以关于人们的归因活动总是用理性的、有逻辑的方式进行的假设为前提的，然而实际上，人们的归因行为并非完全是纯粹理性活动的产物，也并不是逻辑严密的，这就会使人们对行为的归因出现某种偏向甚至偏差。这种归因偏向不仅在个人层面存在，在群体与民族层面也同样存在，并且和一个群体、民族共享的传统文化紧密相连。

（一）自我成功归因与家族本位、伦理本位

中国人更强调外在原因，强调环境和他人的作用，而不太注重内在归因。根据南开大学心理研究中心对“不同文化取向的人成就归因模式的差异性”的实证分析，发现中国人更倾向把自己的成功归因于“家长关心与支持”这种外在的、不可控的因素，更看重家庭对自我成功的作用。一方面，传统中国人生活在“五伦”（父子、君臣、夫妇、长幼、朋友）之中，五伦中家庭占其三，其余两伦又能拟君于父，拟朋友于兄弟，所以家庭是传统中国人生活的中心，家庭伦理扩展到社会中进而成为社会道德规范。个人无论是在家庭中还是社会中，都依附于这种伦理关系而存在，个人的行为不是为自己负责，而是为“五伦”中的人负责。梁漱溟曾经指出，中国人是“依存者”，所谓“依存”，不是指其生存必须依靠于其他人，而是说其生活在世必须尽一种责任，个人是为这种责任而生。英国人类学家弗斯（Raymond Firth）也认为中国五伦是“社会结合剂”，将个人的手段与社会的目的连接起来。① 在传统中国社会里，个人只是实现家庭目标的手段和履行家庭义务的工具，没有自我的独立性和独立的自我价值。由此，传统中国文化对个人价值的判定，看重的是个人道德的完善和对家庭的贡献大小，而不是个人自我的功利得失。只要个人的成功能得到他人的肯定，能为家庭带来荣耀，也就是自我价值的实现了。尽管今日的中国人受西方文化的影响，开始注重个人的独立和自主，不再把个人视为家庭的附庸和工具，但在中国传统文化长期的熏染下，他们仍割不断与家庭的紧密的情感联系，个人成功给他们带来的最大的荣耀是“为父母争了光”“光宗耀祖”，而不像西方个体主义文化一样完全视之为自我能力的展示和自我价值的实现。所以，他们往往把个人成功外化

---

① 朱岑楼：《中国人性格的耻感取向》，载：《我国台湾学者论中国文化》，黑龙江教育出版社 1989 年版，第 242 页。

到家庭，外化到能带来家庭荣誉的外在评价（他人的崇拜和赞赏）。

另一方面，中国人的伦理本位价值观取向使得中国人十分看重自我的道德修养，尤其看重他人对自己的评价。由此，中国人对个人成功的评价，不是来自于自我，而是来自于他人和社会，特别是与自己生活关系紧密的他人和自己生存的环境。为了得到他人和环境的认可和好评，中国人面对个人的成功必须摆出一副谦虚的姿态，而不宜张扬地进行自我炫耀，以避免招致他人的反感和排斥。中国传统文化中有很多劝勉人不要成为众矢之的的格言，如“枪打出头鸟”“出头的缘子先烂”“胜不骄”等。中国社会里，一个人要取得成功，必须处理好各方面的人际关系，仅靠个人单枪匹马、恣意妄为是绝对不可能成功的。生活中有不少“能人”纷纷落马的事例已经证明了这一点。所以，中国人对自我成功的归因，以外在的、不稳定的因素（如运气）来表示谦抑和自我能力的“贬低”，这样既不会降低自信和对下一次成功的期望，又可以避免遭受他人的嫉妒、排挤、打击，由此得到他人和社会的认可，为其今后的成功更好地铺平了道路。

（二）自我失败归因与宿命能动观

中国人对自己失败行为的归因也倾向于做外在的、不可控因素的归因（如运气、缘、命运等），这与中国文化中的“宿命能动观”有关。“缘”“风水”“命”等在中国“小传统”文化（或称俗文化）中有着广阔的市场，中国普通老百姓在生活中很看重“缘”“风水”“命”这些宿命因素的作用，经常用这些因素来解释个人生活中的得失，特别是个人的失败。杨国枢分析指出：“从社会心理学的观点看，将某种长期或短期的人际关系的有无或好坏归之于缘分或机缘，是一种货真价实的归因历程。缘是一种固定的外在因素，因而将缘视为人际关系的原因，不但具有自我保护的作用，而且具有保护他人的作用。”①李沛良亦认为：“宿命能动观方便个人将种种挫败归因于一些外在的、未知的力量（如缘分、风水或其他未知的因素），不用内疚，也不用责怪亲友。”②于是，个人的情绪得以稳定，其社会网络也得以维持。宿命能动观使个人在逆境中仍然对前途抱有信心，因为相信只要意志坚定或设法改变目前的处境（例如，忍而不舍、求取缘分或改善风水等），问题终会得到解决，成功终会降临。

---

① 杨国枢：《中国人之缘的观念与功能》，载：《传统文化与现代生活研讨会论文集》，中华文化复兴委员会 1982 年版，第 105 页。

② 李沛良：《中国文化的宿命主义与能动取向》，参见乔健、潘乃谷主编：《中国人的观念与行为》，天津人民出版社 1995 年版，第 240 页。

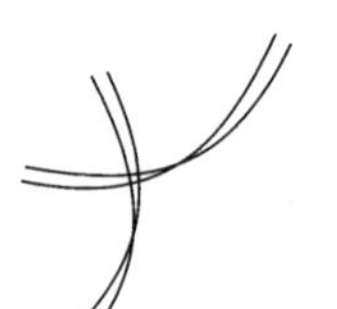

(三)自我服务归因与关系主义、人情取向

“自我服务归因偏向”又称自利性归因偏向,指的是人们倾向于把自己的积极行为结果(成功)归因于个人因素,而把自己的消极行为结果(失败)归因于环境因素。中国人较少表现出“自我服务归因偏向”,这与中国文化中的“关系主义”“人情取向”相关。有很多学者强调了中国文化中重视人情关系的突出特点,如费孝通把中国人的人际关系网络比喻为“差序格局”;梁漱溟将中国人凡事以关系为归依的文化特征叫作“关系本位”;金耀基、文崇一、何友晖、杨国枢等称之为“关系取向”。总之,这种文化特征指中国人重视人际关系的和谐,每个人根据自己在社会关系中的角色身份来行事,按照他人与自己关系的亲疏来决定与对方处事的方式,与人相处注意维护对方的“面子”,讲究人情的回报,等等。“自我服务归因偏向”是一种以自我价值为中心而导致的抬高自己、贬低他人的归因偏向,而“关系主义”则是以得到他人的认可、保持与他人的和谐关系为特征,二者显然是背道而驰的。所以,具有“关系主义”文化取向的中国人对于他人成败的归因,遵循的并不是客观原则,而是“人情”原则,由此其归因不是“利己”,而更可能是“利他”:肯定他人的能力而非贬低他人的能力,对他人表示同情、理解而非指责或蔑视。

第四节 中国人的印象整饰:脸与面子

一、什么是印象整饰

社会认知的对象并非总是被动的,有时他们也通过调整自己的言论和行为,以控制认知者对自己的知觉。所谓“印象整饰”(impression management)就是指行为者透过语言与非语言信息的表达,从而操纵、控制认知者对他形成印象的过程。

按照美国社会学家戈夫曼(Goffman)的理论,[①]每个人都在通过“表演”,即强调自己许多属性中的某些属性而隐瞒其他的属性,来试图控制别人对自己的印象。这种办法有时很成功,使得不同的认知者对同一个人形成完全不同的印象,或者使同一个认知者在不同的时间和场合下对同一个人得出不一致的看

① 戴维·波普诺:《社会学》,李强等译,中国人民大学出版社 2006 年版,第 124 页。

法。比如,对同一个人,有人觉得他心胸开阔、热情大方,有人则认为他固执、沉静;有时他使人感到深不可测,有时则使人觉得他诚挚、坦率。在这里,认知对象的印象整饰对认知者的作用是不可否认的。

印象整饰在日常生活中起到了重要的作用,良好的印象整饰是人际关系的润滑剂。如,你被朋友邀请参加一个舞会,你一定不会像平时那样穿着休闲服就去赴约。通常你会换上较正式、较美观的服装,并在细节上稍加修饰,以表示对朋友的尊重和重视。当别人无意中做出失礼的行为时,你装作没注意,会被别人认为你是心胸开阔、为人厚道的人。

戈夫曼还把针对陌生人或偶然结识的朋友的行为叫作“前台”行为。只有关系非常密切的人才被允许看到“后台”正在发生的一切。例如,可以想象这样一种情景:一位顾客向百货商店的一个职员抱怨衣服质量欠佳。这个职员表示歉意,并且微笑着说:有时由于质检员的疏忽,的确会出现不合格的商品。当这位顾客换了新衣服离开后,这位职员就与其同事说了属于“后台”的话:有些人闲着没事干,只会抱怨。

前台和后台也可以指实际的物质场所,在这些场所中,只能有某种特定的表演。在典型的中产阶级郊外的住所中,客厅最有可能被当作前台,因而进行了仔细的、有品位的装修,以尽可能积极地反映表演者的要求。而没有条理的卧室或者家里人的房间,则表现出了后台的特征。在学校中,老师们的起居室是后台,而教室则充当前台。

有时,两个或更多的人一起协作,组成剧班,以制造某种预期的形象。例如,两位职员可能一起演双簧,赞赏某位顾客选择服装的眼光,而实际上他们只是想尽快成交,以便关门打烊。

偶尔,在制造某种印象时,行动者几乎是无意识地“露出”了马脚,使观众感到,他们一直在看表演。例如,演讲者的声音可能发颤;一个接受访问的人可能因为过分夸张其放松的样子,而暴露出其内心的紧张。或者,当父母正准备管教孩子时,一个微笑可能就泄露他们并未生气。当“观众”中的某个人提起某件事实或问其某个问题,而这个事实或问题有可能会弱化行动者所想塑造的形象,甚至会出现表演失败的可能。

二、脸与面子:中国人的印象整饰

论述中国人的印象整饰,就不得不提及中国人的“脸面观”。“脸面”是一个颇具中国文化特色的概念,不只外国人认为中国人好面子,而且中国人自己也常如此认为。“面子”这个概念也曾经被输出至西方,而广为英语世界所采借引用。林语堂形容面子、命运和人情为统治中国的“三女神”。面子在中国社会的存在非常广泛、实际而具体,深深地涉入中国人社会生活的每一层面,它是一种非常精细的规范,中国人的社交往来,莫不以之为绕行的核心:“其永不变性超乎罗马天主教教条,其权威超乎美国的联邦宪法。”①

(一)脸与面子研究的起源

最早对面子提出概念性诠释的是胡先缙的一篇人类学博士论文。② 在该文中,她指出中文里有两个常用的词语,一是“面子”,二是“脸”,但在英文中两者皆称作“face”。英文中 face 的意义只包含面子,而不包含脸的概念。她区分了面子与脸这两个概念的不同,并考据了它们的起源。根据她的看法,面子是指个人在社会上靠成就(不论是实质的还是表面的)而建立起的名望;脸则是个人因为其道德修养受人敬重而享有的声誉。“面”这一概念起源较早,大约在公元前 14 世纪,它就有代表地位、名誉的完全意义。“脸”字的出现则较晚,《康熙字典》中记载它是始于元朝,流行于中国北方;与此同时,“面”才加上“子”字成为“面子”。“面子”与“脸”有区别的地区,仅限于中国北部及中原一带,但中原地区使用“脸”的程度与北方相比程度较低。

继胡先缙后,何有辉进一步讨论了面子这个概念。何有辉的讨论主要在于澄清并区别这个概念与其他容易混淆的概念。③ 他借着说明面子不是什么,来烘托出面子的含义,例如:面子不是行为的标准,因为判断面子得失的标准随文化而异,也会随事物的变化而改变;面子不是人格的变项,它不是个人内在的自我评价过程,个人必须从他人对自己的评价中确切了解其面子,它是社会学的而非心理学的建构。

面子也不同于地位、尊严、荣誉等。地位是一个人在社会系统中的位置,它是决定面子大小的主要因素,但面子并不直接依附于地位,它是依附于拥有改变地位的人。尊严强调的是个人内在的品质,而非仅是保持面子而已,有脸乃是获得尊严的前提。荣誉则可视为特殊的面子,它是社会中精英分子所提倡的面子。面子也不是名望,因为有了名望就有面子,但有了面子却不一定有名望,没有名望则一定会减少面子,但失去面子并非意味着必然失去名望。

---

① 林语堂:《吾国与吾民》,德华出版社 1980 年版,第 176 页。

② Hu,H. C.,“The Chinese Concept of Face”. American Anthropologist,1944(46):45.

③ Ho,H. F.,“On the Concept of Face”. American Journal of Sociology,1976(81):867.

金耀基等继续了胡先缙对“脸”“面”的讨论。[①] 他们注意到：中国南方，尤其是他们所研究的香港地区，人们常用“面子”来涵盖普通话中“脸”所代表的意思。他引用语言学家弗雷斯特(Bob Forrest)的说法，认为中国南部的方言，特别是广东话，较现行的普通话更能代表中国古老的语言形式，而南方话里没有“脸”这个字，很能说明“面子”较之“脸”应是更古远的词。故他舍弃脸面之分，而以“面子”来概括之，并将面子分为社会/位置的面子及道德的面子。在高度阶层化的权威社会里，要维持身份和名望就必须注意面子上的一切要求。面子虽是由个人成就争取得来，然其影响却并非仅限于成就者本身。在传统的中国社会中，个人与家庭、村里是一体的，个人的荣誉也是团体的荣誉，此即中国人“光耀门楣”的传统观念。

(二)脸与面子的同与异[②]

在日常表达中，“争脸”“争面子”和“争光”“争气”同义；“丢脸”“丢面子”和“丢人”“丢丑”“失体统”“失礼”等义相近；“看在……的面子上”和“看在……的(情)分上”同义；“无脸见……”“无颜见……”和“羞见……”词义相同；脸面又可以说成“情面”和“情分”，“不要脸”等于说“无耻”；“赏脸”“给面子”等于说“抬举”或“捧场”。结果可以大致得出：中国人所谓的“脸”通“光”“气”“人”“丑”“体统”“羞”“耻”等；“面子”含有“分”“情”“捧”“举”之义。由此一来，我们发现，“脸”和个体的行为关系较大，它集中体现的是人自身的形象或表现；而“面子”和社会互动关系较大，它所偏向的是互动的双方所处的关系状况。这点正符合汉字“脸”和“面”本身的常用法，在汉语中，“脸”在字义上只表示人身体的一部分，而“面”除了此义之外，还表示关系，即有当面、面对、面谈的意思。可以说，“面”在汉语中可以包含“脸”的含义，但“脸”不包含“面”的含义，这就是脸和面子既有区别又有联系的实质。如果将这一语义分析带入心理与行为层次，脸和面子的关系正如同社会行为和社会互动的关系一样，有社会行为，才会有社会互动，社会互动中就包含了社会行为。但包含并不能取代，既然两者之间有所区别，就应该对其分别加以界定，并深入理解这一区别对中国人心理与行为的意义。

① King, Y. C. & Myers, J. T., Shame as an Incomplete Concept of Chinese Culture: A Study of Face. Hong Kong: Social Research Center, Chinese University of Hong Kong, 1977.

② 本节与下一节主要参考翟学伟：《人情、面子与权力的再生产》(北京：北京大学出版社，2005)一书而写成。

脸是个体为了迎合某一社会圈认同的形象，经过印象整饰后所表现出的认同性的心理与行为；而面子是这一业已形成的心理及其行为在他人心目中产生的序列地位，也就是心理地位。这两个定义的要点是：(1)脸是指个人的形象和表现方式；(2)这种形象以其所处的社会圈为依托，即脸的争取和失去由该社会圈来认定；(3)一旦对脸的评定出现，就是面子的出现；(4)正向的评定就是有面子，负向的评定就是没面子；给面子是指无论个体是什么形象，都给予正向评价，不给面子是指无论个体是什么形象，都给予负面的评价；(5)一单位体无论有无面子，都在他人的心目中产生地位上的排列。从上述这两种定义中，可以进一步发现，脸和面子的资源略有不同。作为个体印象整饰的资源，所拥有的是气质、性格、能力、知识、道德、风度、外貌、装束、言辞等；而作为由关系产生的心理地位资源，则包含家世、身份、地位、名气、职务、权力、金钱、世故、关系网等。从这一定义出发，我们就可以看出西方的印象整饰理论是在脸和面子被译成英语中的一个词 face 的基础上来加以建构的，它在该理论中既指个人的印象整饰，又指在他人心目中建立起的心理地位。这两者隐含的是一个一致性的心理与行为方式。

(三)脸与面子的关系

脸和面子如果是一个同质的概念，也就无须分开讨论。事实上，戈夫曼对面子的研究及赖以建立的戏剧理论都是把这两者合在一起讨论的。但这种分析框架对中国人与中国社会而言就很缺乏解释力。中国社会从价值层面直至现实层面都是一个重视和讲究关系的社会。[①] 由于中国人的做人重心落在了关系上，我们就会进一步发现中国人的脸面观也相应地落在了面子上。这在一定程度上可以解释为什么中国人会把面子和人情相提并论，而不把脸和人情相联系。

这样一来，一个关键的问题出现了：中国人重视“关系”会造成原先统一的脸面观上的异质化。其影响表现在中国人不再倾向于通过自我的形象来获得他人的心理地位，从而导致中国人不但在脸面心理与行为中偏向面子，而且还造成了脸和面子的分裂。这意味着，中国人的做人重点已不落在自己的人格与品性的施展上，而是放在以他人为重或表面应酬上，即处处考虑情面。正如杨国枢所说：“……在他人取向下，传统中国人对别人对自己的批评意见特别敏感，老是要顾全‘面子’，要有‘脸’，希望在他人的心目中保有良好的印象。同

① 金耀基：《人际关系中的人情分析》；乔健：《关系刍议》，两文均载：杨国枢主编：《中国人的心理》，桂冠图书公司 1988 年版。

时，也希望与其他的个人（不限于家族以内的家属）维持和谐而良好的关系，而不愿意得罪任何人，为了达到此目的，同一个人可以在不同的社会情况下对不同的人讲不同的话，即使前后的交谈不相一致，甚或互相矛盾，也在所不惜。换句话说，人们为了在不同的情况下与不同的人都能保持和谐的关系，常不得不说些有违自己真实意见或感受的话。”①

这段话虽然没有区分脸和面子的含义，但实质上已表现了中国人在社会互动中对脸（自我形象）的放弃，或者说，在中国，一个人并非要以形象（脸）的建立为起点来获得心理地位（面子）。反之，一个人获得心理地位也不一定要靠他形象的建立。结果，中国人的处事原则是形成心理地位重于树立自己的形象。

由此，在很多情况下，中国人所讲的做人不是指自己的表现如何，而是指自己的关系建立得如何，或者一旦有了关系的建立，就意味着自己是谁已经并不重要。

中国人脸面观中的内在紧张性实质是儒家价值文化和中国现实文化之间的巨大差距造成的。儒家在理想上想把人塑造成脸面观上既有脸又有面子的人，但它在更大程度上只成为一种人格理想，而其实际作用却是使接受或固守这一价值体系的人在现实社会中成为无脸而有面子的人，并造成了中国人在价值观上强烈排斥无脸无面子、无脸有面子的人（真小人和伪君子）。由于中国人情关系结构上的影响，中国人对价值层次上的认同回到行为层次上后却转向了无脸有面子的人，以此来获得更多的社会资源。结果，从价值观上看中国人的脸面观，中国人对有脸而无面子的人做正面评价，对无脸有面子的人做负面评价。但从现实社会上看中国人的脸面观，中国人反而对有脸而无面子的人做负面评价，对无脸有面子的人做正面评价，由此造成有脸而无面子的人在社会行动中的失落或边缘化，进而他们中间的一些人也出现了痞化的倾向，以求得无脸有面子的人的社会优势，这同时也表明了这类人是社会、政治、经济、文化及日常生活的最大受益者和得利者。因此无脸无面子的人因无所顾忌，既不受脸的规范所累，也没有面子上的顾虑，因此最有可能选择越轨行为来获得面子上的成功。

中国人脸面观中所体现出的这种紧张性也许可以更真实地反映出中国人的社会心理与行为的类型、价值和现实层面的差距及其变动方向；同时，用中国词语中的“脸面”作为涵盖和解释中国人心理和行为的关键性概念是非常精当的。

（四）转型时期中国人“脸面”观嬗变与研究意义

上述可见，“脸面”是极具中国特色的本土社会心理学概念，它与西方社会

① 杨国枢：《中国人的性格与行为：形成与蜕变》，《中华心理学刊》，1981年第23期，第39页。

心理学中的许多概念有类似之处，如“自我概念”“自我意识”等。但中国人的“脸面”有着更加广泛的内涵和外延，“脸”与“面子”既相互区别，又相互包含。学者对于脸面的定义以描述式、渐进式的方式来展开，既要说明其内涵，又要举出其外延。现代社会，尽管公平观念已逐渐渗透到社会生活的方方面面，各种规章制度也不断地健全，“脸面”的功用似乎越来越小，但是我们也可以看到，在许多无法明确界定权利义务的人际关系中，尤其在黄国光所说的遵循人情法则的人际关系——“混合型关系”中，面子仍扮演着角色，发挥着功用。[①] 研究“脸面”问题对于解释和预测经济和社会转型过程中中国人的社会行为依然具有重要的意义。

从对脸与面子的分析来看，尤其是“面子”在人际交往中表现出资源调动和再分配功能，甚至对“权力”都有再建构的功能。“面子”不但是权力的重要来源，而且是特定条件下的有效控制方式，同时，以“面子”为工具影响交往双方“权力”运用的方式及程度是高度情境化的。不少学者在研究“脸面”与官员腐败行为时均论述到了这一点。当然，脸面的营销本质上还是利益基础上的关系确认、关系建立、关系维持、关系强化。面子的背后是人情法则，是人际关系的相互维持和利用，其根本的是彼此间利益的交换和满足。[②] 在转型时期，“脸面”的运行逻辑发生变化，尤其是与中国市场经济的运行逻辑互相影响，并行构出转型时期特有的中国人的社会心理和行动方式，从而对新社会结构的塑造产生重要作用。不少个案的研究表明，“脸面”是降低个体或组织进入市场的风险与成本的有效资源，也是彼此保留未来合作机会，减少冲突与摩擦，实现中国式市场或交换关系圆满结束的重要控制方式。甚至“脸面”在市场关系各个阶段都发挥着独特的作用，当然脸、面两者的作用方式及影响力存在差异时，要进行具体分析。可见，市场经济条件下，“脸面”不仅会成为市场活动具体实现的方式与工具，也会随之成为社会交往中的重要资源交换机制、人际互动规范和社会结构之一。虽然随着社会价值观念的变迁、新媒体交往开放程度的提高、法律规则完善程度的提升及其他因素的现代化，“脸面”在中国市场和社会生活中所能发挥效应的领域可能会逐渐缩小，但对于“脸面”观的定义、功能、对中国人人际关系的影响模式研究，如何进一步提出有本土特色的脸面理论体系并用实证手段验证它，这些问题都值得我们进一步研究。

---

①② 黄光国：《人情与面子：中国人的权力游戏》，载：杨国枢：《中国人的心理》，中国人民大学出版社 2012 年版，第 226 页。

第五章　中国人的社会动机

如前章所说，人生活在社会中，首先要认识其他人。但是，人不仅要认识他人，而且要对他人做出反应；不只是被动地反应，还要对他人主动地采取行动。这就是社会行为。那么，社会行为的内在动力是什么？是什么冲动导致人们去接近他人或疏远他人？这是本章要阐述的问题。

第一节　社会动机概述

一、什么是社会动机

社会动机，是指直接推动个体活动以达到一定目的的内部动力，它受个体社会生活经验和社会环境条件调节，带有特定的社会内容。社会动机是经由学习而获得的，它不但与具体的经验有关，而且与社会文化等因素有密切关系。它来源于两大方面：一是从生理性动机（或称生物起源动机）衍生的；二是在周围环境中形成和发展起来的。社会动机的种类很多。要掌握社会动机的含义，我们要注意以下几点：(1)社会动机是在一定社会环境作用下，产生和形成的个体活动的内在推动力，它区别于建立在纯粹生理基础上的内驱力。(2)就把行为指向人类的一些基本目标或需求而言，社会动机和生理动机有相似性，但两者对基本目标或需求的形成方式和途径是不同的。(3)社会动机包含某些人类的基本动机，但是社会动机的满足因人而异、因环境而异、因文化而异。(4)社会动机是结构性的。(5)人的社会动机是复杂多样的，个体的社会动机与行为之间不是简单的一一对应关系，两者关系有时是错综复杂的。(6)社会动机是一个动态过程，它是连续不断的，无休止的。(7)人的社会动机的存在形态分为有意识动机和无意识动机两种。

按照社会动机的目标指向，可以将其划分为内在动机和外在动机两大类。内在动机是指人们对某些活动感兴趣，从活动中得到了满足，活动本身成为人们从事该活动的推动力。社会心理学家布鲁纳(Jerome S. Bruner)认为，[①]内在动机主要由三种内驱力引起：一是好奇心，即对于求知和探索的兴趣；二是好胜心，即胜任工作、表现能力的欲望；三是互惠的内驱力，即与他人和睦相处，相互协作的需求。对于内在动机的研究可以帮助人们找到影响人的行为积极性的内在因素。外在动机是相对于内在动机而言的。当个体参加某种活动的动力不是基于对此活动本身的兴趣，而是因为外在的奖赏或压力时，他就是被外在动机所驱使。在人类的行为中，内在动机和外在动机都会起作用，但是，二者之间并不是一个简单相加的关系。当外在动机凸显出来以后，内在动机可能会因此而降低，这个发现很有现实意义。奖励是一个很有效的动机诱因，在实际生活中，它已经成为一种重要的、普遍的社会机制，但是，奖励并不是万能的，而且，奖励也有一定的负面作用，即它可能降低人们对于活动本身的兴趣。

二、几种主要的动机理论

(一)本能理论

20 世纪初，英国心理学家麦独孤把个人行为的动因假设为起源于人的“本能”，即先天遗传的、固定的行为倾向和行为模式，认为先天的固定行为模式可以解释人类的一切社会行为。[②] 他提出了 13 种本能，每一种都具有起动力作用的情绪成分(见表 5-1)，他就是用这 13 种本能来解释说明人的一切社会行为。在麦独孤看来，本能不仅是天生的能力，而且是天生的行为推动力，是策动和维持人类行为的决定因素，而本能的核心是情绪体验。尽管麦独孤的理论具有明显的缺陷，但他的作品引发了人们探讨人类行为动机的兴趣。

表 5-1　麦独孤提出的主要本能及其相应的情绪

本能	相伴随的情绪
避害本能	惧怕情感
好斗本能	愤怒情感

① 彭德华、朱雪峰：《学校管理心理学》，甘肃教育出版社 1999 年版，第 91—92 页。

② McDougall, W., An Introduction to Social Psychology. Boston: Lure, 1908, 30.

续表

本能	相伴随的情绪
拒绝本能	厌恶情感
哺育本能	母爱情感
求偶本能	妒忌情感
求新本能	好奇情感
服从本能	自卑情感
支配本能	自负情感
合群本能	怕孤独情感
求食本能	食欲情感
收集本能	占有欲情感
构造本能	创造欲情感

(二)马斯洛的需要层次论

需要层次论是美国心理学家马斯洛(A. Maslow)首创的一种理论。马斯洛是西方人本主义心理学的创始人,他的需要层次理论是著名的并广为流传的一种动机理论,并开创了动机的非本能解释。其影响之深远,至今不衰。在马斯洛看来,人的需要可以归纳为五类,人的行为动机相应地可以区分为五个层次。马斯洛将人的五类需要,由低级到高级依次排列为:(1)生理需要:是个人生存的基本需要,如吃、喝、住。(2)安全需要:包括心理上与物质上的安全保障,如不受盗窃和威胁,预防危险事故,职业有保障,有社会保险和退休基金等。(3)社交需要:人是社会的一员,需要友谊和群体的归属感,人际交往需要彼此同情、互助和赞许。(4)尊重的需要:包括要求受到别人的尊重和自己具有内在的自尊心。(5)自我实现的需要:指通过自己的努力,实现自己对生活的期望,从而对生活和工作真正感到有意义。马斯洛认为,需要的各层次间的相互关系表现为:(1)五种需要像阶梯一样从低到高,但这种顺序并不是严格排列的,会出现各种交错的情形。(2)低层次的需要获得相对满足后,就会向高层次发展。五种需要很少达到完全满足的状态,往往是一个欲望得到了满足之后,另一个欲望就立刻产生了。(3)低层次的需要是缺失需要,高层次的需要是生长需要,只有高层次需要的满足才会令人满意、具有激励作用。因为高层次需要永远不会得到完全的满足,所以具有久远的激励作用。人的一生就是不断地产生需

要,满足需要,再产生新的需要的一个生命过程。[①] 马斯洛认为,这五种基本的需要是人类的共同的需要,超越了不同文化的国家和各种社会形态。

(三)麦奎尔的动机类型说

麦奎尔(D. McQuail)对人类的行为动机的研究,与马斯洛注重需要层次的纵向分析方法不同,他对人的行为动机进行了横向的、非常细致的整理和分析。麦奎尔从两个维度对动机进行了分类:一个是内在中心—外在中心维度;另一个是认知取向—情感取向维度。[②] 他从这两个维度详细罗列了动机清单,认为人们行动主要受这些动机支配,从而相应地满足其不同的需要(见表 5-2)。

表 5-2 麦奎尔的动机类型

认知性内在动机	一致性需要。一个人的各个方面(态度、信仰、意见、自我形象)都需要保持一致,达到一种内在的平衡。
	分类需要。人们往往要对事物和他人进行分类。
	自主需要。人们希望能控制和自己有关的事物,与自我价值感关联密切。
	目的论的动机。一切事物的发展和演变都是为了达到一定目的而发生的。
情感性内在动机	减少紧张的需要。紧张减少,以满足一种情感需要。
	自我防御的需要。自我形象受到威胁时自我防御。
	自我维护的需要。维护自己的价值感,增加内尊外尊。
	认同的需要。希望通过巩固自我概念寻求对自我意识的增进。
认知性社会动机	归因的需要。人们需要确定与自己有关的事物之所以发生的原因,从而较好地认识把握、控制周围环境。
	实现的需要。人们往往根据外在事物推断内在特点,如人格、态度、情感。
	刺激的需要。
	功利性需要。
情感性社会动机	自我表达的需要。表明身份、特点,让他人了解自己。
	强化需要。
	亲和需要。希望和他人建立和谐有益的人际关系。
	模仿的需要。

① 马斯洛:《人的潜能和价值》,林方译,华夏出版社 1987 年版,第 162—177 页。

② 沙香莲:《社会心理学》,中国人民大学出版社 2006 年版。

第二节 中国人的权力动机

一、关于权力动机的概念

权力是一个个体(或群体)在特定的角色和地位上所表现出的迫使他人产生遵从性的能力或影响力,或者用韦伯的话来说,就是一种不顾对方的反对也能将自己的意志加于对方的可能性。而权威则是权力的合法化或者说正当化,它更多地体现为受权力控制的人对权力拥有者的赞成和承认。按照美国学者丹尼斯·朗(Dennis H. Wrong)的定义,“个人权威有双重含义:一方面,它是基于掌权者的特殊性格和能力,而不是基于其社会角色或广义的规范品质;另一方面,他源于对象对独特的个人品质的感觉和评价,而不是掌权者强制奖励或提供专家咨询的资源”①。

权力动机是指对权力的欲求,对影响并支配他人的愿望,是个体要在某些方面取得一定的支配地位的需要。在人际关系中,权力动机会驱使一个人总是力图说服他人、支配他人。许诺、威胁、引用权威人物的话要求他人干这干那、容易与人对抗等行为都是权力动机的表现。一种强烈的权力动机不仅会影响个体的自我看法,而且还会影响他的信念、思维方式和感情定向。

心理学研究认为,一般的人都有三种普遍的社会动机,即成就动机、亲和(交往)动机、权力动机。这提醒我们不能像平时习惯的那样仅仅从个人的思想道德品质这个层面来认识权力动机,好像只有个人品质有问题的人才会喜欢权力,追求权力。实际上正常人都或多或少有这种倾向,只是表现方式、表现程度不同而已。

当然,作为一种虽然被认为是直接从生理(自然)动机衍生出来,但毕竟是在后天社会文化环境中习染而成的社会动机,不同人的权力动机是不同的。如上所述,虽然正常人都或多或少有亲近权力的这种倾向,但其表现方式、表现程度是不同的。这既体现在个体差异的层面,如在有些人那里表现为支配、指使人的欲望,在另一些人表现为追随人、听从人的需要。这具体植根于个体独特的成长和生活环境中权力因素的作用方式。也表现在社会文化差异的层面上,

① 丹尼斯·朗:《权力论》,陆震纶、郑明哲译,中国社会科学出版社2001年版,第67页。

即在不同的社会文化中，人们普遍的权力动机的强度、表现方式是不同的。一般地，在一个权力因素在社会生活中的实际作用非常大，权力构成社会生活的轴心，权力本身在道德上又常常遭到质疑、而权谋文化又非常发达的社会中，权力动机也往往比较强烈，而且常常会有更多扭曲的表现方式。

二、传统中国人的"恋权情结"

(一)"恋权情结"的主要表现

朱永新在《论中国人的恋权情结》中指出，传统中国人存在一种"恋权情结"，其本质是对权力的崇拜和趋从，它表现为一种复杂的心理现象，对权力又爱又怕。在权力面前，中国人表现出了千姿百态的正常与反常行为，上演了一幕幕惊心动魄的权力悲喜剧。恋权情结主要表现在五个方面：畏权、慕权、清官梦、升迁梦、滥用权。①

(1)畏权。对中国老百姓来说，权力是一种可怕的存在。不少人对"当官的"有一种畏惧的心态，认为"千万不能得罪当权的"。

(2)慕权。由于权力可以带来荣耀、威严和实惠，许多人都羡慕权贵，追逐权力。在封建宫廷中，充满了权力斗争，封建帝王想尽办法，运用各种权术来赢得或保住权力。为了争权，宫廷斗争往往演变为血淋淋的杀戮。在古代中国，许多知识分子也有很强的恋权情结，"学而优则仕"是他们孜孜以求的目标。

(3)清官梦。"清官"是中国文学作品讴歌和赞颂的主题。当自己追逐权力无望时，一些人就把社会和个人的一切都寄托在"青天大老爷"的身上。

(4)升迁梦。对有权者来说，他关心的是得到更大的权力。由于在古代官僚体制中，升迁主要靠上级的提拔，而不是下面的推选，所以，为了圆自己的升迁梦，许多官员就不惜欺上瞒下，努力讨好上级官员，而不顾黎民百姓的死活。

(5)滥用权。在"权大于法"的封建社会，权力得不到有效的监督，官员滥用权力的现象十分普遍。因为有了权就有了一切，所以也就加剧了人们对权力的羡慕与争夺。

朱永新认为，恋权情结有着正负两方面的效应和影响。就其负面影响来说，它"滋长了官本位的现象，一切是非曲直由官来评判，人们也用官的大小来衡量其社会地位的高低，这也在一定程度上给了权力滥用和权力腐化者以可乘之机。恋权情结刺激了人们的权力欲望……甚至促使某些人把整个精力和智

① 朱永新：《论中国人的恋权情结》，《本土心理学研究》，1993 年第 1 期。

慧聚焦在权力上。当整个社会或一部分社会精英这样做时，这个社会自然就难以健康发展了”。但他同时认为，恋权情结对于维护社会稳定、社会秩序等也起到了一定的正面影响。需要注意的是，朱永新所说的“恋权情结”中的权主要是指一种强迫性权力与制度化权力，恋权的实质是恋官。这种现象正好说明了在传统中国社会里，权力过分集中在官僚机构，而分布在社会上的权力都比较小。但除了对这样一种强迫性权力与制度化权力的需求与追逐之外，在中国文化与社会结构中存在另一种非强制性的、基于社会交往和人际关系的权力，这类权力的非正式运作对维护社会交往和社会稳定具有重要的意义。

（二）“恋权情结”的社会基础

中国人的“恋权情结”与中国社会呈现“总体性权力”的特点密不可分，这种社会结构构成“恋权情结”的社会基础。社会结构是社会成员的属性集合。从横向来看，社会结构包括性别、宗教、种族、职业等，它反映的是横向的不同社会位置；从纵向来看，社会结构包括收入、财富、教育、权力等，它反映的则是垂直的不同社会位置。①

中国改革以前，是个大一统的一元化社会，政治、经济、意识形态这三个权力中心高度重叠。整个社会的绝大部分资源——包括土地、有形财富、收入等物质性资源，权力、声望等关系性资源，教育、信息等文化性资源，等等，全部由执政党及其政府所垄断，民间基本上不能独立地掌握可利用的资源。整个社会没有中介组织，形成了“国家—民众”这样的二层结构。在政治高度一元化和资源的大一统占有的体制里，社会上的价值判断也呈一元化状态。改革开放的实质其实就是通过利益调整而逐渐改变社会资源的占有状态。中国改革中资源占有状态的改变走的是以权力市场化为起点的权贵私有化道路，其最显著的特征就是国家资源分配及占有的不公平，这种起点上的不公平是改革以来社会阶层形成的基本条件。正如中国社会学家孙立平所说，中国政治资本、经济资本、文化资本三者之间的可转换性有重要影响。② 改革过程中出现了一个掌握文化资本、政治资本与经济资本的总体性资本精英集团，权力资本化成为改革中私人财富积累的起点。从他们致富的实际过程来看，他们中的大多数不是依靠技术创新和产业化的过程而诞生，而是借助权力市场化，利用手中的资源配置大权，借助垄断条件的再生产来聚敛财富。何清涟在论述中国改革开放后组织化

---

① 彼特·布劳：《不平等和异质性》，中国社会科学出版社1991年版，第5页。

② 孙立平等：《中国社会结构转型的中近期趋势与隐患》，《战略与管理》，1998年第5期。

腐败的特征时提出了以下三点:(1)社会组织的负责人(即一把手)带头腐败。(2)组织机构拥有的公共权力成为该组织成员进行"权钱交换"的"主要资本"。(3)较低一级的社会组织运用组织拥有的公共资源对上级进行贿赂,从而争取更大的财政支持、更优惠的政策倾斜,以及更多的机会。[①] 这批人手中握有的权力与财富使他们处于中国社会的顶端。总体性资本精英集团,在某种意义上来说,是"新社会"目前的"公共权威"。

三、中国人的权威取向

如上所述,权威是一种合法化或者说正当化的权力。台湾地区社会心理学者杨国枢指出,权威取向是中国人社会性格取向的重要特征之一,其主要表现为:[②]

(1)权威敏感。传统中国人对权威的存在非常敏感与警觉。他们到了任何一个场合,总会细心观察或留意,看看有无现成的权威在场,并要弄清楚谁是超过自己的权威。中国人自小就学会了两种对待别人的主要方式,一种是如何对上(对待权威),其二是如何对下。他们最擅长对上与对下,也最习惯以上下关系与人相处,与别人平起平坐(没大没小),反而觉得不自在。

(2)权威崇拜。首先是权威的崇拜是无条件的,而且是不加批评的,在他们的心目中,权威是不会犯错误的,或犯错误也是无所谓的,甚至是应该的(有人习惯为犯错误的权威辩护)。他们对权威怀有一种浑然的信任,遇到权威便习惯性地不加怀疑也不批评。其次,中国人对权威的崇拜在范围上常是漫无限制的,仿佛一个人在某些方面(如辈分和地位)是权威,便在其他方面(如道德和学问)也会是权威。这种权威范围的概化现象,甚至形成"全能权威"的观念。中国人心中的权威即无所不能,权威从别人处得到这种讯息,久而久之便也会觉得自己无所不能。再者中国人对权威的崇拜在时间上也有绝对化的现象,家长永远是家长,老师永远是老师,司令永远是司令,仿佛"一日权威,一世权威"。

(3)权威依赖。中国人既然认为权威是可信的、全能的、永远的,当然在心理与行为上会对权威彻底依赖。这种依赖所呈现的第一种现象就是面对权威,人们会产生一种暂时性的心理无能的症候,经历到不同程度之突发性的心理迟滞与行为笨拙。在家里即使是最能干的儿子在权威的父亲面前也会自觉无能。

---

① 何清涟:《当前中国社会结构演变的总体性分析》,《书屋》,2000年第3期。

② 杨国枢、余安邦主编:《中国人的心理与行为》,桂冠图书公司1992年版,第41页。

第二种现象是：面对权威，人们会无条件地服从。权威既然是全能的，自己又是无法与之匹敌的，无我的（甚至是投降式的）顺从是自然的结果。而且用恭顺的服从作为一种自我呈现的方式，未尝不是使权威对自己增加好感与赞赏的方式。

权威取向表现为一方面极力服从、推崇、依附更高的权威化身；另一方面又靠欺凌弱小来尽力维护、张扬、炫耀自己的权威力量。可以说，中国文化中滋生权威人格的文化土壤其实就是尊卑差序的价值观念及其社会格局。就中国传统文化而言，内圣与外王相互妥协下的儒家礼教即以一种毋庸置疑的方式预设了皇权、父权、夫权三纲及其他各种名分排位的权威，这些权威不仅通过家庭教育、社会教化深植于人们的思想观念当中，而且以制度的形式（即家长制、宗法制、皇权制度、封建制度、官场等级制等）取得了合法性、惯例性。

第三节　中国人的成就动机

一、关于成就动机的概念

成就动机是个人去从事、完成自己所认为重要的或是有价值的工作，并努力达到某种理想地步的一种内在的推动力量。虽然成就动机在不同的社会、不同的历史阶段有不同的表现形式，但基本上，在任何社会，任何历史发展阶段，它都受到了正面的评价。

作为一种主要是后天习得的动机，人与人之间的成就动机存在个体差异。经研究表明，个体成就动机的高低，基于这样几种因素：第一，社会背景影响个体的成就动机。第二，文化教育影响个体的成就动机。第三，个体的成就动机与所接受的期望、期待有关。

一般来讲，成就动机水平较高者具有以下特征：首先，他们往往更具有挑战性与创造性。高成就动机水平的人喜欢探新求异，具有开拓精神，喜欢富于挑战性的任务，并会全力以赴获取成功。同时，这种人又富于创造性，他们总是力图将每件事做得尽可能的好。其次，他们更具有坚定信念。高成就动机水平的人行为目标明确，对自认为有价值的事情会持之以恒，坚持不懈地做到底，无论遇到多大困难，都始终对之抱有成功的期望。再者，成就动机水平较高者具有正确的归因方式。高成就动机水平的人常把以往的成功归因于能力与努力，而把失败归因于缺乏努力这种可变的内在因素上，这种归因方式会使他们今后更努力地去改掉自身不利于成功的缺点，不断努力进取。低成就动机水平的人则会把以往的失败归因于缺乏能力这种稳定的、不可变的内在因素上，而把成功归因于外在原因（如运气等），这种归因会使他们安于现状，消极被动，过于自责，不思进取。

二、中国人成就动机：社会取向和个人取向

早在20世纪50年代，学者们就开始进行各民族文化与成就动机关系的研究。此后，成就动机的跨文化研究一直很活跃。研究中，学者们逐步认定：成就动机的存在一方面具有跨文化的普遍性；另一方面，在不同的文化中，成就动机的普遍强度、具体内涵及其表现形态是大不相同的。

根据中国文化的特点，余安邦、杨国枢建立了一个本土化成就动机概念。① 他们把成就动机区分为社会取向成就动机和个人（自我）取向成就动机：社会取向成就动机是一种个人想要超越某种外在决定目标或优秀标准的动态心理倾向，对该目标或优秀标准的选择主要取决于社会（父母、师长、家庭、团体）；而个人取向成就动机是一种个人想要超越某种内在决定目标或优秀标准的动态心理倾向，对该目标或优秀标准的选择主要取决于个人。

通过对传统中国的生计形态、社会结构及社会化历程进行分析后，余安邦、杨国枢指出：中国人与西方人的成就动机在本质上是不同的。传统中国是一个权威主义社会，以集体主义与家族主义为特征，强调团体意识，个人成就目标以家庭或家族为主，提倡合作性的集体成就，不赞成经由竞争而导致的个人成就。中国人追求成就主要是为了达到他人或团体的期望，是一种社会取向的成就动机。而西方人是为了达到自己的目标，满足个人的成就感而追求成就，主要是一种个人取向的成就动机。他们认为，任何人都具有个人取向的成就动机和社会取向的成就动机，只是中国人以社会取向成就动机为主，西方人则以个人取向成就动机为主。

中国人之社会取向成就动机的特点是：(1)强调个人成就目标和评价标准主要由他人或所属的团体来决定。例如，个人追求的可能是“不辜负组织的嘱托和人民的期望”“光宗耀祖”“为父母争气”等。(2)选择什么样的行为来达到成就目标，也是由重要的他人或团体来决定。在20世纪六七十年代，中国流行

① 余安邦、杨国枢：《社会取向成就动机与个我取向成就动》，《台湾“中研院”民族学研究所集刊》1989年版，第64页。

的口号是“听毛主席的话，跟共产党走”，就反映了这一点。在一些传统的家庭里，子女努力考大学是为了达成父母的心愿，如果能够上大学，到底读什么专业，也往往听从父母的安排。在这种情况下，个人在追求成就的过程中，会比较依赖重要他人或团体的协助，也可能比较需要他人的关怀和督促。(3)成就行为的效果如何，往往由他人或团体来评价，评价标准也是由他人或团体来制定。(4)从总体上说，个人对成就的价值观念的内化程度比较低，相应地，成就的社会工具性比较强，即追求成就是一种手段，是为了让他人或团体满意。而个人取向的成就动机正与此相反，其特点是：(1)成就目标和评价主要由个人自己来决定。例如，个人追求的是“实现自己的梦想”“发挥自己的潜能”等。(2)选择什么样的行为来达到成就目标，也是由个人自己来做主。在这种情况下，个人在追求成就过程中，就不怎么需要他人的关注和督促，个人行为的变通性比较高。(3)成就行为的效果如何，往往由个人自己来评价，评价标准也是由自己来制定。(4)从总体上来说，个人对成就的价值观念的内化程度比较高，相应地，成就的功能自主性比较强，即追求成就本身是一种目的。

后来，余安邦以其本土化的成就动机理论体系为基础，进一步研究发现：大学生在有外界诱因的情况下，在社会取向成就动机方面，动机强者比动机弱者更希望得到帮助，行为的持续性和完成任务的欲望更强；在自我取向成就动机方面，动机高者与动机低者在上述三方面均无显著差异。① 可见，外在诱因对社会取向成就动机有影响，对自我取向成就动机没有影响。

在成就动机与认知、情感、个性的关系研究中，中国学者也进行了初步的探索。杨国枢发现：成就动机与真实自我概念、理想自我概念、父母眼中的自我及老师或同学眼中的自我皆呈显著的正相关。② 学者发现自我态度、自我概念、自我效能感等认知因素及能力情感与成就动机，甚至是不同种类的成就动机之间有相互影响的关系，自我取向成就动机与自我效能感关系更密切。成就动机只是取得成就的必要条件而不是充分条件。

三、影响中国人成就动机的环境因素

社会政治、经济、文化大环境与家庭、学校、个人背景等小环境影响着成就动机的形成与发展，通常大环境作用于小环境，小环境再直接作用于个人。因

---

① 余安邦：《社会取向成就动机与个我取向成就动机不同吗？》，《台湾“中研院”民族学研究所集刊》1994 年版，第 76 页。

② 余安邦、杨国枢：《成就动机本土化省思》，远流出版公司 1990 年版，第 249 页。

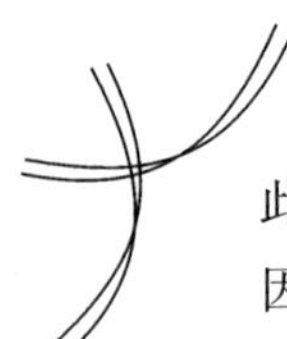

此，大多数研究者都从个人背景、家庭、学校等小环境角度探讨影响成就动机的因素。

(一)个人背景因素与成就动机

个人背景因素包括年龄、性别、受教育程度、成绩优劣、出生排行顺序等。在性别差异方面，西方研究证明，男女成就动机存在差异。男性处在成就定向的情境中，成就意向显著提高，女性则无此表现。中国学者也进行了大量针对中国人的性别差异方面的研究。余安邦发现：总体上中国男性的成就动机明显高于女性；女性成就动机较男性更易受环境激励因素影响。随教育水平提高，男女成就动机均有提高，但男性提高幅度大于女性，受过大学教育的男性成就动机水平显著地高于相应水平的女性。尤其是 21～40 岁的男女成就动机差异相当显著，而在其他年龄段，男女成就动机的差异并不明显。30 岁以前男性成就动机呈稳定的上升趋势，而女性则呈持续的下降趋势。①

对其他影响成就动机的个人背景因素国内研究较少。杜林致等对独生与非独生子女的成就归因进行了比较，发现有显著差异：独生子女认为影响学业成功的主要因素依次是：努力、家庭环境、能力、学习品质、任务难度、心境、知识基础、运气；影响学业失败的主要因素依次是：努力、运气、任务难度、心境、学习品质、知识基础、家庭环境、能力。非独生子女认为影响学业成功的主要因素依次是：努力、家庭环境、能力、学习品质、任务难度、心境、知识基础、运气；影响学业失败的主要因素依次是：努力、运气、任务难度、家庭环境、知识基础、心境、学习品质、能力。② 刘晓明、刘志华等对学业优差学生的成就动机水平、动机归因倾向、成就目标选择等特点进行了对比性的调查研究，结果表明，中小学优差生在学习成败归因上存在着显著差异。与优良学生相比，成绩差的学生较少将学习成绩的好坏解释为内部原因，而更多地解释为是老师造成的，同时，他们的深层型动机和成就型动机明显不及优良学生；在能力归因方面，优良生倾向于将成功归因为能力强，而不倾向于将失败的原因归因为能力差，而成绩差的学生倾向于将失败归因为能力差，而不倾向于将成功归因为能力强；在努力归因方面，优良学生倾向于对成功做努力方面的归因，而成绩差的学生的成功努力归因分数显著低于优良学生；在运气归因方面，成绩差的学生倾向于强调运气好

---

① 余安邦：《社会取向成就动机与个我取向成就动机不同吗?》，《台湾“中研院”民族学研究所集刊》，1994 年总第 76 期。

② 杜林致、赵鸣九：《独生子女与非独生子女在成就归因上的差异性》，《心理科学》，2000 年第 3 期。

坏对成就结果的影响，而优良学生则很少强调运气对成就状况的作用。[①] 此外，在影响成就动机的其他个人背景因素中还存在着许多需深入探讨的问题。

（二）家庭因素与成就动机

家庭因素包括家庭教育态度、教育方式、经济地位、父母人格等。其实这类研究多见于美国与我国台湾地区，大陆则多见于理论上的综述。

在教养态度、教养方式方面，西方研究者发现培养幼儿的自立、自负精神有助于增强孩子主动探索陌生环境，独立解决问题的意愿。对子女的期望要切合实际，对女孩严厉，对男孩宽容有助于孩子成就动机的提高。不同文化背景下父母对子女所施加的不同的成就训练、独立训练、依赖训练对儿童的成就动机产生着不同的影响。余安邦以台湾地区大、中学生为研究对象进行的研究发现：父母的独立训练有助于子女自我取向成就动机的发展，但对社会取向成就动机不具影响力；母亲的成就训练有助于社会取向与自我取向两种成就动机的发展，但父亲的成就训练则不具影响力；父亲的依赖训练有利于子女社会取向成就动机的发展，对女孩自我取向成就动机的发展不利，母亲的依赖训练则不具影响力，甚至对男孩的自我取向成就动机有不利的影响。[②] 由此可见，台湾地区学者的研究基本上倾向于认为：独立训练有利于自我取向成就动机的发展；依赖训练有利于社会取向成就动机的发展；成就训练对两种成就动机的发展都有利。训练中父亲与母亲所起到的作用不同。

在家庭经济地位方面，叶国安以父母职业、受教育程度、月收入作为家庭经济地位的指标，研究发现：大学男生的家庭经济地位与成就动机之间有明显的正相关，女生则无显著相关[③]。但也有人以小学生、中学生为研究对象发现：无论男女，家庭经济地位与成就动机均呈显著正相关。[④] 余安邦以中学生为研究对象的研究发现：(1)在社会取向成就动机上，居住在省县辖市者显著高于居住在大都市者，在自我取向动机上，不同居住地的成就动机无显著差异。(2)母亲受教育程度与子女社会取向成就动机呈显著正相关，但其倾向却相当微弱。上述研究显示：家庭经济地位与成就动机之间有关系；家庭经济地位的指标不确定，它多从父母职业、受教育程度、月收入、居住地等几方面被反映出来；家庭经

---

① 刘志华、郭占基：《初中生的学习成就动机、学习策略与学业成绩关系研究》，《心理科学》，1993 年第 4 期。

② 余安邦：《影响成就动机的家庭社会化因素之探讨》，《台湾“中研院”民族学研究所集刊》，1991 年总第 71 期。

③④ 余安邦、杨国枢：《成就动机本土化省思》，远流出版公司 1990 年版，第 247 页。

济地位内的不同因素对不同种类的成就动机的影响程度不同。

(三)学校因素与成就动机

学校教育对个人成就动机的发展也起着不可忽视的作用,我国有关学校因素与成就动机关系的研究主要涉及教师的期待、教师的喜爱、教师领导行为和教学行为等方面。[①] 教师对学生的期待、教师对学生的喜爱与学生成就动机有显著正相关,在教师期望组中,内控学生的成就动机显著高于外控学生的成就动机;教师民主式领导行为有利于学生成就动机提高,而权威式和放任式则不利于学生的成就动机提高;教师的温暖与关心对男生成就动机的作用大,教师的惩罚与严厉对女生的成就动机作用大;学生对老师能力的期望会影响女生追求成功的动机倾向,影响男生逃避失败的倾向。

各类实证研究告诉我们:教师应对每一位学生满怀期待,喜爱每个学生,在教学中采用民主式领导方式,多给男生以温暖,多严格要求女生,在男生面前少表现自己的能力,在女生面前多显示自己的特长,这样才能培养与激发每个学生的成就动机,才有利于学生成才。研究还发现,对内、外控倾向不同的学生,教师的态度对成就动机的影响作用也不同,对此应加强理论分析。

第四节 中国人的亲和动机:和为贵

一、什么是亲和动机

在人的饮食温饱解决以后,人类最难以忍受的大概就是孤独了。在基督教有关创世的传说中,上帝耶和华为了不使亚当寂寞,才用亚当的肋骨为他造了夏娃。人们不喜欢过独居的生活,以至于运用暴力使一个人与其他所有人分离成了最为常见的惩罚手段。1871 年,达尔文就曾指出:谁都会承认人是一个社会性的动物。不说别的,单说他不喜欢过孤独的生活,而喜欢生活在比他自己的家庭更大的群体之中,就使我们看到了这一点,禁闭是可以施加于一个人的最为严厉的刑罚之一。[②] 读过《鲁滨逊漂流记》的人大概都还记得,漂流荒岛的鲁滨逊开始曾养了几只可以为伴的动物以慰心里的寂寞。而粗俗的土人礼拜

---

① 余安邦、杨国枢:《成就动机本土化省思》,远流出版公司 1990 年版,第 253 页。

② 达尔文:《人类的由来》,潘光旦、胡寿文译,商务印书馆 1983 年版,第 163 页。

五的出现，竟使鲁滨逊的生活进入了丰富多彩的境界。每一个人大多都在和他人的密切交往中消磨了自己的一生，难怪有人说，人是群居的动物。

本节要讨论的亲和动机即是指个体害怕孤独，希望和他人在一起的一种倾向。亲和动机是人类所具有的一种十分重要的社会动机，对人的社会生活具有重要的意义，如果这种动机得不到实现，亲和的需要不能被满足，人的心理和生理的健康就都将受到严重的损害。亲和动机意味着人需要与他人接触来往、相处和保持一定的关系，但这并不完全等同于对他人的依赖，亲和和依赖是既相联系又相区别的两种行为动机。从相似性上说，亲和和依赖都表现出对他人存在的需要；从区别性上说，亲和对他人的心理需要在程度上低于依赖，并且依赖动机往往会随着个人的年龄的增长而减弱，而亲和动机则会维持终生。

到目前为止，关于人类亲和行为的研究仍然以美国社会心理学家沙赫特(S. Schachter)1959年提出的系统报告为代表，他的研究同以往有关人类亲和行为的研究不同的地方在于，他是通过观察不允许人们合群时产生的后果来反观人类的亲和行为的。当一个人迷途于冰雪荒原，或由于偶然的原因而身陷孤岛时，都会产生这样一种共同的反应，即突然升起的恐惧感和莫名其妙的忧虑。这种恐惧随被孤立的时间的增长而增加，二者成正比关系。这一事实向人们揭示，恐惧和忧虑都和人类的亲和需要有关。如果说，孤立会使人产生恐惧，那么和他人亲近理应减少人的恐惧。据此沙赫特提出并用实验证明了假设：恐惧感强的人同恐惧感低的人相比，具有较高程度的亲和需求。

二、中国人亲和动机的心态表现

如前所述，中国人一向特别重视人际交往与人际关系，甚至中国人的宗教也是他们人际关系的一个扩展，这导致相比于西方人，中国人的亲和动机显得更为强烈和突出。

大体上，中国人在人际交往或处理人际关系时流露出的亲和心态，主要有以下六种表现。

1. 以和为贵

假如说用一个特征来概括中国人的亲和动机，那就是中国人在与人交往或处理人际关系时流露出来的以和为贵的心态。此种心态可以从某些深入中国人之心、为广大中国人所推崇的民间谚语中得到印证，如“以和为贵”“二人同心，其利断金”“家和万事兴”“家和万事成”等。这些谚语，从正面肯定了亲和的好处之所在。尤其是已成为中国人口头禅的“天时不如地利，地利不如人和”一语，更将人和视作高于天时、地利的最重要因素。此外，在汉语中，描写一个人待人接物的态度如何，多用“温和”“亲和”“和气”或“一团和气”等词语来形容。描述一种团结、良好的人际关系时，多用“和谐”“和平”“和合”“和恰”“和勉”等词语，这些词语多具褒义，由此也可以看出中国人在人际交往中的亲和心态。

2. 企盼和事佬

中国人在人际交往时一向以和为贵，这样，当自己在处理人际关系时，一旦不能达到亲和心态，就企盼和事佬的出现，希望由和事佬出面来打“圆场”。关于这点，史密斯(Arthur H. Smith)有过一段精彩的描述：在中国乡间，邻居间时常会吵架。在这种困扰每个村庄的频繁争吵中，不能没有和事佬来进行调解，而担任调解任务的和事佬则必须充分考虑到怎样使争吵的双方都能保住“面子”以达到双方平衡态势，就像欧洲政治学家在处理国际纠纷时一向奉行的维持势力均衡原则一样。中国人在这种争吵后会安排和事佬进行调解，目的并不在于能有一个公平的裁决，即使需要这种裁决，它在中国人之间也不可能达成。但是，和事佬角色的安排，却会在一定程度上促使有关各方面在“面子”上达成平衡。在官司的裁决中，也常使用这样的原则，因而中国人的官司往往是一场不分胜负的游戏。①

3. 畏争

中国人多对“和”的丧失持一种恐惧心态，这种心态在很多谚语中也有所反映，如“将相不和，国有大祸”“将相不和邻国欺”“一争两丑，一让两有”“家不和，家不兴”“家有一心，有钱买金；家有二心，无钱买针”和“兄弟不和邻里欺”等，这类谚语都是从反面警告人们不和所带来的严重后果。由于担心和的丧失会给自己、家人或国家等带来诸多“灾难”，于是中国人多有畏争心态。这样，在中国人的心目中，“争”多带贬义，如谚语说“两虎相争，必有一伤”“斗一斗，瘦一瘦”等，多是让人明白争的坏处所在。广为流传的“鹬蚌相争，渔翁得利”的谚语故事也告诉人们，为了区区小事而互不相让，结果只能两败俱伤，让第三者占了便宜。

4. 随大流

在日常与人交往或处理人际关系中，一旦遇到来自群体的压力(它可以是实际存在的，也可以是想象中存在的)，一些中国人往往采取一种随大流的做法，以使和的局面不致被打破。随大流指的是个体按照大多数人的做法来行

---

① 阿瑟·史密斯：《中国人的特性》，匡雁鹏译，光明日报出版社1998年版，第9—10页。

动。用社会心理学术语讲，就是“从众心理”，它指在实际存在或想象存在的群体压力下，个体改变自己的态度，放弃自己原来的观点，而采取与大多数人一致的行为。在中国人的日常生活中，“随大流”现象可说是一种最常见的从众行为。因此，一些中国人在为人处事时，既不敢为人先，也不愿落于人后，而是乐于处在大多数人的中间。“人随大众不挨骂，羊随大群不挨打”“人怕出名猪怕壮”“上游冒险，下游危险，中游保险”等，都是对“随大流”这种态度的表达。对中国人心态与行为产生过重大影响的老子也曾说过：“我有三宝，持而宝之。一曰慈，二曰俭，三曰不敢为天下先。”

5. 迁就

迁就即尽管心中不同意他人的意见或做法，表面仍曲意求和或降格迁就。用社会心理学术语说，它是一种顺从或服从心理，其中顺从指由于群体或他人的压力而改变自己行为或信念的现象，服从指个体在权威性或强制性命令下放弃自己的观点或行为而接受他人的观点或行为。相对而言，服从对个人来讲主动性成分少而被动性成分大，顺从则是个人自愿的行为，并不伴随明显的强制性与潜在的惩罚。平日经常挂在中国人嘴边的所谓“有理让三分”“得饶人处且饶人”“与人方便，与己方便”等，可以说都或多或少包含着曲意迁就的成分。

6. 迎合

迎合即猜度别人的心意而投其所好。假若说“随大流”与“迁就”多是个体被动地去适应他人或群体以谋求一种和谐人际关系的心态与行为的话，那么，“迎合”则是一种个体为谋求和谐人际关系的局面而主动去适应他人或群体的心态与行为。

综上所述，中国人在与人交往或处理人际关系时流露出来的亲和心态的表现是多种多样的。应该说，中国人这种以和为贵的心态，对于社会的有序运行、和谐发展是有正面、积极意义的。而且，中国人讲的“和”，强调的本是要于事物的多样性中求得和谐。中国人在人与人交往或处理人际关系时所推崇的“和”，本也是以充分尊重每个人的个性为前提的，即所谓“和而不同”。不过，从上面所述中国人在实际与人交往或处理人际关系过程中所表现出的那些亲和心态，我们也应该看到，在某些情况下中国人的求和举动实际上是一种求“同”的做法，即为了获得一种勉强的和谐人际关系，中国人常常不惜压抑，甚至取消自己的个性与真情，以与他人或群体保持一种表面一致的关系。这无疑是中国人在与人交往或处理人际关系过程中一味求和所带来的弊端所在。而此弊端的存在又使得中国人在与人交往时难免会做不到以诚相待，而是“当面一套，背后又

是一套”“面和心不和”。而这又是前面我们曾提到的中国人做人之“圆滑”的一面了。

三、乡土中国与中国人的亲和心

费孝通指出，中国社会从根底上是“乡土性的”，也就是说，以农业经济为基础的乡土社会形塑了整个中国社会（包括城市社会）的基本性格。而中国人之重亲和的心态也与此密切相关。

中国自古以来就是一个以农业经济为主体的国家，这一点直到不久以前才开始改变。在一个以农业经济为主体的社会里，多数人主要是靠农业来谋生，种植农业必须依靠土地。土地是不动的，使得依附土地的人在一般情况下也是很少流动的，只有当诸如大旱、大水或战乱等情况出现时，才可能使一些人背井离乡，另寻新的生存土地。正如费孝通所说：“以农为生的人，世代定居是常态，迁移是变态。”①

由于人口流动少，大多数中国人的生存空间一般很少有变动，生于斯，长与斯，死与斯。在这种人员少流动的环境中，大家抬头不见低头见，导致人际关系相对稳定，人与人之间彼此知根知底，这样，就自然而然地形成了一个所谓的熟人的社会。在熟人之间是没有必要斤斤计较的，这样，熟人社会又必是一个重人情的社会。这种人情社会虽然限制了一些社会活动，其中最主要的是冲突与竞争，但却为中国人亲和心态的养成提供了良好的“温床”。因为在人情社会里，人与人之间的关系多是一种“剪不断，理还乱”的关系，相互交往时非常重视人情和脸面，待人接物讲究“人情世故”，提倡在处理人际关系时要做到“合情合理”“通情达理”，切忌“撕破脸”，否则，既会受到来自社会舆论和群体规范等方面的压力，也会受到自我良心的谴责。与人交往若以“和”为贵，则最易顺人情，最易维护交往双方的脸面；反之，与人交往“不和”或相争，则最易逆人情，最易撕破脸面。这导致中国社会一直以人情社会著称于世。“人情大于天”“熟人好办事”“多个朋友多条路，多个敌人多堵墙”“远亲不如近邻”等，都是对这种人情社会的一种真实写照。可以说，正是在此人情社会长期熏陶下，中国人慢慢地形成了尚亲和不尚争执、争斗的习惯心态。

四、社会的原子化和疏离心态

在社会转型时期，随着市场化和城市化的快速推进，社会发生了前所未有

---

① 费孝通：《乡土中国》，北京大学出版社 1987 年版，第 7 页。

的分化和隔离，表现出“原子化”的特征。这里所言的社会原子化不是指一般性的社会关系的疏离，而是指由于人类社会最重要的社会联结机制中间组织(intermediate group)的解体或缺失而产生的个体孤独、无序互动状态和道德解组、人际疏离、社会失范的社会总体性危机。一般而言社会原子化危机产生于剧烈的社会转型期。社会原子化并不是说社会没有联结和零社会整合状态，而是指在一定范围内的社会，其社会联结机制薄弱、社会整合度低下，出现国家直接面对民众的险象而产生局部的、一定程度的社会失范。[①] 在涂尔干看来，社会原子化是随着社会分工的发展，个体主义兴起而产生的危机，并且已经导致了社会整合危机和道德困境，使得强势对于弱势的专制无处不在。[②] 相对于“市场失灵”和“政府失灵”，社会也遭遇了“失灵”问题。当然，社会原子化不是一般意义上的“衰落”问题，它具体可表现为：个人间、群体间社会联系的薄弱，社会纽带松弛；个人与公共世界的疏离；规范失灵，社会结构“碎化”，集体意识走向衰亡。集体意识是社会控制的基础，如果集体意识迅速走向消解，必然引发严重的社会失范。“集体意识的衰落无疑会使社会陷入道德真空状态，社会成员失去了社会的凝聚力，在意识领域内各处闲散游荡。”[③]“一个分裂的社会是其成员越来越难以将自己与作为一个共同体的政治社会关联起来的社会。这种认同之缺乏可能反映了一种个人利益至上主义的观念，而依此观念，人们终将纯粹工具性地看待社会。”[④]从个体层面来看，社会原子化实际上剥夺了个体作为社会行动者以常态的社会行动达成利益诉求的能力，往往导致个体行动无稳定预期而多以越轨、失范的方式展现。

社会原子化自 20 世纪 90 年代以来，在不同国家有不同程度的呈现和发展。在欧美社会中，社会原子化动向主要表现在宗教世俗化、个人主义膨胀、家庭结构变动、社会独居人口数量快速增长等背景下的社会孤独化趋向。美国学者弗朗西斯·福山(Francis Fulenyama)在《大分裂：人类本性与社会秩序的重建》等著作中就曾对西方核心家庭衰败的影响展开分析，认为“西方核心家庭的衰败对于社会资本已产生很大的负面影响，此种衰败跟处于社会底层

① 田毅鹏、吕方：《社会原子化：理论谱系及其问题表达》，《天津社会科学》，2010 年第 5 期。

② 涂尔干：《社会分工论》，三联书店 2005 年版，第 15 页。

③ 李汉林、渠敬东：《中国单位组织变迁过程中的失范效应》，上海人民出版社 2005 年版，第 8 页。

④ 查尔斯·泰勒：《现代性之隐忧》，中央编译出版社 2001 年版，第 136 页。

的人的贫困人数增多、犯罪水平的上升和信任的下降有关”[①]。在中国，当前社会原子化主要表现在阶层固化、精英垄断及总体性权力资本控制下社会底层的民粹化和社会联结纽带的撕裂。在社会生活中，身陷原子化处境中，个体将公共性和与他人的情感共鸣、思想呼吁抛在一边，沟通也仿佛是自我独白，沉迷于个人私人趣味的简单重叠，造成人际疏离而导致大量个体心理和社会心理病灶。

在社会原子化及人际疏离之应对策略问题上，无论是发达国家还是发展中国家，都选择了以社会创新和社会建设作为核心对策。社会原子化危机的实质在于中间组织的缺失，即个人直接面对组织化的权力，表现出精神上的孤独无助和思想行为上的混乱，以及个体之间缺乏积极的、建设性的集体行动的资源和能力。因此，培育社会中间组织对于社会原子化危机的化解至关重要。具体而言，社会中间组织的培育需要把自上而下的社会建构力量与自下而上的社会自组织发育结合起来，打开政府、市场、社会三者良性互动的局面。为此，需要对弱势群体赋权，强化基层社会的组织能力，并以恰当的方式将这些组织的运转纳入良性的、建设性的运转轨迹中。[②]

第五节　中国人的助人动机

一、亲社会行为、利他行为和助人行为

在社会心理学关于助人行为研究的文献中，存在着两个与助人行为这一概念相关联的概念，即亲社会行为(prosocial behavior)和利他行为(altruistic behavior)。最早提出亲社会行为这一概念的是美国学者威斯伯(L. G. Wispé)，在其发表于1972年的《社会行为的积极形式：一个概观》一文中，他用亲社会行为一词来代表所有与攻击、欺诈、残害等否定性社会行为相对立的行为，如同情、分享、协助、慈善、捐款、救灾、自我牺牲等。后来，弗里德曼等人在其编写的《社会心理学》教材中也将亲社会行为看作是一个范围较宽的范畴，它包括“任何能

---

① 弗朗西斯·福山：《大分裂：人类本性与社会秩序的重建》，中国社会科学出版社2002年版，第149页。

② 田毅鹏、吕方：《社会原子化：理论谱系及其问题表达》，《天津社会科学》，2010年第5期。

帮助或打算帮助他人的行动”①。可见，在亲社会行为这一概念之下包容了表现各异的各种行为，只要它们符合一个共同的基本特征，即使他人、群体乃至社会获益，那么，就可以归入亲社会行为的范畴。利他行为的涵盖面要比亲社会行为窄得多。最早使用利他一词的是法国哲学、社会学的创始人孔德(August Comte)。他用利他主义这个概念来说明对别人的无私的行为。在他看来，真正的利他主义，除了积极的情感(这些情感产生于两种情况：一是根据自己的价值观行事，二是体验到别人的痛苦得到解除)外，一定是没有任何自我得益的动机的。孔德之后，利他主义一词又为社会学家斯宾塞、索罗金等所沿用(索罗金还在哈佛大学创立了“利他主义研究中心”)。总的来说，利他主义强调一个人在做出有益于他人的行为时的完全的无私性和自我牺牲精神，除了可能获得精神上的自我满足即孔德所说的积极情感之外，他没有任何自利的动机，不做任何其他代价报酬的估算。“利他主义行为是在任何形式下(也许应排除做好事的感觉)，不指望得到报答也要做的一种帮助人的行动”②。

本节所讨论的助人动机所指之“助人”的范畴比利他行为要宽，它不强调行动者在做出有益于他人的行动时必须彻底的无私和自我奉献，必须除了获得精神上的自我满足之外没有任何其他报酬动机。一个人为了回报以往曾经得到过他人的好处或为了弥补自己曾经使他人蒙受的损失而帮助他人不属于严格意义上的利他行为，但无疑属于助人行为。但助人行为又比上述亲社会行为的涵盖面要稍窄。亲社会行为事实上包括了所有有益于他人、群体和社会的行为，它比较强调结果，而不强调行动者的直接动机。而助人行为在关注行为的结果是否有益于他人的同时，也强调行为者的动机，即它是一种行为者在动机上希望有益于别人(不管他有没有同时想到有益于自己)、同时在结果上也确实有益于别人的行为。

二、中国人的助人动机：特殊主义和恩报观

学者们早就注意到，在助人动机上存在着文化差异。文化人类学家玛格丽特·米德曾比较了存在于新几内亚的两种社会文化中的助人行为。她发现，阿拉佩什部落的成年人比较喜爱和关心他们的孩子，他们的关爱行为培养了该部落儿童彼此亲密的、较强的同情心，乐于助人的品格，这种品格一直保持到该部落儿童成年。而蒙杜古马部落的人则比较注重独立和自我奋斗的行为，对儿童

①② 弗里德曼、西尔斯、卡尔史密斯：《社会心理学》，高地、高佳译，黑龙江人民出版社1986年版，第296页。

比较淡漠，很少培养儿童的同情心，因而该部落的儿童在成年以后很少有助人的愿望。米德指出，儿童早期在其生活环境中，特别是在与父母的互动关系中养成的同情心是他成年以后助人动机的一个重要的文化因素。除了米德，布朗芬布雷纳(U. Bronfenbreaner)通过对美国和苏联儿童的比较研究发现，社会责任规范也显示出文化上的差异。相比于美国，社会责任规范在苏联的学校中得到了特别的强调。苏联的学校制度非常强调社会责任，这一规范教育儿童要有社会责任感，一方面促使人们对违反社会规定的人进行批评，另一方面也促进助人动机和意识。在苏联的学校中，儿童普遍认为在课余时间帮助学习有困难的同学是理所当然的。

在西方学者关注助人动机和行为中存在的文化差异的同时，国内的一些学者也在关注中国人助人心理的特点，以及与西方人助人动机的不同。在这方面，国内学者的研究发现有两点值得注意，一是中国人助人动机中表现出来的特殊主义倾向；二是中国文化的"恩报"观念对中国人助人动机的影响。

(一)中国人助人动机的特殊主义倾向①

研究者指出，中国人和西方人对"人"的理解定义方式是不同的。中国人不像西方人那样在相对统一的宗教文化背景之下形成了一种共通的、普遍的关于人的概念，在缺乏来自宗教信仰的统一的超越尺度的情况下，中国人倾向于在人际关系中来定义人，这就难以归结出人的共通统一的性质，反而不可避免地将人类型化，将人分为三六九等。中国人习惯于用等级与层次(如圣人、贤人、君子、小人等)来定义人，用"好人""坏人""自己人""外人"等轻易地将人划分成不同的类别。看一下中国的历史书，就可发现，这种观念弥漫于中国人的整个历史意识之中。《二十四史》中就充斥着"忠臣传""贤良传""高士传""奸臣传""贰臣传""佞臣传"等类型。在传统戏剧中，也往往是红脸、黑脸、白脸各色分明，忠奸贤愚出场立判。由于中国人习惯于这样将人类型化，专注于各色人等之间的区别差距，而不太考虑各类人作为统一的"人"这一物种的共通性，因此，在中国人的下意识里，便缺乏西方人那种相对普遍化的人道主义价值观念。这影响到了中国人的助人心理，导致中国人认为并不是所有的遇到困难、限于危险的人都值得同情、帮助。中国人往往更倾向于认为，只有"好人"才值得同情和帮助，而对于"坏人"，则不必讲什么人道。

① 王小章、乐国安：《中国人助人心理初探》，《社会学研究》，1989年第6期。

经验研究也证实了这种倾向的存在。为了揭示中国人是否具有普遍主义的助人动机，在一项以高三学生为对象的调查中，研究者设计了下面四个问题：(1)鳏寡孤独的人最应得到帮助；(2)所有身陷困境的人都应得到帮助；(3)对灭绝人性的杀人犯，没有什么人道主义可言；(4)影院失火，观众需要离开时，男女老幼应一律平等，依次而出。结果发现，对于问题(1)表示同意和非常同意者占88%，对问题(4)表示不同意和非常不同意者占62%，这些结果和西方的情形相类似；但是对于问题(2)和问题(3)的回答结果出现了和西方不同的情形：对问题(2)表示不同意和非常不同意的各占49%，而对问题(3)表示同意和非常同意的共占60%。这一调查结果表明，在中国，确实有相当多的人并不认为所有遇到困难、陷于危险的人都是值得同情、帮助的。

(二)"恩报"观和中国人的助人动机

除了确定中国人缺乏普遍主义的助人动机外，研究者还发现，中国人的助人动机和中国社会源远流长的"恩报"观有着密切的关系。

中国人之重"恩报"已不是一朝一夕的事情了，大多数中国人在日常生活中都遵循着下面这些俗语、谚语所表达的准则：投之以桃李，报之以琼瑶；人心换人心，八两换半斤；种瓜得瓜，种豆得豆；滴水之恩，当涌泉相报；敬人者，人恒敬之；知恩图报，饮水思源；吃水莫忘挖井人；有恩不报非君子；受恩思报，不忘所以……最近几十年来，中国人的"恩报"观也引起了社会心理学界的关注。杨联升在《报——中国社会关系的一个基础》中指出，"报"的中心意思是"反应"或"还报"，而这一观念是中国社会关系的重要基础。中国人相信行为的交互性和因果性关系，在人与人之间，甚至人与超自然的事物之间，都有也应该有一种确定的因果关系存在。因此，当中国人做出"施"的举动时，一般会预期对方会有所"反应"或"回报"。[①] 社会学家文崇一将"复仇"也纳入了"报"的概念，作为"报"的负面行为。这样一来，"报"就有了积极与消极的维度区分。[②]

在既有的一系列研究的基础上，周晓虹进一步总结了中国人之恩报行为的六个基本特征，[③]它们是：第一，往还性。恩报的核心特征是一种社会资源或社

① 杨联升：《报——中国社会关系的一个基础》，载：杨联升：《中国文化中的"报""保""包"之意义：钱宾四先生学术文化讲座》，香港中文大学出版社1987年版。

② 文崇一：《报恩与复仇：交换行为的分析》，载：杨国枢：《中国人的心理》，桂冠图书公司1988年版，第374页。

③ 周晓虹：《现代社会心理学》，上海人民出版社1997年版，第237—238页。

会行为的交换。如果说西方社会的社会交换着重交换双方的需求互补，其遵循的基本原则是“互惠”的话，那么，中国的“报”则强调交换双方的人与人之间的往还关系。第二，情感性。无论是报恩还是复仇，都带有强烈的情感色彩。第三，增量性。由于人情的因素掺入其中，中国人的恩报往往超越等值往还的“公平”，其规范要求人们在回报时要增量，“报”要大于“施”。第四，延迟性。报不必立即进行，可以选择适当的时间和方式回返。第五，区别性。“报”作为伦理规范还有远近亲疏的含义，即在“报”中含有家族和人伦关系的区别。第六，角色差异。施予者和受施者由于角色不同，对“报”的看法和具体做法也不同。施予者通常应当在帮助他人时达到“义”的道德境界，即不思回报；但是，反过来，受施者在接受他人的帮助之后则应牢记知恩必报，并尽可能地在报答时给予一定的增量。

总而言之，按照中国人的“恩报”观，恩惠不论大小，回报是必需的；回报的方式可以相同，也可以不同，但价值不应低于、最好是高于所受之恩惠；实际回报的条件越优厚，则受施者越受到赞扬；报恩是一种与名利道德攸关的行为，从社会规范而言，几乎已经成为一种强迫式的行为，来而不往，非礼也。而正因如此，尽管正统的伦理常劝告世人施惠勿念，但事实上在现实生活中很难做到，因为另一面正统伦理在鼓励人报恩。既然是“必报”，就必然会产生回报的预期。

中国人的这种恩报观念深刻地影响了中国人的助人心理、助人动机。研究者发现，中国人的助人动机至少在以下三个方面与中国人的恩报观相关：①

第一，中国人一般都认为对助人行为应有所酬赏，不管是行为的物质的报答，还是精神的言语的感激。

第二，在中国人的助人动机中，体现出一种规范化的不对等的恩报观念。即在提到“恩”时，往往是指别人施予我的好处和给予我的帮助，而至于我给别人的好处、帮助，一般就不能视作我有恩于人，至少不能老惦记着我给别人的这点恩惠。因此，报恩通常是指我报答别人给我的恩，而不是企求别人报答我给他的帮助。中国人一般不主动提起自己给别人的帮助，除非对方做出了非常对不起自己的事情，才可能说对方“忘恩负义”“恩将仇报”。这是由于中国的恩报伦理观一方面强调“知恩必报”“有恩不报非君子”，另一方面又非常厌恶“市恩”，贬斥“市恩”之徒。

第三，在中国人的恩报观中，物质性酬赏和精神性酬赏之间不存在明显的

① 王小章、乐国安：《中国人助人心理初探》，《社会学研究》，1989年第6期。

差异。这两者的价值实际上都不在酬赏本身，而在于它们都是表达心意的方式，因此，关键就在于它们要能恰如其分地表达自己对对方的心意。中国人在报答他人对自己的帮助时，讲究的也是表心，即让对方了解自己的感激之情；而中国人在接受他人回报时所领的也是这份心意，因此，我们常常会听到诸如“你的心意我领了”“我领你的情”等。

第六节　中国人的攻击动机

一、什么是攻击

什么是攻击？这似乎是个不言而喻、显而易见的问题。但只要稍作进一步的思考，就会发现问题要比想象的复杂。一个人由于不小心而给他人造成了伤害，另一个人有意想伤害他人结果却没有伤害成，两者之中何者是攻击？警察抓小偷和小偷袭警都是攻击吗？如果是，那么区别何在？行为主义心理学家倾向于把攻击行为看作是任何伤害或者能够伤害他人的行为。有人甚至说，攻击行为是指一个有机体“向另一个有机体释放有害刺激的一种反应”[①]。按照这种理解，则一方面许多我们平时认为是攻击性的行为都不算是攻击行为了，如想开枪打人却没有射中；另一方面则又将许多我们平时不认为是攻击行为的反应都算作是有攻击性的了，如走路不小心踩了人或骑车不小心撞了人等。可见，认定一种行为是不是攻击行为首先必须考虑到行为者的动机或自觉意识到的目的。因此，许多学者认为，攻击行为应该是指那些有意伤害他人的行为，或者说是以伤害他人为直接目的的行为。

在上述这种基本含义之下，根据不同的标准，可以对攻击做出不同的分类。

按照意图指向的不同，可以将攻击分为敌意攻击和工具性攻击。敌意攻击是指一方有意伤害他人且对他人造成痛苦和不快，攻击的目的在于使对方不幸。[②] 工具性的攻击是以攻击为手段，意在实现其他目的，如替代性攻击是工具性攻击的一种特殊形式。敌意攻击具有排解焦虑、释放压力的作用。工具性的攻击是强者的合法特权，是弱者的非法武器，是解决问题的常规方式，是谋生的不典型手段，是某些亚文化圈子里男人的徽记和生活方式。

---

① 巴克主编：《社会心理学》，孙非等译，南开大学出版社 1984 年版，第 394 页。

② 马启伟主编：《体育心理学》，高等教育出版社 1999 年版，第 312 页。

按照表现形态的不同，可以将攻击分为外显攻击和内隐攻击。外显攻击是直接指向他人的外在的可识别的行为或言语。内隐攻击是意图指向他人而隐藏在内心尚未外化的心理状态。内隐攻击更具有间接性和隐蔽性，普遍存在于个体的内心深处，处于一种潜意识的状态。大量研究表明，男性比女性具有更高的外显攻击性，这不仅表现在身体性攻击方面，也表现在言语性攻击方面，但内隐攻击性不存在性别差异。① 高桦考察了在押罪犯的内隐攻击性心理特征，结果发现：在押罪犯与常人的攻击性在内隐心理状态下表现相近，不具有显著差异，从而得出罪犯产生攻击性犯罪行为是由于对攻击性冲动的管理、控制无效而造成的，并非罪犯与常人在心理深层上存在着攻击性差异所导致的结果。②

按照社会意义或价值的不同，可以将攻击分为亲社会的攻击行为、反社会的攻击行为和被认可的攻击行为三种。亲社会的攻击行为是指为了捍卫社会的道德标准，维护正常良好的社会生活秩序，促进社会目标，并以一种社会认可的方式采取的攻击行为；反社会的攻击行为是指违反和破坏社会准则、损害正常良好的社会生活秩序的攻击行为；被认可的攻击行为则介于上述两者之间，它既不为社会准则、社会目标所需，又属于社会准则所允许的范围之内，不违背公认的道德标准，如一个人为了自卫而攻击击伤他人。③ 而一般所说的攻击行为，也就是我们这里所说的攻击的含义，事实上就是指反社会的攻击行为。

二、中国人的攻击动机

人类为什么攻击？是受本能驱使，还是社会文化环境塑造的结果？对此，诸如弗洛伊德、洛伦兹、弗洛姆、多拉德(John Dollard)、班杜拉(Albert Bandura)、沃尔夫冈(Marvin Eugene Wolfgang)、费拉柯蒂(Franco Ferracuti)等都从各自的角度进行了探讨。不过，即使如弗洛伊德、洛伦兹那样完全从本能冲动的角度来解释攻击动机之起源的学者，也不否定这种本能冲动的具体表现要受到现实社会文化的影响和制约。今天，人们普遍认为，人们的攻击动机和行为在很大程度上要受文化价值和社会规范的限制。④ 个体在面对攻击性诱因时，

① 周颖、杨治良、刘俊升：《攻击性警戒——回避效应的实验研究》，《心理科学》，2006年第3期。

② 叶茂林：《攻击性研究方法》，《心理科学》，2003年第2期。

③ 弗里德曼等：《社会心理学》，高地、高佳译，黑龙江人民出版社，第235页。

④ 理查德·格里格、菲利普·津巴多：《心理学与生活》(第十六版)，王垒、王甦译，人民邮电出版社2003年版，第519页。

是对自己的攻击性冲动加以完全的压制，还是加以必要的限制，还是将其作为生活中常用的反应方式来充分释放，这些都受到个体成长过程中各种因素的综合影响。

正因为人们的攻击动机和行为在很大程度上要受到特定社会之文化价值和社会规范的制约，因此，受中国社会之特殊的文化价值、社会结构、伦理规范的影响，中国人的攻击动机和行为也表现出其独有的特点。

如前面一再指出，作为中国主流文化的儒家文化一直推崇“以礼治国”，“礼”的一个最本质的精神在于“别同异”：“礼者，所以定亲疏，决嫌疑；别同异，明是非也！”“上下有义，贵贱有分，贫富有度，凡此八者礼之径也。”“礼”实质上就是各种不同身份等级的人各行其所当行之事，不愈其矩。① 作为政治道德化的一个方面，中国古代的法律是道德化的，法律是推行“礼”的一种手段。这使中国社会的等级被制度化，形成了如图 5-1 所示的三个主要的等级模型。

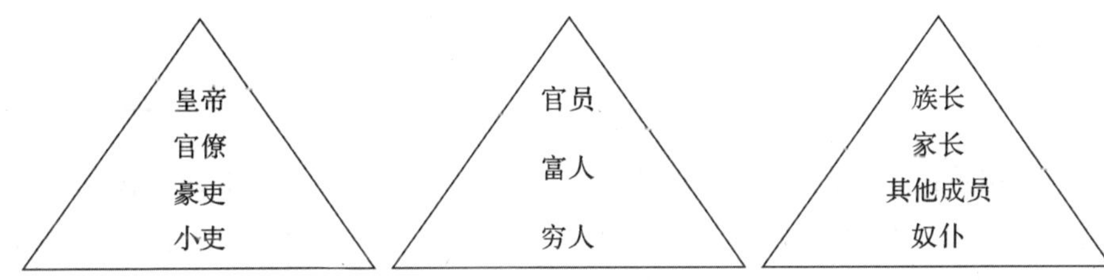

图 5-1　中国社会的三个等级模型

从这三个等级模型可以看出：第一，中国社会中任何一个社会成员都处于一个或多个等级模型之中；第二，每个社会成员都具有多种角色身份，因此，一个模型中的优势地位在另一个模型中就可能变为劣势。这两个特征，加之中国社会如许多人所指出的那样是官本位的社会，权力是社会场的中心，而权力是靠强力获得和维系的(在古代中国的传统观念中，法不仅是暴力，而且完全等同于刑。《管子·心求》云：“杀戮禁诛之谓法。”《盐铁论·诏圣》云：“法者，刑罚也，所以禁强暴也。”所谓“出礼入刑”“儒法合流”正是在“等级”和“重刑”的意义上统一的。法律实际上在倡导强暴精神)，权力的运作实际上是一场施虐与受虐的“虐恋”游戏。② 由此就造成了：在中国社会这些不同的等级模式下，每个社会成员往往都既是施虐者也是受虐者，人们畏惧暴力却在使用暴力(见表5-3)。

①② 金良年：《酷刑与中国社会》，浙江人民出版社 1991 年版，第 57 页。

制度化的等级压抑和常规化的暴力使用既扭曲了人性，造成了中国人在面对上级、面对优势者时那种逆来顺受的性格倾向，也在很大程度上了形成了其内在的施虐倾向。

表 5-3 中国社会"虐恋"图

施虐者	受虐者	"虐恋"方式
皇帝	大臣	廷杖
官员	百姓	肉刑、法外酷刑
缙绅、土豪	平民、雇工	私刑
主人	奴仆	
父母	子女	
夫	妻	
鸨母	妓女	
帮主	帮会成员	
……	……	

辜鸿铭曾说真正的中国人可以称之为被驯化了的动物。他认为因为中国人过着一种心灵的生活，一种情感的或人类之爱的生活，他们有着体谅、照顾他人的感情，因此，很有礼貌。这造就了中国人特有的"温良"气质，"中国人的温良，不是精神颓废的、被阉割的驯良，而是意味着没有冷酷、过激、粗野和暴力"①。但不幸的是，事实却往往是温良成了驯良，忍耐成了懦弱，明哲保身成了逆来顺受。这促成了中国社会特殊的攻击图景：有权有势者暴戾恣睢、横行无忌；无权无势者忍气吞声。而一旦无权无势者也变得有权有势，或转而面对比自己更无权无势者时，他就又很容易出现作威作福的行为。十年媳妇熬成婆后，接下来就是让自己的媳妇再受煎熬。鲁迅先生把这叫作"卑怯"。"遇见强者，不敢反抗，便以'中庸'这些话来粉饰，聊以自慰。所以中国人倘有权力，看见别人奈何他不得，或者有'多数'作他护符的时候，多是凶残横恣，宛然一个暴君，做事并不中庸，待到满口'中庸'时，乃是势力已失，早非'中庸'不可的时候了。一到全败，则又有'命运'来做话柄，纵为奴隶，也处之泰然，但又无往而不合于圣道……可惜中国人对于羊显凶兽相，而对于凶兽则显羊相，所以即使显

① 辜鸿铭：《中国人的精神》，黄兴涛、宋小庆译，广西师范大学出版社 2002 年版，第 26 页。

着凶兽相，也还是卑怯的国民……我觉得中国人所蕴蓄的怒愤已经够多了，自然是受强者的蹂躏所致的。但他们却不敢向强者反抗、反而在弱者身上发泄。”①

除了制度化的等级压抑和常规化暴力使用深刻地影响了中国人的攻击心理之外，前面所提到之“恩报”观中的复仇观无疑也影响了中国人的攻击动机。主张复仇的观念和行为在中国起源甚早，到了春秋战国时期已成为一种风气。《礼记·曲礼》说“父之仇，弗与共戴天”。孟子主张：“杀人之父者，人亦杀其父；杀人之兄者，人亦杀其兄。”②董仲舒强调：“春秋之义，臣不讨贼，非臣也；子不复仇，非子也。”③中国民间更是流行“君子报仇，十年不晚”之说。根据文崇一的研究：复仇是一种报复行为，有伦理上的意义，也有交换上的意义，这种意义为结仇者和复仇者所了解，也为社会人士所了解。这种复仇行为，在官吏与平民间同样流行，观念也是一致的。大约从春秋战国时开始，一直到今天，复仇的行为没有停止，虽然有许多朝代禁止复仇，复仇行为还是照样进行，并且常常得到皇帝、官员或社会人士的赞扬和鼓励。④ 在古代，复仇主要局限在五伦范围之内，“根据血统的远近而加以区别，越是亲近，越需报复”。而在现代，国家垄断了使用暴力的特权之后，这种攻击行为就大为减少了。但因伤及“面子”而报复的，从来都不在少数。仇与怨、恨、恶之类的字义很难分辨，大至君父之仇，小至一时之厌恶，都可能产生复仇的观念或行动。正如《周礼·地官》所说“爱恶相攻，则忮心生。故有一日之忿，而为终身之雠。睚眦必报，虽死无恨”⑤。当然，跟报恩一样，报仇常常也不急于一时，而是要伺机而为。在机会不到时，就必须“隐忍”，必要时，要忍上十年、二十年，甚至一辈子，还可能将仇恨传给子孙，让子孙再复这个仇。中国人常讲：“忍字心头一把刀。”可见，在中国人的“忍”之下，潜伏着的是一股狠劲，一股强烈的杀心或者说是攻击冲动。

除此之外，中国社会延续至今的家庭教育方式也对中国人的攻击动机产生了潜移默化的影响。信奉“拳头底下出孝子”固然导致了中国孩子长大后的暴

① 鲁迅：《百病缠身的中国人》，载：丁伟编：《中国国民性》，陕西师范大学出版社2006年版，第76页。

② 《孟子·尽心上》。

③ 《春秋繁露·王道》第六。

④ 文崇一：《报恩与复仇：交换行为的分析》，载：杨国枢：《中国人的心理》，凤凰出版传媒集团、江苏教育出版社2006年版，第282—283页。

⑤ 文崇一：《报恩与复仇：交换行为的分析》，载：杨国枢：《中国人的心理》，桂冠图书公司1988年版。

力偏好，而据方晓义等人的研究，我国的家庭教育强调子女对父母的服从，而不是公开表达他们与父母不一致的观点，这也影响着中国人的攻击性，即导致了儿童的攻击性常常被压抑下来，形成较强的内隐攻击性。[①]

① 方晓义等:《亲子沟通类型与青少年社会适应的关系》,《心理发展与教育》,2004 年第 1 期。

第六章　中国人的人际关系和人际交往

人们在社会动机的推动下发生社会行为，产生社会交往。社会交往必然产生人际关系。事实上，在现实社会生活中，人际关系通常既是社会交往的产物，也是社会交往的媒介。

人际关系对于中国人具有特别的意义。在中国人看来，人际关系的重要性既是不言自明的，又是秘不可宣的。一方面，中国人认为这是互动双方的行事原则和互动策略，是当事人理应心知肚明的，不然就会违背游戏规则；另一方面，中国人又认为这是私人的事情，是自己在使用过程中使自己走向成功的重要工具，因而又是不可告人的。

第一节　人际关系概述

一、人际关系的含义

简单地说，人际关系就是人们在社会活动过程中形成的、建立在情感基础上的相互联系，这种联系对于当事人具有心理和行为倾向上的意义。心理倾向是指这种关系的心理距离，是远还是近，是亲还是疏；行为倾向是指人际关系对人的行动意向、行动方式具有很大的影响。相比于其他抽象的、宏观的社会关系（如生产关系、阶级关系等），人际关系具有以下三个明显的特征：

1. 个人性。与宏观社会关系不同，人际关系是在人与人之间的互动中建立起来的，也是可以因双方互动或联系的中断而中断的。人际关系的本质具体表现在个人的互动过程中，这就是人际关系的个人性特征。

2. 直接可感性。人际关系是在人们直接的，甚至面对面的交往过程中形成的，并且人们可以切实地感受到它的存在。只要双方存在某种人际关系，他们就一定能体验到，不像宏观的社会关系那样，置身于其中的人们虽然受其制约影响，但未必能有非常切身、具体的感受。在人际关系中，双方在心理上的距离趋近，就会感到心情愉快舒畅；若存在冲突矛盾，则会感到抑郁不快，这些感受都是人们所能亲身体验到的。

3.情感性。人际关系的基础是人们彼此之间的情感活动。感情色彩可以说是人际关系的主要特点。概括起来说，人与人之间的情感倾向可以归结为两大类：第一，是人们相互之间接近或吸引的情感；第二，是使人们互相排斥和反对的情感。

对于人际关系，社会学和社会心理学这两门学科的学者都有研究。社会学家如齐美尔(G. Simmel)的形式社会学、米德(G. Mead)的符号互动论、戈夫曼的拟剧理论、霍曼斯(G. Homans)和布劳(P. Blau)的社会交换理论以及当前盛行于北美的格兰诺维特(M. S. Granovetter)、林南(L. Nan)、波特(R. Burt)等人的社会网络理论等，都涉及人际关系问题。社会心理学家如海德(F. Heider)的人际认知平衡理论、纽科姆(T. W. Newcomb)的沟通活动理论、舒茨(W. C. Schutz)的人际行为三维理论、菲斯廷格(L. Festinger)的社会比较理论、勒温的群体动力学等则更直接地关注对人际关系、人际行为的探讨。

二、中国人人际关系的总体特征

关于中国社会中的人际关系，有学者认为："真实的中国人人际关系是由'缘''情''伦'构成的三位一体。[①]"也有学者把人际关系划分为责任关系、人情关系、利害关系。[②] 还有人认为，在华人社会中，关系一词有六种含义：(1)一种共享的团体身份；(2)有共同认识的第三者；(3)互动频繁；(4)有关联但很少直接互动；(5)没有共同背景的朋友关系；(6)关系品质。[③] 不过，不管做怎样的概括或分析，中国人的人际关系在总体上表现出以下四个方面的特征：

1.重视处理"义"和"利"的关系。中国传统思想文化，特别是儒家学说，所要面对的核心问题就是人与人之间的关系。如前所述，在儒家学说中，人不是作为形式上的抽象存在物，而是作为父、子、夫、妻而存在的。既然人是一种社

---

① 翟学伟：《人情、面子与权力的再生产》，北京大学出版社 2005 年版，第 80 页。

② 李庆善：《中国人新论——从民谚看民心》，中国社会科学出版社 1996 年版，第 68—75 页。

③ Tsui, A. S &Farh, J. L., "Where Guanxi Matters: Relational Demography and Guanxi in the Chinese Context". Work and Occupations, 1997(24), 56-79.

会关系的存在物，理所当然地，首先必须解释人和人之间应该如何相处的问题。孔子认为，人和人的相处要做到“仁”的境地。孟子进一步认为，人与人的交往关系可以分为利害关系和道义关系。当然这两者并非完全对立，但一旦发生冲突时，如何面对和处理“义”与“利”，是见利忘义，还是舍利取义，就成了人际关系处理中的首要问题了。

2.注重人情和“礼仪”。在农业社会，人们安土重迁，是很少流动的。费孝通认为，乡土社会是一个“生于斯、死于斯”的社会，人们的常态是终老是乡。① 由于农业社会的乡村生活难以流动，聚村而居的生活需要中国人建立起一种稳定的、长期的社会关系。因此，建立在血缘、地缘和人缘基础上的人情关系就变得非常重要了，正如梁漱溟所说，“中国人的生活，既一向倚重于家庭亲族之间，到最近方始于转趋于超大家庭的大集团，‘因亲及亲，因友及友’，其路仍熟，所以遇事总喜托人情”②。人情关系在社会交往中成为必须遵从的社会规范，而这种社会规范久而久之就成为了交往的“礼仪”。礼仪是强调对等性的，正所谓“来而不往，非礼也”。

3.强调社会秩序，注重和谐。建立在传统儒家学说基础上的“仁义孝悌”，无非是要建立一套社会规范体系，维护社会秩序。中国人做事，和谐是重要的追求，它既是对人与自然之间关系的一种追求，更是对人与人之间关系的一种追求。体现在人际关系上，中国人即使在面临双方利益冲突时，也总要想方设法做到不伤和气。中国人擅长搞平衡，搞调和，当然，有时也不免流于“和稀泥”。

4.差序格局。如前所述，这个概念是由费孝通提出来的，它在很大程度上概括了中国人人际交往的基本格局。所谓差序格局是指：“以‘己’为中心，像石子一般投入水中，和别人所联系成的社会关系，不像团体中的一分子一般大家立在一个平面上的，而是像水的波纹一般，一圈圈推出去，愈推愈远，也愈推愈薄。”③进一步说，中国人之人际交往、人际关系的差序格局具体表现为以下几个特点：一是它以自我为中心。个人是社会关系网络的主要建构者，所有的社会网络关系都具有自我的取向。费孝通认为这种自我取向做到最后，会“为自己

① 费孝通：《乡土中国 生育制度》，北京大学出版社 1998 年版，第 9 页。

② 梁漱溟：《中国文化要义》，载：《梁漱溟全集》（第 3 卷），山东人民出版社 1989 年版，第 63 页。

③ 费孝通：《乡土中国 生育制度》，北京大学出版社 1998 年版，第 27 页。

可以牺牲家庭,为家庭可以牺牲族……这是一个事实上的公式"。① 二是社会关系网络具有很强的伸缩性。这种伸缩性又具有两个方面:一方面自我本身是一个伸缩性很强的概念,既可以指自己、家庭、家族,也可以指代乡邻、朋友甚至整个国家;另一方面既然社会网络关系是以自我为中心的,基于每一个个体所拥有的不同自我,社会关系的网络范围也有所不同。有能力、家族关系强的人自然社会关系就比较强,而能力弱、家族关系简单的人社会关系网络就比较弱。三是以人伦为取向的角色关系。在各种人伦约束的关系下,个人与个人之间的关系是有差等关系的,不能一视同仁。因为人伦具有义务和道德的属性,受到亲疏、远近、上下等种种角色关系的影响,如亲属之间强调孝悌,朋友之间强调忠信,墨家所强调的"兼爱非攻"是难以做到的。总而言之,在处理人际关系上中国人所奉行的标准并不是西方人所谓的普世主义标准,而是特殊主义标准。这样就构织成了中国社会用人的"身份取向"和"关系取向",并在一定程度上培养了家族意识。费孝通认为,在这种社会中,一切普遍的标准并不产生作用,一定要问清对象是谁,和自己是什么关系之后,才能决定拿出什么样的标准来对待。②

第二节　人情、人伦与人缘

要了解中国人的人际关系模式,就要理清人情、人伦与人缘。人情体现了中国人际交往的基本心理和行为模式,人伦则是一套规则和伦理,用于框架人情关系,而人缘则是理解交往模式的重要解释框架。

一、人情

人情是一个不易讲清楚又为中国人所普遍使用的一个概念。首先明确提出人情概念的是《礼记》,但《礼记》中所谈的人情更多的是人的情欲:"何谓人情?喜、怒、哀、惧、爱、恶、欲,七者非学而能。"从社会学的角度来看,人情主要是指人与人之间的关系。金耀基认为,"人情"是一个文化概念,它不只普遍地存在于中国社会中个人的意识层里,而且还存在于个人的意识层里,并对社会

---

① 费孝通:《乡土中国　生育制度》,北京大学出版社 1998 年版,第 30 页。

② 费孝通:《乡土中国　生育制度》,北京大学出版社 1998 年版,第 36 页。

(人际)关系具有拘束力。① 人情因此具有伦理意义,是弥散于中国社会之中、以潜移默化的方式调节和维系着人际关系的一种无形的伦理规范。

不要以为中国人的人情都是含情脉脉的,它实际上包含着交换的因素。中国人常说"送人情""托人情""人情债",就明显反映出这种交换的意味。只是,存在于中国人际关系中的这种人情交换法则很微妙,外国人一般很难理解。如美国社会心理学家福阿夫妇认为,用于交换的资源只有六种类型:爱、地位、服务、货物、信息以及金钱,②这一分类方法显然难以概括中国人的人情交往资源。有学者认为,中国人的交换资源可分为先天和后天两大类,然后再分成各个子类,其先天资源是血缘、地缘、性别(辈分)、家世等,后天的有联姻、财产、身份、地位、权力、名望、金钱、关系、信息、品质等,这些资源和中国社会文化背景有很密切的关系,③而且还有一个比较普遍的特征,即这些资源是难以计算的。

在上一章中,我们曾讨论到中国人的"恩报"观。中国人强调有资源有条件的人要乐善好施,主动把恩惠施给他人,并且在社会伦理上要求施恩的人不思回报,不要有利己的动机。可是接受恩惠的人必须记住别人的恩情,要时时刻刻想着回报的问题,并且要做到"受点滴之恩当以涌泉相报"。也就是说,要做到回报大于恩情,同时要做到及时回报。有钱不还或者回报过少则会被人视为不通人情,是忘恩负义的小人,以后便很难得到他人的施恩。甚至当恩情与法理发生冲突时,人们往往会取向恩情而违背法理,不惜代价去寻求报恩,尽其所能保护施恩者的权益。正是由于人情债难以计算,难以清偿,又富有归还的义务性特点,而且还会导致欠人情者的社会关系失去平衡,难以在人际关系上保持独立,所以中国也就有"不可轻易欠人情"的格训。如在近代中国影响甚大的曾国藩在其致诸弟的家书中即说:

> 将来万一做外官,或督抚,或学政,从前施情于我者,或数百,或数千,皆钩饵耳。渠若到任上来,不应则失之刻薄,应之则施一报十,尚不足满其欲。故兄自庚子到京以来,至今八年,不肯轻受人惠,情愿人占我便宜,断不肯我占人的便宜……此次澄弟所受各家之情,成事不

① 金耀基:《人际关系中人情之分析》,载:杨国枢:《中国人的心理》,凤凰出版传媒集团、江苏教育出版社 2006 年版,第 61 页。

② E. B. Foa, and V. G. Foa, "Resource Theory of Social Exchang", In: J. W. Thibamt, T. T. Spence and R. C. Carson(eds.), Contemporary Topics in Social Psychology, Worriestown. N. J.: General Learning, 1976.

③ 翟学伟:《人情、面子与权力的再生产》,北京大学出版社 2005 年版,第 87 页。

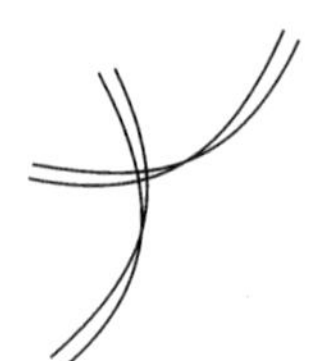

说，以后凡事不可占人半点便宜，不可轻取人财，切记！切记！①

正是由于人情关系的复杂性，造就了人们对人情关系的矛盾心态。一方面人情法则是中国社会的基本规范，已经融入了中国人的日常生活中；另一方面，人情关系又难以消化，导致个人在社会关系中丧失独立人格，难以适应现代社会的要求。针对这一问题，有研究者提出了以下几个策略用于回报人情并消解人情的非理性成分：一是拒绝收礼；二是“即刻”以“同等价值”的礼送回；三是等一适当的时机将收的礼送回；四是收礼，但不送回。② 但这样的解决方式很难圆满，在中国社会处理人情关系不是一件简单的事，需要极强的社会技巧。

二、人伦

“伦”的本义是辈分，人伦实际上就是人在社会关系中所处的辈分及其伦理关系。儒家思想里，这种辈分组合关系有上下、长幼、尊卑、内外、亲疏等种种区别。孟子提出“五伦”，即“父子有亲，君臣有义，夫妇有别，长幼有序，朋友有信”③。《礼记》把人伦提升到天伦，认为人伦思想是符合上天的要求的，是一种永恒不变的伦理。“圣人南面而治天下，必自人道始矣……亲亲也，尊尊也，长长也，男女有别，此其不可得与民变革者也。”④到了汉朝，人际关系被概括为“三纲六纪”。三纲指的是君臣、父子、夫妇的关系，而六纪指的是诸父、兄弟、族人、诸舅、师长和朋友。这样儒家学说就形成了一套完整的人伦关系法则，用于指导现实社会中的人际关系。

人伦的最大特点在于它的差异性。所谓差异性是指各种人伦关系的双方在地位上是有差异的，父、诸父、兄、诸舅、夫、君、师、贤、长等处于地位较高的一层，其对应的子、侄、弟、甥、妇、臣、生、不肖、幼等处于底层。这样就在社会关系中塑造出了权威—服从关系，尤其君臣、父子和夫妻这三对关系更是如此。

中国人的人伦关系是从血缘家庭伦理关系推衍出整个社会的伦理关系的。中国文化把家庭作为最基本、最重要的伦理实体，是孕育其他一切人伦关系和人伦秩序的基础。家庭中包含着各种伦理关系，最主要的是父子、兄弟和夫妇

---

① 金耀基：《人际关系中人情之分析》，载：杨国枢：《中国人的心理》，凤凰出版传媒集团、江苏教育出版社2006年版，第73页。

② 金耀基：《人际关系中人情之分析》，载：杨国枢：《中国人的心理》，凤凰出版传媒集团、江苏教育出版社2006年版，第80—81页。

③ 《孟子·滕文公》。

④ 《礼记·大传》。

关系。之后的君臣关系、朋友关系实际上是父子关系和兄弟关系的分别外化，所以才会有“君父一体”和“四海之内皆兄弟”。这样整个国家的伦理实体便建立起来了，同时家国关系也实现了同构，实现了“天下一家”的人伦思想。那么如何把家庭中形成的人伦道德扩充到社会伦理中呢？《孝经》认为，“君子之事亲孝，故忠可移于君。事兄悌，故顺可移于长。居家里，故治可移于官”。用儒家的话语就是“忠恕”二字。忠者诚以待人，即“己欲立而立人，己欲达而达人”；恕者推己及人，即“己所不欲，勿施于人”。设身处地的体验使人们做出相应的道德选择，从而建立其伦理关系。

三、人缘

缘可以说是人与人之间建立人际关系的媒介。缘的思想与佛教的“因缘果报”之说有很大的关系。在早期的中国，缘被认为是一种命定的人际关系。它把人的一切偶然遭遇及其与他人发生的关系都看成是一种无法改变的、命中注定的必然性。在中国人的日常生活中，缘的使用频率是很高的，如男女之间婚配的缘分、各种各样的机缘巧合、因果报应的孽缘、美满幸福的善缘等。近年来，中国人的“缘”也引起了学者们的关注。有学者曾采用诠释学的方法，将“人缘”诠释为“人际的世界”“人际的舞台场景”；有学者把人缘直接解释为缘分；也有学者认为，人缘在理想层面上要来自于道德与才能，而现实中却主要是来自于工具性资源的交往；还有学者认为，在传统中国人的观念中，缘似乎可以分为两类：缘分与机缘，前者是一种长期之缘，后者是一种短暂之缘。①

从现代中国社会中人们对“缘”的实际应用来看，所谓人缘主要是个体在群体（圈内）或社会交往关系中是否处于和谐状态，即个体在群体中受欢迎、受重视的程度。大体上，它有以下几个方面的特征。首先，人缘是一种客观实在，人际关系中人缘的好坏是可以通过观察、体验等方式获得的，一个人在群体中、在组织中是否受到欢迎，是否受到尊重，是否得到认可，都是衡量一个人人缘好坏的重要标准。其次，如果说，在过去，中国人的人缘观中具有较多宿命论的色彩，那么，在今日中国社会中，人们已不再认为人缘完全是天生注定的，而是可以通过个人努力来争取和改变的。杨国枢的研究表明，在现代中国人观念中，

① 沈毅：《人缘取向：中庸之道的人际实践——对中国人社会行为取向模式的再探讨》，《社会心理研究》，2005 年第 5 期。

人缘的宿命论色彩已经大幅降低，个人可以通过努力，主动促成缘的产生和延续。[①] 认真做事，待人诚实，工作敬业，尊重他人、理解他人、帮助他人，是人们获取好的人缘的重要条件，因此，可以说，人缘与人的德行密切相关。人缘好的前提是人品好，一个人品差的人要想获得好的人缘是不太容易的。最后，人缘本质上是一种和谐的人际关系。“和谐”是中国传统文化的核心理念和根本精神。好的人缘就是要创造宽厚处世、协和人我的人际环境。

通常，中国人总是力图在若干群体或社会圈中建立、维系、发展以及改善自身人缘状况，这使得有研究者认为中国人的行为取向具有强烈的“人缘取向”。[②] 在中国社会，个体在某群体或社会圈中的人缘状况直接影响着个体在群体中的生存和发展状态。在特定群体或社会圈中，通常只有拥有良好人缘的人才能在该群体或社会圈中长期地摄取更多的资源，而一些不合群、人缘差的人则比较容易被该群体或社会圈所边缘化，甚至有可能遭到严重的排挤和打击。当然，由于经济、时间、精力等各方面的限制，人们所涉足的群体或社会圈必然是有限的。在某些情况下，人们可能在加入一些新的群体或社会圈的同时，不得不退出其他一些群体或社会圈。由于资源需求的差异，不同的群体或社会圈对于不同的人的重要性显然也是不一样的，其重要程度还可能随个体流动、职业变动等因素的影响而发生变化。个体对于某群体或社会圈在资源方面的依赖性越高，则个体在该群体或社会圈中的人缘状况也就越重要；反之，个体在该群体或社会圈中的人缘状况的重要性也就随之降低。这就使得人们可能非常重视其在某些群体或社会圈中的人缘状况，而相对忽视其在另一些群体或社会圈中的人缘状况。但一般而言，人们还是力图在其所涉足的各个群体或社会圈中保持良好的人际关系，这是他们日后走向成功的重要条件。

良好的人缘对于个体发展具有重要功能。除此之外，中国人所讲究的“缘”在客观上还具有诸多其他功能：第一，它在人际交往中起着催化剂的作用；第二，缘的观念可以使人们安分守己，遵从已有的社会规范和价值体系；第三，缘具有自我预言和自我实现的功能；第四，它是个人遭遇失败以后，实现自我防御的重要方法，通过外在归因实现自我的内心稳定。

---

① 杨国枢：《中国人的社会取向：社会互动的观点》，载：杨宜音主编：《中国社会心理学评论》（第一辑），社会科学文献出版社 2005 年版。

② 沈毅：《人缘取向：中庸之道的人际实践——对中国人社会行为取向模式的再探讨》，《社会心理研究》，2005 年第 5 期。

第三节 亲情、友情与爱情

在现实生活中，人们时常会问一个问题，什么是幸福。这时，有人就可能会告诉你一个幸福的公式，即幸福＝亲情＋友情＋爱情。本节要讨论的就是中国人的亲情、友情和爱情。

一、亲情

在中国，一提起“亲情”两个字，人们马上就想到与自己最亲近的那些人，如父母、子女、兄弟、姐妹等。亲情指的是亲人之间的感情，因此，它与亲眷关系属于同一个概念。由于亲眷关系是由血亲和姻亲关系构成的，亲情也就自然而然由血亲和姻亲关系所决定。

亲情有其自然性的一面，通常被用来形容亲情的所谓“血浓于水”的“血”就体现了这种自然性。无论是父母对孩子的舐犊之情，还是孩子对父母的爱戴、孺慕之情，都有其自然的根源。不过，亲情更有其社会性的一面。如果说，亲情的自然性成就了亲情的普遍性，那么，亲情的社会性则体现出特定社会文化中亲情的特殊性。在中国社会，亲情的第一个特点是它强烈地受到父系原则的制约。中国人普遍地重视和父系方面的关系，更容易产生与父系方面之亲戚的认同。这一点，从我们在第二章中讨论的有关亲属称谓中即可看出。

中国人之亲情的第二个明显的特征是，它深受孝道文化的影响。中国人虽然也讲父慈子孝，但真正强调的无疑是“子孝”。值得指出的是，中国人的孝，既是子女对父母、晚辈对长辈的义务，也是个体对家庭、家族的责任。前者众所周知，不必再多说。值得一提的是后者，中国人对家庭、家族、亲人的对待原则是责任原则，而不是“人情”原则与利害原则。在责任原则下，中国人一般是无条件地为家族及家人做其所当做之事，尽其所当尽之责，而不期望获得对等的回报。而中国人对家庭、家族、亲人尽责的表达方式就是尽孝。尽孝当然也有许多种表达形式，但其首要之务则是要保证男性血统的延续性，如果个体未能有子嗣，就是对家庭家族最大的不孝，俗话说的“不孝有三，无后为大”就是这个道理。这导致了传统中国人常常不是为自己而结婚，而是为家庭、家族，为祖宗而结婚。对家庭、家族尽孝的另一种方式是努力奋斗，出人头地，从而可以光宗耀祖。中国人的成就动机常常更多地来源于亲人、亲情，而不是来源于自身。

需要指出的是,随着市场经济在中国的不断推进,今天,中国人的亲情关系也在发生着重大的变化。首先是亲情关系中的家族观念有所衰弱。受到市场经济因素的影响,中国人强烈的工作动机不再单单是为了家族的利益,更多的是为了追求个人的利益和成就。第二是孝道的内涵发生了一些变化。在传统中国,对父母的孝顺往往是要绝对地服从父母的意志,现在则有所转变,对父母的孝顺主要强调的是对父母的照顾,特别是金钱方面的给予等。第三是亲属关系有所疏离。市场经济使得社会工作节奏不断加快,社会流动性加大,个体获得成功的基础不再取决于血缘及姻亲所构成的亲属关系网络,而是取决于个体自身的努力和社会交往关系,因而导致个体与亲属的交往互动频率降低,亲属关系开始疏淡。第四是亲情关系开始向泛亲情关系发展。商业社会的一个重大特点就是个体的社会网络不断处于变化和扩大之中,以至于亲情关系开始不断地向地缘关系、业缘关系、学缘关系等方向扩张,朋友、战友、同窗、老乡、同事等成为人们感情寄托的重要载体。

二、友情

中国人凭借亲情法则和责任意识去处理家人和亲属的关系,但他们不可能不与外部世界发生联系,他们不能不与亲属之外的人打交道。这样就会遇到一个问题,他们是如何和亲属、亲眷之外的人打交道的?一般而言,像许多别的民族一样,中国人在遇到陌生人的时候一开始总是谨小慎微、小心翼翼的,随着互动不断增多,彼此开始相互了解,关系更进一步,如果双方相互欣赏、惺惺相惜,便可能成为朋友。朋友之间打交道奉行的是友情的互动原则。友情的互动原则实际上是一种人情原则,强调彼此之间相互关心、相互爱护、相互保护,其核心价值是诚信。中国人时常把朋友比作兄弟,俗话说“兄弟如手足”,一旦大家以朋友相互称谓,就得担负兄弟之间的承诺。在古代中国,朋友之间还要举行相互结拜的仪式,或成为拜把兄弟,或成为金兰姐妹,并且一旦结为朋友就要做到永不反悔,如“不求同年同月同日生,但求同年同月同日死”说的就是这个意思。

友情具有以下几个特征:一是友情是后天培养和发展起来的感情。亲情关系是建立在血缘和家庭基础之上的,往往具有不可选择性。一个人最难以选择的就是他出生的家庭。但友情不同,它是建立在彼此之间的相互交往过程中的,是志同道合的一种关系。二是友人之间的经济利益关系是彼此独立,相互分离的。家人关系往往都是一种共同体,其财产和经济利益关系都是彼此难以分离的,要么共有要么平均分配,但友人之间的财产状况是相互独立的。尽管中国人不好言利，还说“君子之交淡如水”，但在实际生活中，一般真正采取的是“好朋友明算账”的方式。三是友情的基础在于诚信。中国儒教强调君臣、父子、夫妻、兄弟和朋友五伦，其中对朋友关系的界定就是一个“信”字。中国人确认这个人能否做朋友的标准，主要是看他做人做事、待人接物是否可靠，因为“诚信”关系到一个人的道德品行，有诚信自然就具有良好的道德品行，就可以做朋友，反之，则不可。

在中国社会中，友情具有重要的功能。中国有句古话，“在家靠父母，出门靠朋友”。首先，友情可以满足个体的精神需求。亲情往往具有严格的层级结构，而友情则是平等的。他们有着共同的奋斗目标、共同的主张，极容易达成共识，产生共鸣，形成志同道合的关系。由于朋友之间是平等的，因而也比较容易相互包容缺点和不足，化解个人的烦郁心情。因此，朋友之间很容易形成一体感、认同感、信任感和安全感，是人们的精神港湾。其次，友情是个人重要的社会支持网络。个体在社会中必须与他人接触、与他人交往，友情则可以为个体拓展人际交往的路径，搭建各种各样的交往平台，“多个朋友多条路”说的就是这个意思。同时，在个人遇到困难的时候，朋友往往会伸出援手，帮个体渡过难关。最后，友情是个体实现社会化的重要途径。社会化是指个体从生物人成长为社会人的过程，通过社会化，人们习得了社会规范，了解了社会文化，掌握了社会交往的技巧。一个人在幼小的时候首先接受的是家庭的社会化，之后开始进入学校，又进入工作单位，然而学校、工作单位都是一种制度性的组织，规则、条令严格，更多的是学习知识和培养纪律等观念，而朋友关系则可以通过潜移默化的人格影响来培养人的态度和认知，促进人的社会化。

三、爱情

男欢女爱，可以说是古今中外普遍的自然之情。但是，跟亲情一样，爱情也有它的社会性。中国特定的社会结构和文化在造就中国式亲情、中国式友情的同时，也造就了中国式的爱情。一般认为，中国古代的爱情具有以下基本特点：

一是强调男尊女卑。在封建时代的中国，女性在社会中是没有地位的，在家从父、出嫁从夫、夫死从子，没有独立地位和独立人格。这样就在精神和情感上限制了女性与男性的沟通和交通，女性沦为封建家族传宗接代的工具。中国人珍视朋友之间的情谊，珍视血缘之间的亲情，唯独不太珍视男女两性之间的爱情，甚至蔑视这种真诚之爱。

二是爱情不是婚姻的必备条件。中国人是重视婚姻的，这是因为婚姻可以

繁殖后代，而不是出于对男女之情的关爱，因而这种婚姻往往没有爱情的婚姻。在过去，“男大当婚、女大当嫁”的事，都是由父母做主，子女无权对自己的终身幸福做出选择，这就是常说的“父母之命、媒妁之言”。

三是强调门当户对。由于封建时代的婚姻关系不是个人自由选择的结果，而是家庭和家庭之间关系的联姻，为此自由恋爱是不可接受的，必须完全服从父母之命。父母要从家庭或家族利益的角度出发，从社会规范的角度来抉择子女的婚配关系，门当户对就成为父母考虑问题的重要出发点。

四是强调祛除爱情中的人欲。中国人把爱情中所包含的“人欲”视为淫荡之物，提出要“灭人欲”，然后“存天理”。男人要成就一番伟业，就必须“修身齐家治国平天下”，如果沉迷于男女情爱之中，则可能毁家灭国，如商纣王、吴王、隋炀帝、李后主等沉溺女色而丧国一样。

五是对美好爱情心生向往。任何事物总是存在着辩证法，正是因为封建礼教对爱情的压抑，才使得人们对美好的爱情心生向往，出现了大量描写美好爱情的诗词和故事。与此相映成趣的是，在传统中国社会中，真正的爱情往往在正统礼教束缚较少的边缘人物和边缘地带比较容易发生，如妓女和文人之间。

新中国成立之后，于 1950 年颁布了《婚姻法》，确认了自由恋爱原则，同时赋予女性就业的权利，从而使得中国的婚姻爱情模式从“包办婚姻”转向“自由恋爱”的择偶模式。在改革开放之前，中国人的爱情观是一种集体主义的爱情观。青年人把追求爱情与报效祖国、热爱社会主义结合起来，把集体利益放在首位。其结果是这一阶段的女孩子普遍把军人、劳模、敬业的工人等作为理想的择偶对象，而男孩子不仅希望女孩子漂亮，更关注其政治素养。改革开放后，在市场经济和社会转型的冲击下，人们的爱情观也发生了深刻变化，从集体主义转向个人主义。其主要表现是人们在追求爱情时把个人感情放在首位，并重视一定的物质基础。大体上，今日中国人在爱情观上的基本倾向是：

第一，是从个人感受角度出发，重视爱情的情感性要素。人们普遍视爱情是个人自由选择的事情，需要彼此之间的感觉和缘分。为此，他们特别重视爱情中的快乐、浪漫、幸福、激情、魅力、神圣、感情好等元素。举个例子，圣诞节在西方往往是意味着和家人团聚，而在中国更多的则是情侣之间的团聚，因为圣诞节为爱情营造了浪漫和温馨的氛围。

第二，视爱情为婚姻的基础。在封建社会，婚姻都是由父母做主的，婚配的人长得如何往往在当事人入洞房之后才能揭晓，因此当事人双方在结婚之前根本谈不上所谓的爱情，往往是在结婚之后来培养或者根本不需要爱情，重要的是“过日子”“能传宗接代”。在现代中国，人们则非常珍视婚姻之前的爱情关系，因为这关系到他们婚后能否幸福、能否长久。在不断变动的社会中，人们要面对各种各样新的问题、新的挑战、新的选择，如果没有志同道合的爱情关系、没有真诚的爱情关系，很难想象人们的婚姻关系会稳定。

第三，认定爱情与婚姻需要“面包”。尽管当前中国人普遍把爱情视为情感性的因素，但不可否认在当前转型阶段人们越来越看重爱情中的经济基础问题，尤其是当爱情进展到婚姻阶段时更是如此。随着中国城市化的不断加速，越来越多的年轻人口进入城市，而进入城市是需要成本的，如房子、车子、票子等，这就使得人们意识到，尤其使得女性意识到爱情的“面包”问题，以至于专门有学者提出婚姻爱情经济学的问题。①

第四，择偶标准多元化。在封建社会，择偶问题是完全听命于父母的，而父母往往从整个家庭和家族的角度出发，主张“门当户对”。在中华人民共和国成立之后到改革开放之前，择偶问题是由当事人自己做主的，在集体主义和社会主义思想的影响下，主张“又专又红”。在改革开放之后，受到各种思潮的影响，人们的择偶标准又开始多元化。不同群体的人们其择偶标准不尽相同，有些人注重个人感受，有些人强调人品，还有些人关注经济能力，或者综合各方面的因素来考虑。

第五，相信“欲”与“情”同样重要，“欲”被认为是爱情中必不可少的、非常重要的元素。

第四节　债务抑或资本：中国人的人际交往和人际网络

一、中国人的人际交往模式

人是一种群居性的社会动物。为了互通有无，相互交换、彼此合作成为人类生存和发展的必然要求，由此就产生了人际交往。人际交往必须、也必然受制于一定的社会规范和社会条件，由此就形成了特定社会中特定的人际交往基本模式。中国人的基本人际交往模式是怎样的？对此，不同的研究者从不同的角度提出了一些不同的观点。

黄光国认为，中国人的人际交往具有社会交易的特性，遵循的是人情和面

① 周实：《婚姻爱情经济学》，湖南文艺出版社 2006 年版。

子关系原则。[①] 他发现，中国人与他人交往，首先判断两者之间的关系，做好类型学的划分，如熟人还是陌生人。由此，黄光国把中国人的人际交往划分为情感性、混合性和工具性三大关系。情感性关系是一种长久而稳定的社会关系，这种关系在于满足关爱、温情、安全感、归属感等情感方面的要求，主要存在于家庭、密友和朋友团体中。在这种关系中，人们的交往和交易原则是"各尽所能，各取所需"的需求法则。混合性关系是指交往双方彼此认识并且具有一定程度的感情关系，但亲密程度并没有达到初级群体的程度，人际交往具有特殊且个人化的本质，主要存在于亲戚、邻居、师生、同事、同学、同乡等关系中。在这种关系中，由于人们认识到他们之间会存在着持续的交往和沟通，故采用人情法则，给予别人特殊的帮助，并期望礼尚往来。工具性关系是指个人建立这种关系的目的在于获取某些物质目标，关系只是一种获取目标的手段和工具，它存在于短暂性的关系中，如顾客与销售员、护士和病人等。在这种关系中，人们的人际交往采用的是公平法则，期望获得利益的最大化。

杨国枢认为，中国人的人际交往具有"关系取向"的特性。[②] 他把关系取向的特征归纳为五大特点：第一，关系形式——角色关系的规范决定交往行为；第二，关系回报性——交往的回报期望；第三，关系的和谐性——人际交往以和谐相处为最终目标；第四，关系宿命观——以缘分、宿命的观点来化解冲突；第五，关系决定论——根据关系决定交往的行为。他进一步在关系决定论中提出关系的类别：家人、熟人和生人。在一个关系取向的交往中，人们对待不同关系的人会有不同的对待原则（讲责任，低回报性；论人情，中回报性；论利害，高回报性）、对待方式（全力保护，高特殊主义；设法通融，低特殊主义；便宜行事，非特殊主义）、互依形式（无条件相互依赖、有条件相互依赖、无任何相互依赖）以及不同的互动效果与因应方式。

徐淑英等人则在杨国枢的关系分类的基础上，提出人际交往的类别和交往的原则。[③] 他们把人际交往分为家人、熟人、具有共同特性的生人和不具有共同

---

① 黄光国、胡先缙等：《面子——中国人的权力游戏》，中国人民大学出版社 2004 年版，第 6—10 页。

② 杨国枢：《中国人的社会取向：社会互动的观点》，载：杨国枢、余安邦主编：《中国人的心理与社会行为——理念及方法篇》，桂冠图书公司 1993 年版。

③ Tsui, A. S, Farh, J. L, & Xin, K., "Guanxi in the Chinese Context", In: T. Li, A. S. Tsui, & E. Weldon (eds.), Management and Organizations in the Chinese Context. London: MacMillan. 2000.

特性的生人四类，并说明了不同类型人的不同的互动原则（见表 6-1）。

表 6-1　华人组织中的关系类型与关系基础、互动原则及对待方式

关系类型	互动原则	对待方式	关系基础
家人	责任和义务	无条件保护和忠诚	近亲
熟人	宽宏与互惠	信任、社会性协助和偏私	远亲、邻居（过去）、同学（过去）、师生（过去）、部属（过去）、同事（过去）
具有共同特性的生人	去私人感情的利益互换	偏私	同姓（宗）、籍贯 其他人口背景属性（如年龄、性别、教育等）
不具有共同特性的生人	不具感情的利益互换	谨慎防备	无

除此之外，同样为了说明中国人人际交往的基本模式，梁漱溟提出了“伦理本位”，杨春提出了“家族主义”和“利己主义”，许烺光提出了“情境中心”，何友晖提出了“集体主义取向”与“关系取向”等观点。

应该说，上述这些观点从不同的角度为我们描述了中国人人际交往模式的基本特征。不过，也应看到，这些描述所反映的更多的是传统中国人的面貌。而事实上，当前中国社会正经历着有史以来最为重大的社会转型，与这种社会转型同步，中国人的人际交往方式也在发生着巨大的变化。仔细考察处于今日社会转型期之中国人的人际交往，大体上，我们可以发现今日中国人之人际交往模式具有以下几个方面的特征：

第一，关系取向和才能取向并重。“关系”这一概念在中国社会的影响，几乎是浸润于每一个中国人心中的。在中国社会，甚至是受中国文化影响较深的社会如韩国、日本，不处理好人际关系将寸步难行。关系有亲疏远近，由此导致中国人人际交往中非常浓厚的特殊主义的对待方式，甚至可以说，关系本身就是特殊主义的代名词。尽管中国社会在改革开放之后发生了重大的变化，但关系及其运作模式依然在中国社会生活中发挥着重大影响。在当前社会中，尤其是农村社会，人们遇到困难首先想到的还是“托人情”“找关系”“走后门”。当然，变化还是有的。在今日的中国，关系法则在很多情况下也会遇到挑战。特别是面对市场法则，企业、组织要追求经济效益，这迫使人们不得不在与人打交道时除了考虑双方的关系，还要考虑对方的才干，工作能力在人际交往中显得日益重要。在交往的过程中，那些人品好、能力突出的人往往受到大家的欢迎。

公司、企业和政府部门在招聘员工或提拔员工的时候，出于对经济绩效和提高办事效率的考虑，能力强的人也往往更有机会。

第二，注重人情面子，但也讲求实际。正如明恩溥在《中国人的素质》一书中所说的那样，在中国社会，"面子"最是要紧。"一旦正确理解，面子就是一把钥匙，可以打开中国人许多重要素质这把号码锁"①。中国人的人际交往关系是一种面子的运作关系。在中国人的人际交往中，面子具有重要的社会作用，交往的目的就是保持面子，不丢面子和争取面子。在人际交往中有面子，即表明这个人在社会互动中受到大家的重视，被大家所认可，因而它是一种综合性的社会评价机制。一方面面子是人们身份地位的外在表现形式；另一方面面子又是社会关系网络的结点，是连接个人和社会的枢纽。更为重要的是，它是一种资源，是一种人际资本，可以增值和分享。罗素曾指出："外国人对中国人的'要面子'觉得很可笑。殊不知只有这样才能在社会上形成互相尊敬的风气。每个人，都有面子，即使最卑贱的乞丐。如果你不想违反中国人的伦理准则，那就连乞丐也不能侮辱。……中国人的生活，即便是最现代化的人，比起我们也要有礼得多。这当然影响效率，同样也影响了人际关系的真诚。"②因而，在一个讲究人情的社会中，拉关系、讲面子就成为一套人际互动的指导原则。这一点在当前的中国社会依旧适用。但现在的中国人更多的是把人情面子看成是一种获取资源、地位、声望和权力的工具。也就是说，把人情面子后面的物质目标凸显出来，即是人情面子所能带来的现实利益。正如明恩溥所说的，中国人要面子可以不要脑袋的事情，③在现在看来则难以发生了。因为市场经济的重要动力就是催生了人们对于利益的渴求，覆盖在利益之上的温情脉脉的面纱（人情面子）逐渐被人们所解开。

第三，从相对封闭的关系到开放的关系网络。中国人的人际互动逐渐开始从关系中的较为封闭的血缘、地缘关系走向更为开放的关系网络。所谓关系网络是指人际关系是一个网状的社会结构，个人处于网状社会结构的结点上。这个结点是开放性的，可以参与众多的组织和团体，从而导致个人角色出现多样化、多元化。

---

① 明恩溥：《中国人的素质》，秦悦译，学林出版社 2001 年版，第 8 页。

② 罗素：《中国问题》，秦悦译，学林出版社 1996 年版，第 161—162 页。

③ 明恩溥：《中国人的素质》，秦悦译，学林出版社 2001 年版，第 11 页。

二、人际交往的两面性:债务性与资本性

如果问中国人在人际交往中最害怕的东西是什么,大多数中国人会说是"人情债"。人情债是让中国人非常头痛的问题,不还不行,会被人们视为不通人情;还,又难以计算,"礼好还,人情债难还"。与此同时,中国人在人际交往中又非常喜欢利用人情、依赖人情。中国人在遇到困难时,首先想到的就是通过关系、人情来化解困难、解决困难。就此而言,人情又是一种资本。

笼统地讲,人情是人与人在进行交往和交易时,用来馈赠对方的一种资源。人情不仅包括金钱、财货和各种服务,还包括不易计算的情感性因素,而恰恰是这些不易计算的情感性因素,造成了人情之债。人情债是指人与人的交往中存在着人情的亏欠,使得某些人在人情上成了"负债者"。这种债的形成主要有两类:一是平常时候,个人相互赠送礼物、问候和关照所保持的关系,其通常的运行规则是"礼尚往来";二是当人际交往网络中某个人遇到困境或者遭受到突发性事故的时候,他人施以援手,解人于危难之中,"做人情"给此人,这样,受到援助的人也就欠了援助者的人情。两种人际交往所形成的人情关系都是一种持续的互动关系,并且双方都存在着相应的预期。为了维持这样的关系,人们往往要花费很多的时间、精力、金钱。更为重要的是由于人情的难以计算性,导致回报的困难性,不知用什么来回报,如何回报,回报应该支付多少等,这也是人们畏惧人情债的原因之所在。

在社会交往中人们都不希望成为人情上的负债者。因为欠人情不仅仅是一种经济上的负担,还是精神和心理上的沉重负担。此外,如前所述,一个人一旦欠下人情债,还会影响到其人格上的独立和自主。《袁氏世范》中曾说:"居乡及在旅,不敢轻受人之恩,方吾未达时,熟人之恩,每见其人,常怀敬畏,而其人亦以有恩在我,常有德色。及吾荣达之后,遍报,则有所不及。不报,则为亏义。前辈见人仕宦,而广求知己,戒之曰:'受恩多则难以立朝',宜详味此。"①

但是,在一个人情社会中,人们即使想逃避人情都很困难。一是人情无处不在,防不胜防;二是假如你逃脱了人情,往往也就意味着彼此的关系也完结。如别人请客吃饭,你每次都不去,其目的可能是不欠人情,但人家会觉得你不通人情、不给面子,往往以后就不跟你交往了。

① 金耀基:《人际关系中人情之分析》,载:杨国枢:《中国人的心理》,凤凰出版传媒集团、江苏教育出版社2006年版,第73页。

不过，人情尽管有“债务”的一面，但它也具有社会资本的特性的另一面，不仅可以获取资源还可以增值。人情的社会资本效应主要体现在社会交往中，特别是社会交换过程中。首先，它可以有效地节省交易成本，有了关系、卖了人情，复杂的事情可以变得简单，原来办不成的事情现在就可以办成了，这是中国人在遇到问题时总会想到人际关系网络的基本原因。其次，人际关系网络可以大大提高信息的利用率，增加获得机会的可能性。在现实中，利用信息优势获取机会，往往需要多种资源投入。在许多情况下某人可能拥有某种信息的优势，他本人可能不拥有把这种信息优势转化为现实机会的相关资源，但是如果他有自己的关系网络和圈子，就有可能把这种信息优势转化为现实的机会利益。再次，具有人情关系的交往网络中人与人之间一般具有较高的信任度，而信任是有效合作的前提。在当前制度诚信还不健全，监管机制还不够充分的情况下，人际交往网络是提高人们应对社会风险的重要机制。为何家族制企业在中国能够兴盛不衰，很重要的原因就在于家族内部的人际信任。

人情作为一种社会资本表现为人与人之间的关系，它既不依附于独立的个人，也不存在于物质生产过程之中。它是无形的，是一种能感觉得到，却看不见、摸不着的东西。作为一种依存于人与人之间并且以人与人之间的关系来表现的社会资本，人情资本的增值性主要表现在它的推延拓展性上，即它一旦形成，就不仅只有一个人能使用它，而且和自己处于紧密关系中的人都有机会使用它，这也就是所谓的“朋友的朋友是朋友”。

人情关系既有“债务”的一面，又有“资本”的一面。而对于处于具体关系网络的特定当事人而言，究竟是“债务”的意味更重，还是资本的意味更重，在很大程度上就要看这个人的具体处境和人情运作手段了。

第五节　中国社会中的人际信任

信任不论在中国还是在西方，都是人们关注的重要问题。所不同的是西方的信任更多地建立在契约基础之上，并由法律来保证，是一种制度信任，具有一定的客观形式和普遍主义色彩。而中国人的人际信任关系则不同，它带有很强的特殊主义和主观性色彩。

一、关于中国人信任观的研究

关于传统中国人习惯于“信任谁”及其“信任模式”的问题一直以来吸引着大

量研究者的注意。马克斯·韦伯认为，中国人的信任是建立在血缘共同体基础之上的，即建立在家族亲戚或准亲戚关系上的，是难以普遍化的特殊信任。[1] 弗朗西斯·福山也认为“华人本身强烈地倾向于只信任与自己有血缘关系的人，而不信任家庭和亲属以外的人”。并认为这样的低信任社会文化不利于企业走向专业管理。[2] 这些外国学者对传统中国人际信任的研究，所得出的结论基本上都是，传统中国人的信任对象是家族、宗族等血缘关系成员，对“外人”和陌生人具有普遍的不信任感，因而中国人的信任关系具有特殊主义的倾向。

中国本土学者对于中国人之信任观和信任模式也多有探讨。费孝通先生在《乡土中国》中提出“差序格局”这一概念的同时，也用这个概念解释了中国人的信任模式。这个解释包括了四个同等重要的方面：第一，信任的差序格局是以关系进行划分的，关系可以是情感性的，也可以是工具性的，血缘、业缘、地缘、趣缘等应该被综合考量，而不是仅仅以血缘为核心。第二，每个人以自己为中心，按关系强弱程度画出一个个圈子，圈子里的人被称为自己人，圈外的人则是外人。对自己人远比对外人信任，对内群体的人比对外群体的人信任，内群体和外群体的划分不但是交往关系的，也是心理认同、情感的。第三，圈内人和圈外人并不是固定化的，是可以相互转化的，圈外人可以转化成圈内人，圈内人也可以转化成圈外人，这考虑到了信任研究中的时间因素，随着交往的不断发展，一些人被淘汰出社会信任圈子，另一些人被吸纳进来了，以前不怎么信任的有可能随着交往的深入而信任了，以前信任的也有可能随着深入的了解而不信任了。第四，信任的差序格局是指向具体事件的，在特定的事情上，信任格局也会发生微妙的变化。

我国台湾学者陈介玄和高承恕通过对中国人信任格局的研究，认为中国人的信任是一种针对特定个人的亲近、熟悉所衍生的信任。这与西方基于契约所界定的权利与义务观念而生的信任是相当不同的。中国人的这种“人际信任”是由“亲”而“信”。换句话说，其信任的建立是特定的、主观的，而不是基于客观的判断。不过中国人在这里所谓的“亲”并不局限于“血亲”或“姻亲”。举凡好朋友、好同事、好部属，只要经过相当时间的亲近与互动，都可能由“疏”而“亲”，

① 马克斯·韦伯：《儒教与道教》，洪天富译，江苏人民出版社 2003 年版。

② 弗朗西斯·福山：《信任：社会美德与创造经济繁荣》，彭志华译，海南出版社 2001 年版，第 74 页。

由"远"而"近"。① 这实际上是说中国人的信任是可以通过亲近和熟悉来获得的。而亲近和熟悉又是怎么来的呢？在中国人看来，血缘关系和姻亲关系是最亲近的群体，所以诸如家庭、家族、姻亲关系就成为人们信任的基础；而熟悉主要是通过某一个过程，来全面熟悉某一个人的人格品质、道德修养、诚信状况等，它关注的是人格，而不是西方人所说的角色。"亲近是通过血亲与姻亲的关系，而熟悉则通过同学、同事、朋友的关系；前者具有必然结合的特性，后者则具有选择结合的特性。"②

杨中芳、彭泗清则认为，中国人的人际信任实际上是一种建立在义务基础上的人际信任模式。他们把人际关系成分分为三类，即既定成分、工具成分、感情成分，每一类成分对应一种人际信任关系。在这一模式中，信任的进展是随着人际关系的进展而来的，而人际关系的进展又是在双方相互表达了自己老实，及有诚意和诚心之后，才逐渐深入。因此人品好的人，他会不计较得失地去履行这些义务，遂启动了人际关系及信任的良性循环。之后，在每一个人际关系阶段，人品这一特质都使他称职地去履行那一阶段所必须尽的义务及责任。所以在这一以义务为基础的信任模式中，人品的评价是唯一的也是最重要的个人信任因素（见表 6-2）。③

表 6-2　人际关系与人际信任

人际关系成分	信任来源	所需之诚信	表现诚信之行为	关系/信任进展
既定成分	角色义务之履行	老实	依礼而行	知根知底
工具成分	互惠、人情义务之履行	诚意	有条件地付出，但不会只争取自己最大利益	知人知面
感情成分	互助奉献义务之履行	诚心	无条件付出，必要时牺牲自身利益	知己知心

① 陈介玄、高承恕：《台湾企业运作的社会秩序：人情关系与法律》，《东海学报》，1991年，总第 32 期。

② 彭怀真：《台湾企业业主的关系及其转变　一个社会学的分析》，载：李原主编：《中国社会心理学评论》（第三辑），社会科学文献出版社 2006 年版，第 25 页。

③ 杨中芳、彭泗清：《中国人人际信任的概念化：一个人际关系的观点》，《社会学研究》，1999 年第 2 期。

二、传统文化中的人际信任

在传统儒家思想中，人与人之间讲诚信是一个基本的道德规范，是儒家伦理思想的重要基石，对此儒家学说做了大量的论述。《论语·为政》中说："人而无信，不知其可也。"《论语·卫灵公》中又说："言忠信，行笃敬，虽蛮貊之邦，行矣。""诚"甚至被视为贯穿天地万事万物的基本准则，是天地之道，为人之本。《孟子·离娄上》指出："诚者，天之道也；思诚者，人之道也。至诚而不动者，未之有也；不诚，未有能动者也。"《荀子·离娄上》也说："天地为大矣，不诚则不能化万物；圣人为知矣，不诚则不能化万民；父子为亲矣，不诚则疏；君上为尊矣，不诚则卑。"

对如何讲诚信，儒家一般强调的是单方的自我守信的义务。但实际上，只要每个人都自我守信了，就等于人人守信了，而只要人人守信了，那么相互信任就是必然的结果。由此我们可以归纳出儒家思想的信任观，即以对人的潜在美德和道德至善性的相信为基本信念，来启动人际交往中的相互信任机制，先由自己的诚信来取得对方的信任，然后对方以诚信回报，进而赢得自己真正的信任。

三、转型时期的人际信任

传统中国是一个以"农耕经济"为基础的乡土社会，在这样的社会形态中，人们的生活是相对稳定的，缺乏流动性的。这种稳定性要求人们重视血缘、地缘及其姻亲关系网络，并发展出一套礼仪来规范这些关系。在这样一个缺乏竞争和流动的社会中，人们依靠这个网络就可以很好地来处理社会和家庭事务，而人们的信任关系一般也局限在这个网络之内。但改革开放之后，中国社会发生了巨变，市场经济的一个重大特征就是竞争的加剧和社会流动的增强，那种"生于斯、死于斯"的生活逐渐退出历史舞台。在传统的社会结构发生转型的阶段，信任关系也面临着巨大的危机。我们被抛在急速流动的社会中，我们发现社会每一天都在发生变化，越来越多的新鲜事和陌生人走进了我们的生活，我们开始从一个熟人的社会进入一个陌生人的社会。在与越来越多的陌生人进行交往和参与到新鲜事中的时候，我们也越来越意识到一个问题，就是我们是否能够信任他们。

与此同时，在转型社会，社会结构和经济体制发生了重大的变化，而与之相适应的社会规范却并没有随之建立起来，这导致了诸如假冒伪劣、欺诈蒙骗、贪污腐败等各种社会阴暗现象层出不穷。这些社会现象严重地腐蚀着当今中国人的人际信任感。事实上，信任问题之所以在今天引起人们的高度关注，很大程度上就是因为，人们一方面认识到健康的市场经济依赖于信任，另一方面却恰恰看到今日中国社会正面临着深刻的信任危机。

笼统地概括，今日中国社会之人际信任大体上呈现出以下几个方面的状况：

第一，关系依旧是产生人际信任的重要因素，甚至是最重要的因素。不过，在社会中一再出现"杀熟"现象（见下文）的情况下，即使是熟人关系，也已不能确保人们之间的相互信任了。今日中国人在处理、应对人际交往中的第一反应是怀疑和设防，而不是信任与坦诚。所谓"相信是赌博，怀疑是理性"。

第二，建基于关系之上的信任趋于崩解导致人们对建立制度信任的更迫切需求。应该说，在今日中国，尽管制度建设慢于经济和社会发展，但基本的制度框架已经建立，一些基本的游戏规则已为人们所熟知，人们逐渐地习惯于在游戏规则中行事。相应地，制度信任在中国社会已有所提升，但必须看到，由于法治的不到位等因素的影响，制度信任还处于初级阶段，还远未成熟，并且面临着诸多障碍。

第三，信任的情境性要素凸显。在传统中国，人与人之间的信任往往建立在对其人格的全面熟知基础上，基于一种道德上和人品上的信任关系。现在，人们意识到，个体所扮演的角色是多面性的，是一个角色集，为此对人的信任必须建立在相应的情境基础之上。在某些任务环境下，其是值得信赖的，在其他任务环境下，他可能就不值得信任了。

四、"杀熟"现象

今日中国社会所面临的信任危机最典型、最集中地反映在"杀熟"这种现象中。

中国人往往采用两分法来区分人际关系，即熟人和陌生人。熟人一般是圈内的人，是相互合作和彼此互惠的对象，一般往往也被认为是值得信赖的对象；而陌生人则是圈外的，是排斥的对象，通常也是疑忌的对象而非信赖的对象。受这种习惯思维的影响，人们往往对熟人，如亲、朋、故、旧等，不假思索地给予信任。但在今天的商品经济大潮中，却常常发生这样的现象，即人们常常上他们熟人的当，受老乡、同事、朋友等的骗，这就是所谓的"杀熟"。如一度在国内非常"红火"的各种传销，其开始都是借助于熟人之间的信任关系，在熟人之间展开，其结果却往往以“杀熟”而告终。“杀熟”的本质，就是利用熟人的信任而损害熟人的利益为自己牟利。因此，“杀熟”对于人际信任的破坏是根本性的。

为何在今日中国社会会发生这种“杀熟”现象呢？尽管有学者认为，“杀熟”既有生物学的根源，也有社会历史的渊源（“单位”是不信任的温床，“政治揭发”是杀熟的开端），①不过，“杀熟”现象在今日中国变得越来越常见，应该说与今日中国社会的转型还是有一定关系的：

第一，熟人关系受到市场经济中工具理性的消解。在传统社会中，熟人关系是沿着血缘、地缘的路径而生成的，受传统社会结构的影响，熟人之间关系的运作，包括经济活动，基本上是在儒家伦理中展开的，它不可避免地要受到人情法则的制约，“杀熟”现象一般很少出现。但在当前社会转型的过程中，当追求经济利益和价值成为个人的普遍目标时，工具理性中的计算、预期、成本—收益最大化等就会对人情法则构成消解作用，在一定环境下，就可能促使人们去利用熟人关系来牟取自己的私利。

第二，在市场环境下所建构起来的熟人关系本身情感性有限，关系薄弱。随着社会的流动加剧，新的人际关系不断生成，包括各种新的熟人关系。但是这种新生成的熟人关系与传统社会的熟人生成机制是不同的，它基本上是个体在社会流动中基于工具理性去结识的，如为了生意的往来而做所谓的感情投资、为了获取某些资源而进行的交往等。这不是一种基于血缘、地缘等先赋性关系基础之上的情感关系，而是通过自身努力而与陌生人建构起来的所谓熟人关系，因而这种关系实际上缺乏牢固的情感基础，这也容易导致“杀熟”现象的产生。

① 郑也夫：《走向杀熟之路》，载：郑也夫、彭泗清等：《中国社会中的信任》，中国城市出版社2003年版。

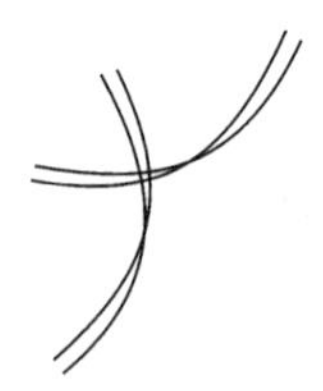

第七章 中国人的群体心理

人们因频繁的社会交往、共同的活动、共同的背景等而形成群体，从而产生群体心理现象。作为社会心理学的一个重要研究领域，群体心理学的研究在西方已有100多年的历史，其研究对象亦经历了从一开始所聚焦的民族、群众等大群体到后来的小群体再到大众乃至分众的变迁。华人社会对群体心理学的关注始于20世纪70年代，主要由港台学者所推动。内地社会心理学恢复重建后，特别是在20世纪90年代后，对于中国人群体心理的研究也越来越引起内地学者的关注。

第一节 群体心理研究概述

一、群体心理的含义

所谓群体心理就是人们结成群体时所产生的心理现象和心理状态，如暗示、模仿、从众、心理气氛、感染、谣言、风气、社会偏见、集体牢骚、风俗、传统等，都属于该范畴。人，总要生活在一定的社会环境中，总要与别的人形成一定的社会关系，参与一定的群体生活。并且，由于人的身份地位的多维性（如经济和政治身份，种族或民族身份，以及社区归属、年龄阶段、性别、职业、血缘、兴趣、信仰归属等），以及社会活动的丰富性，因而，一个人通常要加入不止一个群体。亚里士多德说，人是群居的动物，社会群体生活是人最基本的存在形式。由此，群体心理，作为人的社会心理的重要方面，也就成为社会心理学研究的重要领域。

从形态角度上来说，群体心理主要有两种类型：一是在长期的社会群体生活过程中沉淀下来的稳定的习俗和传统，如各地的风俗、习惯、社会偏见和思维方式等，它是文化和历史传统的心理积淀。二是随着社会历史变迁和群体自身发展而产生的各种心理反应，如风气、情绪、舆论、时尚、心理气氛、群体内人际关系、群体斗志、群体凝聚力等，它们是社会历史变迁的重要反映。

一般来说，群体心理具有以下五个方面的明显特征：

第一，整合性。群体心理是建立在群体生活的一般原则基础之上的，这些一般原则是一个有机的系统，在很大程度上有独立于个体的发展趋势和结构而塑造个体成员的力量，因而它具有社会整合性。

第二，自发性。一般的群体心理是自发产生的，是在历史和社会发展过程中自然而然产生的，特别是在一些自然发生的群体如家族、宗族以及大量的非正式群体中，群体心理的这种自发性更加突出。当然，即使是在为某个特定的目标而有意识组建的正式群体中，在群体活动过程中，一系列群体心理现象也会自发地产生。

第三，感染性。这尤其体现在情绪、情感反应上。情绪是人的一种近乎自然的反应，如高兴、快乐、哭泣、悲伤、难过、喜欢、仇恨、厌恶等，但个体的情绪并不是独立存在的，它会受到他人和群体的影响，即群体心理对群体成员具有情绪感染作用。

第四，暗示性。群体中大多数成员或其中有威望的成员的心理与行为对其他成员具有明显的影响，这种影响往往表现为其他成员无批判地接受他们所提供的信息。

第五，稳定性。尽管群体心理会随着社会历史的发展和群体本身的发展而发生某些变化，但从一定的历史时期来看，群体心理具有相对的稳定性，如各个民族独特的习俗和思维方式、情绪反应模式、人际关系、凝聚力等。

二、群体心理研究的历史

如上所述，西方社会心理学研究群体心理问题已有不短的历史。早期社会心理学偏重于研究民族、群众这样一些大型群体。拉扎鲁斯(M. Lazarus)和斯坦塔尔(H. Steinthal)是民族心理学的最早倡导者。1859 年，他们创办了《民族心理学和语言学》杂志，并发表了“民族心理学序言”，认为社会心理学的任务是从心理方面认识民族精神的本质，揭示民族精神活动的规律。现代实验心理学的奠基人冯特(W. Wundt)发展了民族心理学思想，提出民族心理学应当采用不同于作为实验科学的生理心理学的方法，即通过分析文化产品——语言、神话、风俗习惯、艺术等来研究民族心理问题，并于 1900—1920 年出版了 10 卷集的《民族心理学》。关于群众心理学，塔德(G. Trade)于1890年出版了《模仿律》，认为只有借助于模仿的思想，才能解释人的社会行为。1891年，西格尔(S. Siegel)出版了《犯罪的群众》。1895年，勒朋(G. Lebon)发表了《群众心理学》。他认为，群众是冲动的、无理性的、缺乏责任感的、愚蠢的，个体一旦参加到群众之中，由于匿名、感染、暗示等因素的作用，就会丧失理性和责任感，表现出冲动的、凶残的反社会行为。1908年，麦独孤发表《社会心理学导论》，提出社会行为本能理论，以人天生有结群本能来解释人们的结成群体问题。这些早期学者提出的有些思想，如模仿、个性消失、群众极端化等观点，直到现在，还在社会心理学领域具有一定影响。

第一次世界大战后，实验方法进入社会心理学，致使社会心理学中的群体研究转而侧重于小群体问题。围绕小群体问题的研究大致可以归纳为几个方面：社会促进和社会抑制、顺从、群体凝聚力及其测量、群体领导等问题；群体思维、群体决策、群体极端化等。有关小群体问题的研究，大都遵循三个方向进行：(1)社会测量学派。社会测量学是由莫里诺(J. Morenno)所倡导的，着重测量群体成员之间在情感方面的人际关系，以及个人对群体其他成员的肯定评价或否定评价水平。(2)社会学派。其代表人是梅奥(E. Myao)，他在霍桑实验的基础上，提出人际相互关系理论。这一研究方向主要是分析小群体中的两类群体结构——正式结构和非正式结构，揭示这两类群体结构在群体管理中的意义。(3)群体动力学派。其代表人是勒温。他把场论应用于小群体研究，认为群体所具有的某些特征并不是它的各个部分之和。群体不是人们的简单集合，而是一个动力整体，是一个系统，其中某一部分的变化也会导致其他部分的状态发生变化。因此，不能借助于分析群体中的个体情况来达到对整个群体的分析。此外，也还有些小群体研究是在精神分析、相互作用论的观点指导下进行的。

从20世纪下半叶开始，与大众传媒的发展相应，诸如时尚、流言、舆论、恐慌等大众社会心理现象开始引起社会心理学家们的高度兴趣和关注。而随着互联网的发展，到20世纪末，所谓分众现象也开始进入社会心理学者们的视野。

华人社会对群体心理的研究，始于对西方社会心理学中国化或本土化的思考。杨国枢和文崇一在20世纪80年代就提出："我们所探讨的对象虽然是中国社会与中国社会的中国人，所采用的理论与方法却几乎全是西方的或西方式的。在日常生活中，我们是中国人；在从事研究工作时，我们却变成了西方人。”[①]而要在从事研究工作时也成为“中国人”，首先无疑必须研究中国人的社会心理，而要研究中国人的社会心理，就不能绕开中国人的群体心理与行为。于是，此后的二十多年来，在人文和社会科学界，一大批中国学者，以及海外的中国研究学者，先后对中国人的群体心理进行了相关研究，并提出了一些理解、解释的模式。如何友晖的“集体主义取向”与“关系取向”，杨国枢的“他人取向”与“社会取向”，黄光国的“人情与面子模式”，杨中芳的“以个人主义为中心的取向”，余英时的“个人主义”，等等。

这足以表明中国人群体心理的复杂性，下面几节我们将具体分析中国人群体心理的复杂性这一问题。

第二节　集体取向、自我取向与中国人

如上所述，二二十年来，许多学者在对中国人群体心理的研究中提出了一系列不同的理解、解释模式。随着这些模式的提出，学者们很快发现，在讨论中国人的群体心理时，往往会陷入自我取向和集体取向之争，也即中国人在群体中的行为反应到底是集体主义取向的还是个体主义取向的。在这场争论中，一位我国台湾学者和一位香港学者的观点颇具代表性。1988 年，杨国枢在“中国、日本、印度之人格观念讨论会”月会上说，如果西方的心理学完全不存在，而由中国学者自行发展出一种现代心理学，那会是一种什么样的心理学？可能是一种偏向集体主义的心理学。[②] 但杨中芳却在 1992 年的“中国人的价值观国际研讨会”上对杨国枢的模式提出了诘难。在其《中国人真是“集体主义”的吗？——试论文化、价值与个体的关系》[③]一文中，她列举了不少世界著名学者对这一命题所持的反对意见和论据，并提出中国人的心理取向是以个人主义为中心的自我取向模式。两个针锋相对的观点都得到了一大批研究者的支持和响应，他们

① 杨国枢、文崇一：《社会及行为科学研究的中国化》，台湾“中研院”民族学研究所 1982 年版。

② 杨国枢：《我们为什么要建立中国人的本土心理学》，《本土心理学研究》，1993 年创刊号。

③ 杨中芳：《中国人真是“集体主义”的吗？——试论文化、价值与个体的关系》，载：杨宜音主编：《中国社会心理学评论》(第一辑)，社会科学文献出版社 2005 年版，第 55 页。

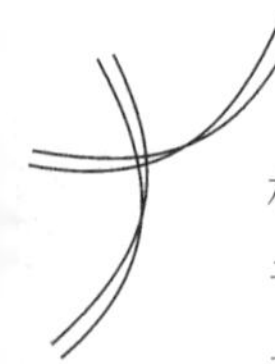

相互提出观点和论据，企图说服另一派，但结果往往都是莫衷一是。那么，相对于西方人的个人主义和日本人的集体主义，中国人到底属于哪一种心理取向？本节就来讨论这个问题。

一、中国人是集体取向的吗？

有人指出，集体取向与自我取向实际上就是要探讨个人和集体的关系，而这一关系事实上包含着七个要素：(1)个人和集体(社会)，哪个为先，哪个为重；(2)自我取向还是他人(社会)取向，重自我，还是重他人；(3)个人人格及其行为表现是受到尊重，还是受到抑制；(4)个人是自主性的，还是依赖性的；(5)个人利益高于集体利益，还是集体利益高于个人利益；(6)地位等级观念弱还是强；(7)人际关系倾向紧张还是倾向和谐。① 所谓集体取向是指在处理个人与集体(社会)关系时，以集体为重，维护集体的利益，节制自身的欲望，并遵守既有的社会规范和秩序。按照一些研究者的看法，中国人的集体取向具有双重内涵：一是从文化层次上看，强调"以国家、社会、集体及其单位为重"的原则，通过文化和社会道德体系来灌输这套思想体系，从而实现团结一致的社会行动，它往往体现为精神的驱动力量，使得个体在选择行动时以维护集体利益为出发点，如爱国主义、民族主义等；二是从个人层次上看，区分哪些为集体利益、哪些为个人利益，然后确立自身的行动规则，要以自觉维护集体和社会利益为荣，节制自身的欲望和需求，在遇到个人利益与集体利益相矛盾的地方，要自觉维护集体的利益，如古代中国人的婚嫁往往以家族利益为出发点，很少考虑个人的实际需求。在中国，人们对集体优先性的考虑有非常多的描述，如"大河无水小河干""锅里有肉，不怕碗里无荤""众人拾柴火焰高""细麻搓成绳，力可吊千斤"等。

如何友晖认为，在中国文化中，集体主义的价值体系有三大特点：②

第一，个体认为自己的幸福及安全是更大的社会单位所给予的。

第二，一个个体的社会单位的利益，应该位于它内部的小群体或个人的利益之上，并包括或者说整合其内部的小群体或个人的利益。这并不否认个体追

---

① 翟学伟：《人情、面子与权力的再生产》，北京大学出版社 2005 年版，第 184 页。

② Ho, D. Y. F., "Psychological Implications of Collectivism: With Special Reference to the Chinese Case and Maoist Dialectics", In: L. Eckensberger, W. Lonner, & Y. Poortinga (eds.), Cross-cultural Contributions to Psychology. Amsterdam: Swets & Zeitlinger, 1979, 143-150.

求自己的幸福及利益，而是说维系整体的利益可以使个体利益获得保障。

第三，个体与团体的关系是互报及互赖的。也就是说，只有个体将社会利益放在个体利益之上，社会利益才能成为个体利益的保障。但是如果社会不能给予个体幸福及利益，个体也不会将社会利益放于个体利益之上。

而李庆善则从个体层次来理解中国人的集体取向，认为中国人具有集体主义人格，即"集体人"，它体现为以下六个特征：①

第一，追求集体发展，认同集体目标为个人目标，具有强旺的追求集体卓越的成就动机。在集体目标之外，不再认同别的目标；集体的成功就是个人的成功。个人在集体发展和成功中会感到快慰、自豪和荣光。

第二，追求集体内部的和谐与团结，对不和及涣散十分敏感；极力避免矛盾冲突，千方百计地逃避争斗和分裂；以和气、合群、人缘好、善处、宽容、不挑剔、不攻击作为做人处事的规范。

第三，归属感强烈。关注集体的评价和舆论，重视集体的感受和气氛，不断修正自己的认知、态度和言谈举止，力争被集体所认同和悦纳；一旦发觉自己不被集体承认、认同、接受、关心和爱护，便产生强烈的孤独感、失落感、无用感，甚至产生更严重的认知和情感方面的危机。

第四，迷信和崇拜集体权威。遵从权威指令，无条件接受权威的安排，惟权威之是所是，惟权威之非所非，对权威没有任何怀疑和批评；迎合、巴结权威，投权威之所好，讳权威之所忌，甚至阿谀奉承，溜须拍马。

第五，与人善处。以谦虚、和气、宽容、忍让和自责的态度待人；重视他人的反馈，顾虑人意，用心猜测别人的真实意图，尽量避免与人矛盾冲突；讲究做人的策略和技巧，顺情做事，顺势说话，不违人意，有"大事化小，小事化了"的功夫。

第六，长于自抑，重视修养。时时注意抑制自己的欲望、情绪和行为；经常放弃、修正自己的思想、态度和意见；并能自然地进行"印象整饰"，总是展示给社会一个好印象。

总之，在包括上述几位学者在内的一些人看来，中国人具有明显的集体主义取向。并且，如果总括这些研究者的观点，则大体上，在他们看来，中国人的集体主义取向主要表现在以下五个方面：

一是家族主义的集体取向。传统中国社会是以家族主义为基础的社会，家

① 李庆善：《中国人新论——从民谚看民心》，中国社会科学出版社 1996 年版，第 49—50 页。

族是社会结构的基础。家族主义的集体取向是指在对待个体与家族关系时，以家族为重，先替家族着想，而把个人利益放在次要位置上，甚至在某些时候要牺牲个人利益来满足家族利益。在家族主义取向下，家族成为中国人生活圈的主要组成部分，个人在家族中生活，须在认知、情感和意愿三方面履行其功能。在认知方面，个人要努力维系家族的延续、家族的和谐、家族的团结、家族的富足和家族的荣誉，如中国人所讲的“家和万事兴”等说的就是这个意思；在情感方面，个人要对家族有一体感、归属感、荣辱感、责任感和安全感，如中国人所讲的“金窝银窝不如自家的狗窝”“好狗护三邻，好汉护三村”等；在意愿方面，个人要繁衍子嗣、崇拜祖先、相互依赖、忍耐抑制、谦让顺同、为家奋斗、长幼有序及内外有别等。

二是权威主义的集体取向。权威是指掌握一定权力的人所具有的社会威望和威信。权威主义的集体取向是指个体在处理他与权威者之间的关系时，以尊重权威者为重为先，个体要服从权威者。在传统中国社会，个体对权威者的服从，主要表现为：(1)权威泛化。即根据社会的各种衡量标准，把权威的范畴扩大。如在性别层面上，男性就处于权威者角色；在年龄层面上，年长者就被视为权威；在社会地位层面上，地位高的人，如皇帝、大臣、官员、各种各样组织的头目，就被视为天然的权威者；在辈分层面上，辈分高者为权威；在职业层面上，传统的排列次序是士农工商，士处于首位，理所当然成为权威者；在居住环境层面上，越靠近权力中心的居住者越权威，如北京的居住者；在学历层面上，学位高者也往往以权威者身份处之。这导致的后果是，中国人要与别人处理人际关系时，首先要谨小慎微，弄清楚别人的身份，亦即与他交往的人处于什么样的社会地位，然后根据上下尊卑之分来行事，避免触犯权威者和长者。(2)迷信和崇拜权威。中国人往往把权威神圣化、绝对化和偶像化，认为权威都是对的，不容置疑的。一旦某人成为权威者，就必须无条件地服从，不允许存在批评的意见。同时会把权威者无限地加以扩大化，成为一种全能型的权威。如中国的某个专家一旦在国外得了奖回来，中国人便会把他无限地加以扩大，使之成为无所不能的专家，成为一个完人，并精通于所有领域。(3)依赖权威者。权威者既然是可信的、全能的，那么人们自然而然就会在心理和行为上形成对权威者的依赖感。由于权威无所不能，自己又无法与之相比，那么顺从权威就是必然的结果。同时，由于权威者是各种资源的掌握者或支配者，以顺从的态度讨好权威者，也是使自己获得资源和酬赏的较好办法。

三是他人主义的集体取向。他人取向是指中国人在心理与行为上甚易受到他人影响的一种强烈趋向——对他人的意见、标准、褒贬、批评特别敏感而重视，在心理上希望在他人心目中留下良好印象，在行为上则努力与别人相一致。[①] 他人主义的集体取向导致的结果往往是从众，因为人们在与他人处理关系时，要尽量避免与他人观点、行为和思考方式的不同，以防止自己的行为遭受到别人的讽刺、讥笑或者不予认同等。为此，在与他人交往和处理人际关系时，关注别人、顺从他人、注重社会规范，是人们赢取他人好感的重要基础，也可避免不必要的麻烦。具体来讲，人们往往对他人的意见非常敏感，要花大量的时间来留心别人对自己的看法，同时也会非常注重社会的一般规范，因为这些规范代表着社会的评价标准，切不可标新立异。进而，要在社会交往过程中做到求同存异，尽量寻找共同点，顺从大多数人的想法。一旦人们发现自己的思想和行为与他人不同，便会深感不安，产生失落感、悔恨感和孤独感，因而会去修正自己的错误；相反，一旦人们发现自己的思想和行为与他人相同，便会感到轻松自如，感觉自己获得了认同，会有一种成就感。

四是群体主义的集体取向。尽管传统中国社会是以家族为基础而构成的社会，但人要在社会中生存和发展，其行为必然要跃出家族的范围，进入到新的社会群体中来，如地缘关系结成的群体——老乡与邻里，业缘关系结成的群体——同事与同业，或者情感关系结成的群体——朋友与校友等。群体主义的集体取向是指在处理个人与群体关系时，以群体利益为重，个体利益次之。中国人时常说的“胳膊肘向里弯”“为朋友两肋插刀”说的就是这个意思。在新中国成立之后，“单位”成为一个新的统合人们集体取向的组织方式。它以人们的就业场所为基本的组成单元，把生产分类管理制度（或其他专业管理制度）、人事制度、财务制度、户籍管理制度、社会保障制度、政治和意识形态贯彻制度汇集其中。由此，单位不仅仅是广义生产（私人性商品、劳务、公共物品）组织，也不仅仅是公有制体制内人员的就业场所，更是作为社会控制和整合的权威制度的一部分，同时还是社会福利和社会保障制度的主要部分，具有经济生产组织、政治与行政组织、社会管理组织的三重功能。在单位社会中，人们在处理个人利益与单位利益时，须以单位利益为重为先，个人利益必须满足单位利益，当两者发生冲突时，要牺牲个人利益来满足单位利益。在这一时期，社会道德规范强调以单位利益、国家利益为重，弘扬的是雷锋、大庆铁人王进喜这样的无私奉献精神。

---

① 杨国枢：《中国人的社会取向：社会互动的观点》，载：杨宜音主编：《中国社会心理学评论》（第一辑），社会科学文献出版社 2005 年版，第 38 页。

五是顺从道德规范的集体取向。中国传统社会在政治上强调德治，在社会上颂扬德行，在经济上要求区分义利，个体从小就被灌输一套儒家忠孝仁义的思想。其主要内容是：节制自身，遵从已有的社会规范；要处处替他人考虑问题，做到己所不欲勿施于人；用谦逊的态度去处理人际关系等。国家通过制度化和规范化，把这一套儒家传统道德思想上升为国家的道德治理术，使人们内化逐渐形成顺从封建道德规范的臣民。新中国成立后，提倡社会主义的集体道德观念。集体主义道德原则的基本点是：(1)从无产阶级和人民的利益出发，坚持集体利益高于个人利益。(2)在保证集体利益的前提下，把集体利益和个人利益结合起来。(3)在二者发生矛盾时，个人利益必须无条件服从集体利益。这样一套社会主义的道德规范，依旧是强调集体主义取向，如果说与儒家传统道德有所不同，那么不同点就在于集体的单位不同，一个是儒家的国家和家族，一个是以社会主义国家为单位的。

二、中国人是自我取向的吗？

与上述认为中国人具有集体主义取向的观点相反，也有不少人认为中国人是自我取向的。所谓自我取向是指在处理个人与集体(社会)关系时，以个人利益为重为先，首先维护和保障的是个人的利益和自主性，然后再考虑集体的利益和需要。费孝通在提出其著名的差序格局时指出："在这种富有伸缩性的网络里，随时随地是有一个'己'做中心的。这并不是个人主义，而是自我主义。个人是对团体而言的，是分子对全体。在个人主义下，一方面是平等观念，指在同一团体中各分子的地位相等，个人不能侵犯大家的权利；另一方面是宪法观念，指团体不能抹杀个人，只能在个人们所愿意交出的一份权利上控制个人。这些观念必须先假定了团体的存在。在我们中国传统思想里是没有这一套的，因为我们所有的是自我主义，一切价值是以'己'作为中心主义的。"①显然，费孝通并不认为中国人是集体主义的，在他看来，中国人是以己为中心的自我主义。

余英时从价值层面的角度佐证了费孝通的自我取向思想。他指出："'礼'虽然有重秩序的一面，但其基础却在个人，而且特别考虑到个人的特殊情况。从这一点说，我们不妨称它为个人主义，不过这里所用的名词不是英文的individualism而是personalism，我认为前者应译作个体主义。……这一形态的个人主义使中国人不能适应严格纪律的控制，也不习惯于集体生活。这种精神落

① 费孝通：《乡土中国　生育制度》，北京大学出版社1998年版，第28页。

实下来必然有好有坏。从好处说是中国人爱好自由，但其流弊便是‘散漫’，是‘一盘散沙’，自由散漫几乎可以概括全部中国人的性格。……一个具有自由散漫性格的文化绝不可能是属于集体主义的形态的。”①

新儒家代表人物杜维明也认为，中国传统文化对集体与个体关系的构想，其重心是放在个体身上的。他指出，“严格说起来，儒家学说的出发点是自我修养，而不是社会责任”②。在这样的学说中，人们重视的是个体的修养，承担社会责任只是实现自我修养的途径和过程。因而，儒家学说中个体并不是完全没有自主性的，特别是道德上的自主性。

在现实生活中，我们也可以发现很多中国人缺乏集体主义的精神，如“各人自扫门前雪，莫管他家瓦上霜”“一个和尚有水喝，两个和尚抬水喝，三个和尚没水喝”。同时，中国人又极度缺乏公共精神，所谓“事不关己，高高挂起”。他们关心的只是自己和自己的财产，“天下兴亡，匹夫有责”变成了“天下兴亡，人人无责”，因为责任不能落实到个人，导致人人只做自己的事，缺乏公共责任。“不在其位，不谋其政”，表达了人们对待公共事务的态度。不仅对待公共事务如此，在家庭和家族生活内部，中国人也存在着明显的自我取向，正如谚语所说的，“夫妻本是同林鸟，大难临头各自飞”。夫妻尚且如此，更何况是其他社会组织呢！

如此看来，中国人又具有明显的自我取向。按照包括上述这些学者在内的一些人的观点，中国人的自我取向还表现出以下四个方面的特征：

第一，中国人的自我取向是差序性的，其核心是“私”。中国社会与西方社会不同，西方社会在个人与集体之间存在着明确的界限，人们很容易区分个体利益和集体利益，中国社会则不同，人们是生活在各种各样的社会关系网络中的，没有明确的集体与个人之间的划分，两者的利益也难以区分。由此导致的结果是个人从自我这个中心出发来考虑问题，私的东西是他能感受到并能明确把握的东西，为此，“私”成为他行动的准则。费孝通认为，“我们一旦明白这个能放能收、能伸能缩的社会范围就可以明白中国传统社会中的私的问题了。我们常常觉得‘中国传统社会里一个人为了自己可以牺牲家，为了家可以牺牲党，为了党可以牺牲国，为了国可以牺牲天下’”。③ 中国人就是这样一层层地从社

① 余英时：《从价值系统看中国传统文化的现代意义》，载：《文化：中国与世界》（第1辑），三联书店1987年版。

② 杜维明：《人性与自我修养》，和平出版社1988年版，第65页。

③ 费孝通：《乡土中国　生育制度》，北京大学出版社1998年版，第29页。

会中剥离出自我来的。

第二,中国人的自我取向是以情境为中心的。中国人时常说,“看菜吃饭”“见人说人话,见鬼说鬼话”“到什么山上,唱什么歌”。中国人为人处世往往要看对象、看场合,也就是说要明白自己处于什么样的情境中,然后依情境行事,其目的是实现人际关系和谐,获取自身好处。

第三,中国人的自我取向在道德上表现出自主性。中国儒家思想强调“存天理灭人欲”,即要消除人的各种本能欲望,实现“仁”的目的。但如何实现仁的目的,儒家认为在于个人的修养和品行。因此,个人要在道德上表现出自主性和追求,以达到“修身、齐家、治国、平天下”的目的。

第四,中国人的自我取向在现实生活中常常表现为内耗。西方的个人主义往往导致人际关系的公开分裂或者各自独立,但中国社会由于存在着血缘关系和各种各样错综复杂的关系网络,使得中国人不敢也不能走向关系的破裂,而要维持面子上的和谐,即“面子上要过得去”。但在背地里,表现出各种内耗行为,其典型心态是“我不行叫你也不行”“我得不到的你也休想得到”。这样的心态,导致中国人在社会生活中表现出“一盘散沙”的状态。

三、集体取向、自我取向和“关系”

两种观点,即认为中国人是集体取向的和认为中国人是自我取向的,尽管截然相对,但似乎都言之有理、持之有故。那么,中国人究竟是集体取向的还是自我取向的呢?要真正回答这个问题,也许还需要大量的实证研究。在此,我们只提示一点也许可以帮助思考的思想进路。

首先,应该看到,真正能够表现出集体取向还是自我取向的场合,是在当个体的真实意见和群体(或代表群体的领导者)的意见发生冲突或至少是不一致的时候。在这种情况,个人是坚持自己的意见,还是自觉遵从集体的意志,就体现出他的基本取向。而究竟表现出集体取向还是自我取向,又和意见对象与个体的利益关联度有紧密关系。通常情况下,可能发生的现象也许是:当利益关联度紧密时,表现出来的集体取向就可能要弱一些,人们更有可能以各种不同的方式坚持表达自己的意见。而当利益关联度很弱时,个体表现出来的“集体取向”就会强一些,也即人们比较容易放弃自己的意见而顺从群体的意见。不过,值得指出的是,这里表现出来的“集体取向”有时可能并不是真正的集体取向,而是“事不关己、高高挂起”式的不参与、不关心、无所谓。

其次,如上所述,当意见对象和自身利益关联度紧密时,个人更有可能坚持表达自己的意见或意志，从而表现出较强的自我取向。但是在不同的情况下，自我取向的表现方式是不一样的，这在很大程度上取决于“关系”，即个人和群体的关系属性。在此，黄光国关于华人社会中冲突化解方式的研究不无启发意义。① 黄光国将个体与之发生冲突的团体分为“纵向内团体”“横向内团体”和“横向外团体”三种类型。当个体面临和这三类群体的冲突事件时，他往往会采取不同的化解方式。一般来说，在化解冲突时，他要选择目标，他可能首先考虑维护群体的和谐关系，也可能首先考虑达成自己个人的目标；他要选择可能采取的“协调”方式；在化解冲突时，他往往还有最可能采取的“优势反应”。在所有这些方面，个体的表现都会因自己与团体关系性质的不同而不同(见表7-1)。在这里，各种“达成个人目标”的方式，事实上就是表现“自我取向”的不同方式；而各种“保持群体和谐”的方式，在表面上也可以理解为“集体取向”的不同表现。不过，需要指出的是，之所以说是“在表面上”，是因为这种面对不同类型的群体时所采取的“保持群体和谐”的方式并不意味着个体完全放弃对达成个人目标的追求，而只不过是以另一种比较“迂回”的方式“婉转”地、不伤面子地表达自己的意志、追求自己的目标而已。

表7-1　华人社会中的冲突化解模式②

	保持群体和谐	达成个人目标	协调方式	优势反应
纵向内群体	顾面子	阳奉阴违	迂回沟通	忍让
横向内群体	给面子	明争暗斗	直接沟通	妥协
横向外群体	争面子	抗争	调解	破裂

第三节　中国人的族人团体和非族人团体

在社会生活中，人们总是要结成各种各样的团体或群体。根据团体的起源或者说维系纽带性质的不同，我们可以将各种各样的团体分为族人团体和非族人团体两类，前者起源于一个共同的祖先，建基于先天的血缘纽带，后者则包括了除前者之外的个体加入的所有其他团体。

---

①② 黄光国：《关系与面子：华人社会中的冲突化解模式》，载：黄光国：《儒家关系主义》，北京大学出版社2006年版。

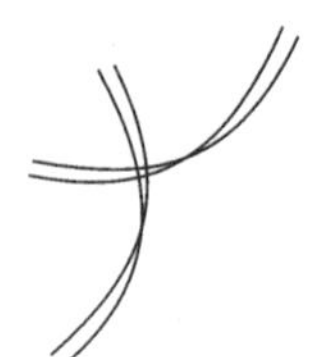

一、族人团体

通常,族人团体被等同于宗族团体。但严格地说,“宗”和“族”是两个不完全等同的范畴。班固在《白虎通》中指出:“宗者,尊也,为先祖主者,宗人之尊也。”“族者何也?族者凑也,聚也,谓恩爱相流凑也,上凑高祖,下至玄孙,一家有吉,百家聚之,合而为亲,生相亲爱,死相哀痛,有合聚之道,故谓之族。”可见,宗与族是有区别的。尽管同宗和同族一般都使用共同的姓氏,并意味着有一个共同的祖先,但同宗者并不一定居住在一起,因而也不一定会构成一个功能性组织。而同族者一般是居住在一起的,并且有更密切的关系,这就是“凑”“聚”的所指。后来,宗与族被连在一起,用来指可以追溯到一个共同祖先并且居住在同一区域的人。与宗族相似的还有一个词,即“家族”。严格地说,宗族与家族也不完全相同。宗族主要是以男性为中心所构成的血缘团体,强调为同一个祖宗所生。家族则包括了男性成员以外的亲属。但正如有研究者指出的那样,考虑到家族和宗族都是由具有血缘关系的同一个男性祖先的子孙为主干构成的事实,以及在传统中国的家庭或家族中总是以男性为中心的,家族和宗族在某种程度上确实可以混用。① 在此我们就采用这一观点,把族人团体定位在家族的意义上来理解,也就是说,在这里,宗族、家族、族人团体是在同一意义上来使用的。

众所周知,族人团体在中国传统社会中具有非常重要、无可替代的地位。这实际上与中国的农耕文明是息息相关的。传统中国社会是建立在小农经济基础之上的,在其中,家族扮演着极其重要的角色,承担着极为重要的功能。社会的生产、分配、积累、交换、消费、生育、教化、祭祀等活动都在家族内部展开。由于家族在社会生产、生活和个人生产、生活中如此重要,中国人形成了以家族为重的家族主义取向,即人们生活圈内的运作往往一切以家族为重,以个人为轻;以家族为主,以个人为从;以家族为先,以个人为后。② 个人在家族中行事,须时时以履行以下几方面的功能为念:

第一,重视家族的延续,繁衍子嗣。在中国人的心目中,个人的生命尤其是男性成员的生命是祖宗生命的延续,个人生活的目的是延续家族的生存和发

---

① 周晓虹:《传统与变迁——江浙农民的社会心理及其近代依赖的嬗变》,三联书店1998年版,第48页。

② 杨国枢:《中国人的社会取向:社会互动的观点》,载:杨宜音主编:《中国社会心理学评论》(第一辑),社会科学文献出版社2005年版,第93页。

展，使其永续不断。由于中国家族是以男性传承为中心的，所以生育男性成员就成为家族生活的重要任务。因为一旦不能生育男性子嗣，家族就可能解体，“不孝有三，无后为大”就是从中引出的观念。中国传统社会中的“一夫多妻制”就有此方面的考虑，这样生育男性子嗣的可能性就大，家族也可得到延续。如果还不能生育男性子嗣，那么招赘、收养也是可行的方式，把子嗣持续下去，以至于有研究者认为，男嗣偏好乃传统中国家系传承观念的核心。①

第二，维护家族和谐，提倡相互关爱。儒家伦理强调“父子笃、兄弟睦、夫妇合”，其行事原则是“父慈、子孝；兄友、弟恭；夫义、妇听”。中国人之所以重视家族和谐，是因为家族和谐不和谐直接关系到家族的生死存亡。一方面，家族作为一个单位进行与社会的生产、交换、分配关系等，而在内部又通过相应的规则来进行分配，一旦出现矛盾，比如分家将可能导致财产、家族势力、权威等方面的损失；另一方面，家族内部成员较多，关系比较复杂，协调的难度本身就比较大，一旦出现问题，就可能导致感情冲突，对家族的发展不利。为此，在家族生活中，要提倡相互关爱，使人们产生强烈的归属感，培养个人与家族的一体感和荣誉感。正由于中国人异常重视家族内部和谐，中国的族人集团具有很高的凝聚性和团结心，即使和族人团体同样发达的日本相比，也是如此。②

第三，发展生产，实现家族的富有。家族生活存在着内在的紧张关系，一方面为了延续香火，繁衍后代，要鼓励家族成员“早生、多生”；另一方面，农业社会资源匮乏，人口的增多，必然导致家族生活的困境。如何解决这一难题，是每个家族，尤其是大家族必须面对的问题。唯一的办法就是尽可能地积累财富，实现收支平衡。因此，强调个人节俭和勤劳显得尤为重要，以免日后“家道中落”“一代不如一代”。有研究者认为，中国的家族是企图将家人整合在一起，成为一个共同收支的单位，这个收支单位有三个特色：(1)每人劳力所得皆为公库(妇女的私房钱除外)；(2)每人的生活所需皆由公库支出；(3)节余的财富为大家所共享，成为家产。③

第四，履行责任，提升家族名誉。在传统中国社会，家族的名誉至关重要。

---

① 李亦园：《传统文化因素对男嗣偏好及生育行为的影响》，《中山学术文化集刊》，1975 年第 16 期。

② 尚会鹏：《中国人与日本人》，北京大学出版社 1998 年版，第 78—82 页。

③ Shiga, S. F., “Family Property and the Law of Inheritance in Traditional China”, In: D. C. Baxbaum(ed.), Chinese Family Law and Social Change: In Historical and Comparative Perspectives. Seattle: University of Washington Press, 1978.

个人必须履行自己的职责，尽最大的努力实现“光宗耀祖”的目的。在传统中国社会，提升家族名誉的主要途径是科举及弟，入仕做官。为此，莘莘学子必须寒窗苦读，争取功名利禄，然后衣锦还乡，光宗耀祖。同时，对于有损家族声誉的行为，要尽量避免，要“大事化小、小事化了”。如果避免不了，也尽量不要让外人知道，有道是“家丑不可外扬”。

第五，维护上下有别、差序对待的等级秩序。在传统中国社会里，家族内部有着严格的差序之分，这样做的目的是有效地支配和控制他人，实现内部分工的目的。同时，由于存在严格的差序之分，权威关系就此产生，这样也可协调彼此之间的冲突，实现家族内部的团结与和谐。个人在家族这个环境中开始社会化，习得家族内部的各种规则和习惯，有利于他们“安分守己”，实现家族内部的和谐。同时，在传统中国社会，其社会结构是“家国同构”的，家族内部的一套行事规则也可用在社会上，从而有利于国家和社会的稳定。

总而言之，在传统中国社会，离开了家族，整个社会就无法正常运行，其基本秩序也无法正常维持。当然，必须指出，随着近代以来，特别是新中国建立以后中国社会所发生的巨大变革，中国的家族组织也受到了巨大冲击，发生了深刻的变化。有人指出，这种巨大深刻的冲击和变化主要表现在以下三个方面：第一，彻底的土地革命摧毁了家族制度的物质基础。第二，农业合作化以后建立的生产大队和生产小队冲淡了家族组织。第三，对阶级的强调和对旧制度、旧价值观的批判在一定程度上也削弱了家族意识。不过，如果认为存在了几千年、对中国社会影响至深的家族组织和制度会在一场革命式的社会变革中被彻底清除，这无疑是不切实际的。家族既是中国人重要的社会团体，也是中国人的生活方式和意识形态。家族组织之有形的层面(如组织、财产等)可以用社会革命的方式摧毁，但是其无形的层面却不是那么容易变化的。事实上，中国的家族组织在社会革命中被摧毁的只是形式和表面。正因如此，当 20 世纪 80 年代初中国农村开始实行责任制、政府放松了对农村社会的控制以后，家族的力量又重新显示出来了。今天，家族的复活已成为中国社会，特别是农村社会的一个引人注目的现象。①

二、非族人团体

传统中国人的基本生活圈是家族，大部分时间都与父母、夫妻、子女、亲属

---

① 尚会鹏：《中国人与日本人》，北京大学出版社 1998 年版，第 84—92 页。

生活在一起，但是他们还是不免要与外人交往。在传统社会，与家庭团体交往的非家族团体主要是私塾、会馆、朋友、乡党、行会、朝廷等；在现代社会，随着工业化、商业化和城市化的发展，人们不再生活在一个熟人的社会中，而是逐渐进入陌生人社会中，进而产生了各种各样的社会关系，也进入了越来越多的非族人团体中，如同学、社区、同事、朋友、政府及其他各种各样的组织。那么他们是如何和这些组织打交道的呢？

在传统中国社会，由于人们主要生活在家族社会中，他们只习惯于用家族思维方式来处理各种社会关系，为此在处理与非族人团体关系时，他们也往往采用家族主义的方式来处理问题。这种把家族主义延伸到非家族团体中去的社会适应方式，我们称之为泛家族主义。其具体表现在以下三个方面：

第一，家族结构形态的延伸。即把家族的结构形态延伸到非家族团体，在非家族团体内建构一个家族组织结构，然后按家族主义的行事原则来处理人际关系。如在非族人团体中实行长幼有序、按资排辈。

第二，人伦关系的延伸。即把家族内部的人伦关系外化到非家族团体中去，把非家族团体成员家庭化。如中国人做生意的方式往往是“称兄道弟”，把原本没有太大关系的人内化为自己的兄弟，从而达到公共关系私人化或者家庭化的目的。

第三，行为规范、处事方式的延伸。即把家族内部的行为规范和生活经验带到非家族团体中来，使得非家族团体行为规则家族化。如在非家族团体中，提倡和谐相互忍让，即使在利益面前也要体现出“见义忘利”的作风。

在现代中国社会，人们在处理非族人团体关系时，表现出诸多的复杂性。一方面，非家族团体泛家族化的趋势并没有随着市场经济的发展而减弱。尽管政府、社会及其知识界都在提倡建立新的人际交往关系，摒除特殊主义的作风，如裙带关系、亲信关系、哥们关系等，但泛家族化却充斥于社会中。有研究者认为，泛家族化的口号和标语充斥一切领域：少年儿童组织“决心把少先队办成少年儿童之家”；青年组织“决心把共青团办成青年之家”；工人群众组织“决心把工会办成会员之家”；共产党组织“决心把各级党委组织部门办成党员之家”；国有企业“决心把工厂办成职工大家庭”；旅馆饭店决心把它办成“宾至如归”的大家庭；全社会倡导“四海为家”，等等①。另一方面，从熟人社会进入陌生人社会的中国人，逐渐意识到制度信任关系的重要性，在处理与非族人团体及其成员

① 李庆善：《中国人新论——从民谚看民心》，中国社会科学出版社 1996 年版，第 59 页。

的关系时，正逐步开始适应普遍主义的行事原则。但是这种普遍主义中又隐含着特殊主义的因素，如人们在与他人交往和互动过程中，首先要区分一下是不是“自己人”，如果是“自己人”那么就采用泛家族主义的方式来行事，如果不是“自己人”，那么就采用普遍主义的行事原则。

第四节　内聚与内耗

从某种角度看，中华民族可以说是一个很奇特的民族。她一方面可以在一个领袖或者一个权威者的带领下，众志成城为某一个目标“抛头颅、洒热血”；另一方面，她在内部又可以“斗得你死我活”，像一盘散沙那样难以凝聚。那么，是什么原因导致中国人内聚，又是什么原因导致中国人内耗呢？

一、内聚及其基础

所谓内聚是指团体中人们的向心力和凝聚力。内聚强调的是人们之间的团结和协作。法国社会学家涂尔干将社会团结分为两种类型，即机械团结和有机团结。尽管他认为在分工发达的社会中建立起来的有机团结中，分工本身所造成的相互依赖越来越多地代替了集体意识在团结中的作用，但他始终强调，作为一种共同的道德和情操的集体意识对于任何一种类型的团结来说都是基础。离开了共同的道德、共同的信仰、共同的经验和意识，就不可能有任何形式的社会团结，也不可能有任何形式的内聚。[①] 在传统中国社会，社会及其团体的内聚力同样依赖于这样一种“集体意识”。而质言之，传统中国社会的集体意识主要来源于以下三个方面：

第一，儒家道德规范。从社会整合的因素来讲，儒家道德规范的核心是“忠孝”观念。“孝”强调的是晚辈对长辈的遵从，即要完全服从于长辈的意志和思想。儒家不仅仅把孝道视为一种主要的家族伦理，而且把它扩展到家族之外，形成伦理生活的泛孝主义思想，强调以孝治天下的重要性。孔子说：“昔者明王以孝治天下也，不敢遗小国之臣，而况于公、侯、伯、子、男乎？故得万国之欢心，以事其先王。治国者不敢侮于鳏寡，而况于士民乎？故得百姓之欢心，以事其先君。”[②]“忠”是地位低的人向地位高的人表示忠心，如君臣之间的第一要义就

---

① 埃米尔·涂尔干：《社会分工论》，渠敬东译，三联书店 2000 年版。

② 《孝经·孝治章第八》。

是忠诚。这样在家庭关系和国家关系中，长者和地位高者就获得了道德正统性，他人则要服从于这些道德规范。否则，他们的行为就会被视为偏差行为，不能得到社会的认同，甚至遭受到社会的指责和歧视。

第二，血缘关系为基础的家庭和家族意识。血缘是天生的，具有不可选择性。以血缘为纽带联结而成的家庭和家族，是中国社会结构的基础。它不仅是一个履行功能的共同体，如承担着生产与消费、生育与赡养、祭祀与教化、交换与分配等功能；它还是一个精神和情感的共同体，如家族一体感、家族荣誉感、家族责任感等。个人在家庭和家族生活中的首要原则是责任。父亲对儿子有责任，不仅仅要将其抚养成人，还要对他终生负责，有道是“子不教，父之过”；儿子对父亲也有责任，如尽孝及延续香火的责任；哥哥对弟弟有责任，即照顾的责任；弟弟对哥哥也有责任，即忠诚的责任；族长对其他族人有责任，要维护整个家族的利益；族人对族长也有责任，要服从并维护族长权威的责任，等等。正是这些责任，构成中国人家庭和家族内部的团结。

第三，权威意识。传统中国社会的权威是一种层级权威。这种权威的特征有下列几点：(1)上下从属关系很严格，在下位的必须服从上面的命令或处罚，不能提出反抗的理由；(2)必须遵从法定的或仪式的规条，不得违反；(3)所有行为以集团，特别是家族集团为中心，或者说为前提，没有个人自由；(4)道德的制裁力量高于一切，它也是个人和集团的行为规则。① 这样的权威在社会中确立以后，便会对社会行为规范产生强烈的影响，进而使得中国人变成被权威顺服的工具。层级权威不允许人们对它做出任何批判和负面的评价，因为这种权威本身是一种层级社会结构，权威是建立在层级结构上的，否认权威也就是否认王朝的合法性。服从权威，听命于权威，忍受政治规则所强加的规范，使得中国人养成了忍让和顺从的性格。权威者与个人的关系往往是纵向的、垂直的，这使得中国人的团结关系是纵向的，而不是横向的有机团结。这就像一串糖葫芦，权威者是那根竹串，个人则是一个个糖葫芦。如果没有这根竹串，即权威者，人们是联系不起来的，是一个个散开的糖葫芦。一旦竹串坏了，糖葫芦就散了，这时会有新的竹串产生，糖葫芦又被新的竹串串起来了。所以，在传统中国社会，当旧的统治者被推翻以后，起义者或者新的统治者马上就会着手建立一套权威体系，他们取代了原先的统治者，重新把中国人给串起来。

正是主要建基于上述三个方面之上的共同道德和意识，构成了中国社会及

① 文崇一：《从价值取向谈中国国民性》，载：李亦园、杨国枢：《中国人的性格》，凤凰出版传媒集团、江苏教育出版社 2006 年版，第 44 页。

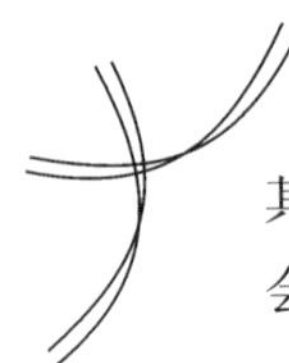

其团体之内聚力的基础，而当这三个方面，甚或其中的某个方面发生问题时，社会及其团体的凝聚也就会随之产生问题。

二、内耗及其根源

传统中国社会，尽管如上所述存在着很多的社会整合要素，如儒家伦理道德规范、家庭和家族机制、层级权威体系等，但内耗现象仍然层出不穷。“煮豆燃豆萁，豆在釜中泣。本是同根生，相煎何太急。”曹植的这首七步诗，就是对这一现象的经典描述，本是“同根生”的兄弟，为了各自利益，最终导致兄弟相残的局面。

内耗本身是一个物理学名词，是指一个自有振动的物体，即使处在与外界完全隔离的系统中，其振动能量也会逐渐衰减而使振动停止，这种由内部原因而使机械能消耗（转化为热能）的现象称之为内耗。社会心理学上所说的内耗是指，在社会交往和社会关系中，人们由于彼此之间的猜忌，相互诋毁，导致无休止的内斗形成的无谓消耗。

要了解中国人为何产生内耗，就不能不了解作为传统中国人之普遍心态的所谓“小农意识”。尽管对于这种从小农经济上滋生出来的农民意识，不同的人有不同的看法。如孙中山认为是勤劳、和平、守法，恒守古法、不思变通，尚鬼神、忠孝、不敢为主人、一盘散沙、停滞不前等；梁启超认为是乏独立之德、乏自由之德，自信与虚心，奴性、愚昧、因袭，缺公德等；陈独秀认为是安息为本、家族为本、感情为本以及散、贫等；鲁迅认为是狭隘、守旧、愚昧、麻木；胡适认为是知足、自欺自慰、安命不争、愚昧等；梁漱溟认为是尊卑上下、私德、安分知足、缺乏集团生活、伦理本位等；林语堂认为是保守、忍耐、平和消极、知足常乐、消极避世、因循守旧、家族意识和家族荣誉感等；潘光旦认为是省俭撙节、贪小利（染指或曰揩油）、自私自利、公私不分、安土重迁、财丁两旺等；费孝通认为是私德、家观念、小圈子、重人伦、自我主义和缺乏团体道德等；文崇一认为是缺少成就动机，接受命运安排，辛勤、节约而安于贫困，对人生的消极，行动谨慎……①但是，就小农意识与内耗行为的关系而言，我们认为，需要注意的是包含在小农意识中的以下几个方面：

第一是平均主义的心态。在农业社会中，耕种土地是人们获取财富的主要手段，这使得农民意识到土地的重要性。然而，在一定的生产力和社会条件下，

---

① 沙莲香等：《中国人素质研究》，河南人民出版社 2001 年版，第 141 页。

土地资源是固定的，一部分人占有的士地多，就意味着另一部分人土地的减少，这是一种零和博弈的游戏。所以中国农民对地主豪强的土地兼并和侵占，具有天生的反感性，因为土地是他们生存的基础。在一个封闭的农业社会中，在资源有限的前提下，他人的发财就意味着自己的损失，正所谓“一家发财、千家倒灶”。在这种情况下，妒忌他人发财或者比自己有出息就变成了乡民的普遍心态。孔子曰：“丘也闻有国有家者，不患贫而患不均，不患寡而患不安，盖均无贫，和无寡，安无倾。夫如是，故远人不服，则修文德以来之。既来之，则安之。今由与求也，相夫子，远人不服而不能来也，邦分崩离析而不能守也，而谋动干戈于邦内。吾恐季孙之忧，不在颛臾，而在萧墙之内也。”①显然，孔子在这里看到了中国人普遍存在的利的观念，但他希望通过强调道德要素来平抑利益需求，达到两者的均衡。即使在家庭和家族内部，平均主义的心态也是非常明显的。在日本，家庭和家族的财产实行的是长子继承制；而在中国社会，往往实行多子均分制，即每一个儿子都获得属于自己的一份财产，以保持家族内部的和谐。在中国社会，家庭和家族的内耗往往都是由于财产分配的不均衡导致的，如兄弟分家、妯娌矛盾、子女争斗等。

第二是狭隘的自私心态。在农业社会中，由于生存和生产条件的恶劣，农民在面对自然和社会力量上往往感到力不从心，无法掌握自己的命运，为此他们不敢对未来有太多的奢望和追求，这导致他们非常注重眼前的利益和需求。他们在与他人交往过程中，往往把他人视为实现自己利益的某种工具而加以利用。尽管我们时常说，中国社会是一个关系社会，重礼重人情，但人们之所以重礼重人情，是因为礼和人情具有交换性，即“礼尚往来”，它们能满足人们的某些需要。一旦关系和人情难以满足人们的现实需要，中国人就会开始盘算自己的“小九九”，考虑这种交往还有没有必要、有没有价值进行下去。“人走茶凉”说的就是这种心态。与其他群体交往也是一样，个人希望从群体中获取自身利益，先是“人人为我”，然后才是“我为人人”，而不是相反。

第三是封闭主义的心态。乡土社会使人们安土重迁，很少与外界打交道，封闭于自己的小圈子中，如村庄、亲属、乡邻、熟人群体等。在封闭的群体生活中，他们有着现实的利益需求，而这种利益的需求只有从土地上才能得到满足，而土地资源又是有限的，这使得群体内部产生竞争关系。同时，由于与外界交往关系的稀少，人们大部分的生产和生活时间都集中在群体内部，难免产生各

① 《论语·季氏》。

种冲突和矛盾。在封闭主义的心态下，人们往往以狭隘的功利主义态度来处理问题，导致相互之间钩心斗角、见利忘义、阳奉阴违等内耗行为的产生。

中国人的内耗行为在社会中很少表现为公开的对立和分裂状态。这一方面是因为中国社会还存在着各种社会连接纽带，如血缘关系对同一个祖先的认同、层级权威体系对个人的统合、儒家道德规范对利义关系的调和等；另一方面，是公开的分裂会导致道德上的孤立感，会受到社会的批判。在传统社会中，人们始终生活在那个狭小的熟人社会中，在"抬头不见低头见"的日常生活中，公开的关系破裂是不被许可的，将受到社会道德和舆论的谴责。这使得内耗行为往往表现为内讧、窝里斗、嫉妒、自私、冷漠、搞小动作等方式。

第五节　自己人：中国人的群体认同和群际关系

众所周知，无论是在传统上，还是到现在，中国人都是非常讲究和注重"内外有别"的。"内"是指自己人，"外"就是指外人。在现实生活中，在一系列具体的场合，我们往往可以心照不宣地明白哪些人是自己人，哪些人是外人。但要把它说清楚，却非易事。在这一节中，我们就来探讨一下中国人的自己人和外人的概念，以及相应的对待自己人和外人所遵循的不同准则。这事实上是理解中国人之群体认同和群际关系的关键和核心。

较早注意到中国人关于自己人和外人（陌生人）的区分以及相应的对待自己人和外人所遵循的不同准则的是费孝通，他在《乡土中国》中说：

> 在我们乡土社会中，有专门作贸易活动的集市。街集时常不在村子里，而在一片空场上，各地的人到这特定的地方，各以"无情"的身份出现。在这里大家把原来的关系暂时搁开，一切交易都得当场算清。我常看见隔壁邻舍大家老远的走上十多里在街集上交换清楚之后，又老远的背回来。他们何必到街集上去跑这一趟呢，在门前不是就可以交换的么？这一趟是有作用的，因为在门前是邻舍，到了街集上才是"陌生"人。当场算清是陌生人间的行为，不能牵涉其他社会关系的。①

这种关系分类学的视角也被杨国枢、黄光国、杨中芳、杨宜音等研究者加以应用，如杨国枢根据关系的亲疏程度把中国人与群体的关系分为三大类：家人

---

① 费孝通：《乡土中国　生育制度》，北京大学出版社1998年版，第74页。

关系、熟人关系及生人关系。家人关系是指个人与其家人（父母、子女、兄弟、姊妹及其他家人）之间的关系，熟人关系是指个人与其熟人（亲戚、朋友、邻居、师生、同事、同学及同乡等）之间的关系，生人关系是指个人与生人（与自己无任何直接或间接的持久性社会关系的人）之间的关系。

> 在家人关系中，彼此要讲责任（即责任原则），各对对方做其所当做之事，尽其所当尽之责，而不那么期望对方做对等的回报（社会交换的预期最低）。在熟人关系中，相互之间要讲人情（即人情原则），以双方过去所储存的既有人情为基础，以自己觉得合适的方式与程度，从事进一步的人情往来。因无血缘关系，人情的亏空或赊欠终有限度，自然较会期望对方的回报（社会交换的预期中等）。至于生人关系，实际无任何实质关系，彼此相遇或打交道，只能依照当时的实际利害情形而行事（即利害原则）。两者间既无血缘关系，也无人情关系，因而比较会精打细算，斤斤计较，对给与取的平衡或公道相当敏感，对回报的期望也很高（社会交换的预期最高）。①

黄光国则以情感性—工具性的高低划分出三类具有不同关系的群体：情感性关系、混合性关系和工具性关系。② 他认为典型的情感性关系是家庭、密友等团体，在交往中遵循“需求法则”。典型的工具性关系是陌生人关系，在交往中遵循“公平法则”。典型的混合性关系是熟人关系，在交往中遵循“人情法则”。

与杨国枢和黄光国的观点有所不同，杨中芳把人际关系区分为两个成分：“既有成分”和“交往成分”。③ 前者指双方过去交往经验所积累的，或正在进行的为社会上大家均认可的交往连带，如同乡、同学、同事和莫逆之交；后者指两人交往在工具交换与情感交流两个层次的状况。她还进一步分析了情感来源的两个方面：一个是由既有成分中直接涉及的各种关系连带所隐含的、大家共知也共同期待双方共有的；另一个是双方所共有的真正情感。这样，她将关系依其含有人情及感情的多寡高低分为四类（见表 7-2）。

---

① 杨国枢：《中国人的社会取向：社会互动的观点》，载：杨宜音主编：《中国社会心理学评论》（第一辑），社会科学文献出版社 2005 年版，第 35 页。

② 黄光国：《人情与面子：中国人的权力游戏》，载：黄光国、胡先缙等：《面子：中国人的权力游戏》，中国人民大学出版社 2004 年版。

③ Yang, C. F., “Psycho-cultural Foundations of Informal Group: The Issues of Loyalty, Sincerity, and Trust”, In: L. Dittmer, H. Fukui, & Lee (eds.), Informal Politics in East Asia. New York: Cambridge University Press, 2000.

表 7-2　交往关系分类

交往成分		感情（真情连带）	
		高	低
既有成分	高	自己人（亲情、铁哥们）	人情（恩情、交情）
	低	友情	市场交易
		人情（义务连带）	

杨宜音的研究认为，上述这些人的研究只是从先赋性纬度区分了“自己人/陌生人”的关系，实际上这种先赋条件的区分纬度只是区分了“自己人/陌生人”，还应考虑社会交往的纬度所形成的“自己人/陌生人”的区分。①

综合上述这些研究，我们认为，要梳理清楚中国人的“自己人”概念，需要考虑以下三个方面的要素：先赋性亲属关系、社会交往关系和个人偏好。在传统中国社会，先赋性亲属关系是一切社会关系的基础，如建立在血缘基础上的家庭和家族关系，人们在与其他社会群体交往时也是采用泛家族化的方式来行事的，为此家人和亲属关系成为“自己人”的可能性就比较大。但与此同时，在先赋性关系中也是存在着利益和交换关系的，因此，需要考虑交往方式的因素。一般来说，亲属关系之间“走得比较近的”“能相互帮忙的”“关系比较密切的”，其成为“自己人”的可能性就大；反之则小。在现代中国社会，随着职业分层的加剧和社会流动的增加，社会交往关系开始不断拓展，与此同时，个人自主性开始增大，人们开始表现出自己对事务和人际关系的好恶之分。在这种情况下，人际交往层面和个人爱好层面对“自己人”的影响就比较大，在业缘关系、学缘关系、利益共同体等关系中，很容易产生“铁哥们”“好姐妹”。当然，在现代社会，先赋性的亲属血缘关系依旧是评判“自己人”的重要工具，如家族企业大量使用家族成员就是一个明显的例子。家族企业之所以大量使用家族成员，是因为其信任关系仍建立在区分“自己人”和“外人”的基础上，“自己人”值得信任，“外人”则要考虑一下。

总的来说，中国人的“自己人”概念具有以下几个方面的特征：

一是“自己人”的概念伸缩性很强。在中国，“自己人”的概念和“家”的概念一样，具有极强的社会伸缩性。“自己人”可以是亲属，也可以是与自己交往的

① 杨宜音：《“自己人”：一项有关中国人关系分类的个案研究》，载：杨宜音主编：《中国社会心理学评论》（第一辑），社会科学文献出版社 2005 年版，第 181—205 页。

熟人，还可以是原先并不认识而初接触的人。如你是某县人，如果在杭州读书，碰到另外一个某县人，很容易形成朋友关系进而成为“哥们”或者“铁哥们”。然后，你又去北京读书，随着距离的增加，以区县为单位的老乡越来越少，那么当你碰到一个浙江人时，就会产生“老乡见老乡，两眼泪汪汪”的感觉，进而比其他群体成员更容易形成“哥们关系”。之后，你又去美国读书，那么这时，中国人就成了你交往的主要对象，成为“自己人”。

二是“自己人”和“陌生人”之间是可以相互转化的。当一个人走出家庭，走出熟人社会，与陌生人交往，随着交往次数的增多和交往关系的增强，逐渐建立起家人般的亲密感、信任感和责任感，从而使陌生人成为自己人。陌生人要成为自己人，除了感情上的要素外，往往还要具有互报性，即相互之间义务是对等的，是相互“对得起”的。同时，自己人也可能向陌生人转化。当人们在社会交往中发现，彼此存在着利益冲突、情感冲突，或者性格上的不合时，原先的“铁哥们”“好朋友”“好同事”就可能分崩离析，自己人的关系就难以维系。

三是“自己人”内部也是分层的，存在着差序格局。随着社会交往关系和社会流动的增加，各种“社会关系”的建构也变得越来越普遍。如此众多的社会关系，自然要进行细致的区分，“自己人”这一概念也不例外。在家族关系中，要区分哪些亲戚“最亲”；在朋友关系中，要区分哪些朋友“最铁”；在同学关系中，要区分哪些同学“最好”；在上下级关系中，要区分哪些下属“最忠诚”……中国人正是在区分种种社会关系中，来辨别彼此之间的信任关系，并依照不同的信任关系来为人处事的。在自己人的最核心层次，人们的行事原则往往可以做到相互之间“无所不知、无所不谈”“两肋插刀、齐头换命”“不计回报、鼎力相助”等；在自己人的中等层次，人们的行事原则可以做到“相互帮助”“对等回报”等；在自己人的外层，人们的行事原则只须做到“相互支持、相互利用”“对外人加以排斥”等。

四是“自己人”具有拟亲属化的特性。自己人这一概念所涵盖的成员本身不一定具有亲属伦理身份，但却往往带有亲属伦理身份的特点。它把其中的关系纳入亲属关系中，如“哥们”“姐们”“兄弟”等，并用亲属关系来处理相互之间的交往。以至于在现代社会，“自己人”这一概念一方面起着替代亲缘关系和熟人关系对人际亲密感、义务感、信任感和一体感的需求的作用；另一方面，自己人本身也往往掉入了亲属关系所构织成的义务和责任中去。

总之，“自己人/陌生人”的建构，体现了中国人“内外有别”的群体认同和群际关系。对中国人来说，“内”与“外”的区分是头等重要的，因为它实际上是人们接下来所要采取的行为准则的指示。对"内"、对"自己人"，要按需求法则和人情法则来行事；而对"外"、对"陌生人"，则往往首先考虑报酬和收益的问题，因而通常以工具性态度、按公平法则来处理。

第六节　中国人的群际怨恨

怨恨作为个体层面的心态或情绪，与嫉妒、羡慕、同情、愤怒、爱怜等人类基本情感一样古已有之，但作为一种发生在社会层面的社会心态，成为一种结构性产物的怨恨，则是现代性不断演进的结果。传统中国社会受儒家文化影响，并在变迁缓慢的乡土社会中运行，怨恨往往体现在个体或部分群体之间的心理状态上，而非对地位、平等、权利、自由等现实社会结构的批判、反思与运动，即使是因"天地不仁，以万物为刍狗；圣人不仁，以百姓为刍狗"的"天地""君王"失道而产生不满与怨恨的农民反抗或起义，也只是在短时间内集聚，一旦秩序建立就会回归原始。怨恨始终被限定在特定事件或日常生活经验的个体心理维度之内。但是 20 世纪以来，随着中国革命、建设话语与运动的发展，特别是经过 1949 年中华人民共和国的成立、社会主义改造等经济社会结构的改造及其革命、平等话语体系的建设，社会普遍接受平等的价值观念。而后历经改革开放，加入 WTO，融入世界经济体系等，对经济与社会自由、基层民主权利等平等与自由的追求成为社会的共识；与此同时，在另一方面，改革过程中的一些体制机制障碍及其快速转型的急剧变化，使得权力与市场渗透到日常生活世界，利益格局变得固化进而影响社会向上流动，如贫富分化、城乡二化体制、社会权利保障不到位、公共权力没有得到有效限制、社会领域的市场化、市场领域的权力化等。由此，现代社会中被普遍接受的平等价值观念与不平等的现实社会结构之间的紧张关系，更进一步说明，人们对于"应然"的强烈期待和对于"实然"的感受之间的落差，使得怨恨广泛弥散地存在于社会层面中①。

一、传统社会的心理怨恨

许慎《说文解字》对于"怨"的解释是："怨，恚也，从心夗声，于愿切。"对于作为"怨"的同义词的"恚"的解释是："恚，恨也，从心圭声，于避切。"而对于"恨"的

① 王小章、冯婷：《论怨恨：生成机制、反应及其疏解》，《浙江社会科学》，2015 年第 7 期。

解释则是:“恨,怨也,从心艮声,胡艮切。”而把怨恨放在一起解释的可见于《墨子·兼爱中》,“凡天下祸篡怨恨,其所以起者,以不相爱生也”。《汉书·王尊传》中的“内怀怨恨,外依公事”,亦把怨恨等同于仇恨。当然也有把怨恨解释为感受不平的,如汉朝的应劭在《风俗通·声音·琴》说:“操者,言遇菑遭害,困厄穷迫,虽怨恨失意,犹守礼义,不惧不慑,乐道而不失其操者也。”这些解释,基本把恨的含义表达清楚了,但对怨的分析还没有到位。怨在某种程度上需要表达一种无能感,即其身处的被动地位和无力感使得其无法以实际的行为和语言来宣泄或表达这种不满。舍勒认为,受到伤害后马上给予回击或自卫,则不会心怀怨恨;但假如由于无能和软弱,或者由于恐惧,不能直接表现出冲动反应,包括必须压抑伴随的愤怒情绪,则这种隐忍就容易酿成怨恨,而且越是长期置身于受伤害的处境,越是觉得这种处境非自己所能控制,则怨恨越深①。

因此,怨恨可以说是一种隐藏在心中隐忍未发的不满情绪和怒意。一般而言,怨恨在心态上往往产生的是伤害与比较,而本质上是经济社会平等权利与不平等经济社会结构的关系,以及人们期望的应然价值与实然状态的关系。但传统的中国社会,是一个具有明显等级制且等级差别极大的社会,这个社会受到儒家伦理价值的规范,使得“各安天命、各得其所”成为人们行为的重要准则,而不是去渴望获得与君王同等的或者超越于阶层的地位与权力。正如舍勒所言,“在一种有内在等级的社会制度(比如印度曾有过的社会制度)下,或在一种等级森严的制度下,社会怨恨恐怕也会很小——事实上也很小”②。只要这个社会不破坏百姓的基本生存理性,百姓的怨恨与反抗就会失去道德的依据和智识上的可能。因为人们意识不到平等、权利、自由乃人的基本权利,意识不到经济社会不平等是封建制度所塑造的社会结构的产物。同时,这样的社会还存在着一些特殊的机制用于消除人们之间的怨恨,典型的如无讼中的调解机制。这种调解机制是以权威形象出现的调解者,通过人们熟悉的习惯、习俗、乡规民约确定批判标准,然后让当事人明白事理后主动做出让步,达到相互谅解、消除纠纷来维持社会秩序的目的。因此,费孝通认为,“在乡村里所谓调解,其实是一种教育过程”③。

尽管在传统中国社会不存在怨恨等集体情绪的大范围呈现与表达,但在个

---

① 舍勒:《价值的颠覆》,三联书店 1997 年版,第 13 页。

② 舍勒:《道德建构中的怨恨》,载:刘小枫选编:《舍勒选集(上)》,三联书店 1999 年版,第 405 页。

③ 费孝通:《乡土中国 生育制度》,北京大学出版社 1998 年版,第 56 页。

体心理层面依然存在怨恨心态，而这种怨恨往往基于具体事件或日常生活实践，如书生在科举考试中的多次失利、官员在仕途上碰壁或难以作为、一些妇女生不出男丁被丈夫抛弃、邻里纠纷中的受气等。这种个体心理层面上的怨恨具有以下几个特点：

一是非反思性的无力感。因自身的地位、权势、身份，不能直接付诸行动，且对这种无力感缺乏社会结构、制度和价值规范的反思，意识不到这种无力感是由特定的社会结构所塑造的，只是觉得自身贫弱、缺乏权势性关系，而要进行报复，往往采用“君子报仇十年不晚”、攀附权势性关系、自身及子女科举成就，或者通过诅咒他人或下辈子转世到好人家等方式。

二是来源于具体事件中的日常生活实践。在一个缺乏变动与流动的乡土社会，时空被“嵌入”在日常生活实践中，人们所能体验的方式离不开固定场所、人和事件，他们的人际关系都在此范围内展开，日常生活被压缩在很小的范围内。即使到了晚清时期，江南等地出现了高度商业化，但这种商业化也不是通过城市化和人口流动实现的，而是通过负责精细的外包工制度实现的，人们可以居住在自己的村子里实现与大生产体系的连接①。因此，他们的日常生活世界依然是狭小的，所能感受到的怨恨也不可能是“脱域”的，也无法产生“想象的怨恨”和“智识上的怨恨”，而往往由于田地整修、水利灌溉、兄弟分产、科举考试、生男生女、宗族矛盾、官府压榨等零碎性、具体化的日常生活事件而产生怨恨。

三是直接伤害、同质比较和朴素的公平观是重要诱因。传统中国社会的“在场”性而非“脱域”性及其智识上的障碍，使得间接伤害不易也难以被察觉，很少有事件会上升为对皇权制度、官僚制度、社会文化制度的抨击与不满，而直接伤害成为怨恨的重要现实源头。同样，一个等级社会受到价值、规范等文化秩序的规制与内化，阶层比较、异质性比较往往变成“非分之想”，他们更多的比较来自于与同类人、村庄里的人及其周边的人的比较，即同质性比较。这种同质比较在资源有限的情况下，往往变得高度竞争且琐碎，甚至田埂占了一锄、房屋高低、子女多少及聪明程度等都会成为比较对象，因为在“内卷化”的社会中“他人的好就是自己的差”，从而带来嫉妒，而嫉妒一旦形成且在无力感的驱动下，往往带来怨恨。“当所渴望的价值不能获得，而我们又在这个方面非要跟人

---

① 孔飞力：《叫魂：1768年中国妖术大恐慌》，陈兼、刘昶译，三联书店2014年版，第39页。

相比时，嫉妒就导致了怨恨。”①

此外，朴素的公平观亦是传统中国社会个体心理怨恨的重要诱因。这种朴素的公平观不是强调权利平等、一人一票、程序正义、人人平等及其正当性、合法性的概念，而是强调人人有份和人人均享的意义，大家可以均等地获利②。当乡土社会中人们的处世规则违反朴素的公平观念，特别是具体事件使得自己受到伤害且难以采取实际行动时，对别人的怨恨便会产生。

二、现代性下的社会怨恨

中国社会在历经“五四”运动自由科学的启蒙、抗日战争从文化中国到民族国家构建、新中国建设、社会主义改造与“文革”后，平等观念深入人心，而后改革开放、城乡基层民主选举及其融入世界经济体系，进一步推进了经济与社会自由、权利与公平观念、平等意识的植入。这种巨大的社会变迁，一方面经济社会快速转型过程本身就会给既有的平静社会带来利益、观念及其适应性的问题，旧的利益格局被打破且不断地变动，既有的价值观念崩坍并面临重塑，社会矛盾也开始不断凸显；另一方面公权力的体制机制及其运作方式尽管也在不断适应变迁的社会，但依然存在着明显的路径依赖与制度依赖，使得权力并没有很好地“嵌入”到社会中，进而加剧了社会某些层面的不公与不平等。两者的结合使得传统到现代面临观念与结构、应然与使然的脱节，这种脱节加剧了人们对社会的不满与愤懑。正如托克维尔在《论美国民主》一书中所说的那样，“当不平等是社会的通则的时候，最显眼的不平等也不会被人注意；而当所有人都处于几乎相等的水平时，最小的一点不平等也会使人难以容忍”③。同时，他在研究法国封建社会向民主社会转型过程时亦从社会心态角度对这一问题进行了解释，他说：在一个坏制度下，“人们耐心忍受着苦难，以为这是不可避免的，但一旦有人出主意想消除苦难时，它就变得无法忍受了。当时被消除的所有流弊似乎更容易使人觉察到尚有其他流弊存在，于是人们的情绪便更激烈：痛苦的确已经减轻，但是感觉更加敏锐。封建制度在行将灭亡时比其盛期更激起法

① Scheler, Max: Ressentiment. Milwaukee, Wisconsin: Mar-quette University Press, 1994, 35.

② 翟学伟：《中国人的“大公平观”及其社会运行模式》，《开放时代》，2010年第5期。

③ 托克维尔：《论美国的民主》(下卷)，董果良译，商务印书馆1991年版，第669—670页。

国人心中的仇恨”①。

作为社会层面的怨恨，一旦产生就会不断累积与加速，不仅使怨恨的对象发生扩展、改变和转移，也影响到情感本身，所以怨恨虽然具有特殊的意向，但并无明确的对象，因为经过转化，怨恨成为一个逐渐脱离原因、不随原因而消失的体验和心理定式②。也就是说，怨恨一开始可能指向特定的对象与自身无能感等个人资质因素，但经过转换也就与人生活在其中的社会结构、制度及其价值规范相关了。一方面，在现代社会，怨恨乃是平等的价值理念和实际上不平等的社会经济、政治、文化结构之间之紧张的产物，这种紧张越持久越强烈，怨恨的集聚也必然越深厚③；另一方面，社会的开放性与人们智识上的提升，对权利的“应然”期待和对社会结构、现实的“实然”感受之间存在着明显的落差，乃是更进一步的怨恨产生机制④。由此，怨恨成为一种结构性的社会产物，已经超然于个体的存在，成为一种社会事实。

当前，中国社会至少在以下几个方面容易产生结构性的怨恨事实：一是不公平的致富所导致的贫富悬殊。在成熟的市场经济条件下，财富分配往往存在禀赋、机遇、社会资本等条件的影响，从而产生财富分布的不均衡和差异，但都特别注意限制权力的过度渗透；但在转型的中国社会，财富的分配不仅受限于个体及机遇要素，更受制于制度、权力、结构等因素，由此造成的贫富差距和贫富悬殊不仅在结果上违反实质正义，而且在程序上也违反程序正义，这不仅造成相对剥夺而且还造成了绝对剥夺。人们最为恐惧的是资本与权力的结合造成的“全能性权力”对财富的掠夺，而劳动成为社会底层的象征物。二是权利没有有效的法律保障并难以对权力构成限制。公民身份及其公民权利是现代社会有效运行的基础，也是有效限制权力的重要手段。然而在社会转型过程中，公民的基本权利往往受到权力的压抑，甚至得不到法律的保障。它不仅销蚀着社会底层，也销蚀着社会中上层，由此带来人人都是弱势群体的心理感受。据《人民论坛》杂志 2010 年的一次调查显示，认为自己是“弱势群体”的党政干部受访者达 45.1%，公司白领受访者达 57.8%，知识分子（主要是高校、科研、文

① 托克维尔：《旧制度与大革命》，冯棠译，商务印书馆 1992 年版，第 210 页。引文最后一句译法稍有改动。

② 成伯清：《从嫉妒到怨恨——论中国社会情绪氛围的一个侧面》，《探索与争鸣》，2009 年第 10 期。

③ 刘小枫：《现代性社会理论情绪》，三联书店 1998 年版，第 359—370 页。

④ 王小章、冯婷：《论怨恨：生成机制、反应及其疏解》，《浙江社会科学》，2015 年第 7 期。

化机构职员)受访者达55.4%;而网络调查则显示,认为自己是弱势群体的高达70%[①]。三是社会领域的市场化、权力化。市场体系必须嵌入在社会体系之中[②],政府的"自主性"必须嵌入在社会之中[③]。然而,在我国的教育、医疗、卫生、公共交通等社会领域建设中,出现的结果往往是市场和权力的殖民,由此产生"市场社会",其通行规则成为利益导向;与此同时,在某些方面,如养老、住房、社会保障、食品安全、社会组织、农村等方面国家的保障还不到位,人们普遍性地对社会领域产生焦虑、不满甚至怨恨。民生问题不解决,人民的幸福和尊严将会是空中楼阁[④]。四是社会向上流动乏力与阶层固化。改革开放起步阶段,社会群体向上流动可能性大增,但随着财富分配悬殊、利益格局形成,社会向上流动变得越来越困难,社会阶层固化趋势开始呈现,出现了各种"官二代""富二代""贫二代""农二代"现象。远离权力、资本的人群在教育、求职、职业发展上失去各种同台竞争的机会,从而产生各种"仇官""仇富"心态及其自嘲的"屌丝"卑微心态等。

作为社会怨恨的反应方式,有研究者指出为"断头术"、排斥和社会泄愤三种主要类型:一是"断头术",把地位更高,拥有更多、更高价值者贬低或拉低至低下者的位置;二是排斥,采用积极的方式设置障碍或污化他者,抑或采用消极排斥的方式拒绝与其他群体接触或互动,进行行动与心理的疏离;三是社会泄愤,没有相对明确指向的反应,对社会或其他群体不满的泄愤等[⑤]。这三种反应方式在当前的中国社会表现得极为鲜明。如"断头术"中社会下层人员总是希望把社会强者拉到和自身一样的位置,当强者遭遇不幸、腐败被"双规"、企业破产等情况时往往欢欣鼓舞,以此来实现"平等";如排斥社会中上层人员对社会中下层人员的污名化;如社会泄愤中宣泄对政府或社会的不满,有些进而参与各种集体运动等。特别是随着互联网的发展和网络社会的形成,社会怨恨在匿名化的状态下会产生"沉默的螺旋",即人们在表达自己想法和观念的时候,如果看到自己赞同的观点且受到广泛欢迎,就会积极参与进来,这种观点就会越

① 人民论坛"特别策划"组:《"弱势心态"蔓延》,《人民论坛》,2010年第12期。

② 卡尔·波兰尼:《大转型:我们时代的政治与经济起源》,冯钢译,浙江人民出版社2007年版。

③ Peter Evans, Embedded Autonomy—States and Industrial Transformation. Princeton University Press, 1995.

④ 郑永年:《保卫社会》,浙江人民出版社2011年版,第33页。

⑤ 王小章、冯婷:《论怨恨:生成机制、反应及其疏解》,《浙江社会科学》,2015年第7期。

发表达和扩散;而发觉某一观点无人或很少有人理会时,即使自我赞同,也会保持沉默[①]。互联网的社交功能及其"真相是视频"等视频技术的发展,使得地位相似者更易产生情绪感染和旁观者的身临其境。"当观察者与他人在同一场合时,在他人情绪诱发下,会展现出与他人相似的情绪,此时观察者的情绪感受与他人的情绪表达线索相一致,这一情绪线索将进一步直接诱使观察者感受相似的经历,或者间接地通过激发观察者回忆过去相似的经历而产生与周边他人相似的情绪状态。"[②]而且在社会利益表达、情绪表达在现实世界遇到阻滞的情况下,互联网平台的匿名化为怨恨情绪的表达和呈现提供了极佳的管道,这些因素使得我国互联网上充斥着更多对社会的各种不满和怨恨情绪。

三、社会怨恨的疏解

弥漫的社会怨恨心态及其反应方式对社会良性运行产生巨大的社会破坏作用,因此对其的疏解必须纳入重要的研究课题。而要疏解社会怨恨,必须寻找其根源,即平等价值观念与社会现实结构之间的张力,应然状态期许与实然状态现状之间的张力。因此,消除社会不公平的分配机制,推动社会阶层流动,社会领域限制权力与市场过度侵入,防止公权力的无限膨胀,提供基本生活保障,减少社会排斥,强化利益与诉求表达渠道,推动协商互动,建立制度化的社会怨恨表达机制,塑造良好的社会价值观念等显然都将有利于社会怨恨疏解。但是从社会意义及其基础性、总体性意义上而言,公民权制度的确立及其执行具有更为根本的意义[③]。因为公民权实质上是以"权利限制权力"和以权利提升平等与自由。一方面,公民权的发展历史,本身就是对特权观念和权力的斗争中获取来的,强调人的应享权利与尊严,并且这种应享权利随着经济社会的发展而发展,如马歇尔提出的公民权利(civil rights)、政治权利(political rights)和社会权利(social rights)是在社会变迁过程中不断演进与发展的[④];另一方面,这些权利的发展促进了公民身份上的形式平等,尤其是公民权利与政治权利,而社会权利促进了实质平等,强调市场之外应享有的社会发展权利与价值、尊严,特别是在对底线公平的保障上,不仅实现基本的生存权,还要有尊严地生

---

① 伊丽莎白·诺尔·诺依曼:《沉默的螺旋》,北京大学出版社2013年版。

② 王潇:《情绪感染理论研究述评》,《心理科学进展》,2010年第8期。

③ 王小章、冯婷:《论怨恨:生成机制、反应及其疏解》,《浙江社会科学》,2015年第7期。

④ T. H. 马歇尔、安东尼·吉登斯等:《公民身份与社会阶级》,郭忠华、刘训练编,凤凰出版传媒集团2008年版。

活。而且它所塑造的平等价值观念认为公民身份地位及其权利义务上的平等是重要的，而其他方面的不平等或差异是不重要的，至少是应该和可以容忍的①。公民权上的平等不是“无差异的平等”，而是要赋予追求平等的正当性，并且给追求的过程加以限制和约束，即它有它的义务，应享权利也要配置应尽的义务。不然出现的结果就是权利应享、责任终结。这在当前的中国社会心态中还普遍存在，如社区建设、养老、扶贫等普遍存在好处人人享有，但在志愿服务及其受助者在此过程中如何发挥自身能力和履行责任上仍做旁观者。可以说，没有义务的权利就是对他者（个体、群体、国家、社会）权利的损害。

因此，公民权的平等观念有助于突破传统上中国人所认识的人人有份、无差异、均等化的朴素平等观念。这种朴素平等观念不仅与现代社会发展难以接轨，如阶层、自然禀赋、市场机遇等在现代社会依然存在，并且是社会发展的驱动力；而且也难以操作，即使操作了也会带来显著的社会恶果，如把大部分人或所有人拉平的“文革”、极端贫穷的社会主义都会给人民带来灾难。随着中国社会的发展和权利意识的觉醒，尽管这会经历一个漫长的过程，但不应否认，公民权制度的建设与执行将起到调解社会结构，促进社会公平机制，塑造良好共识观念，保障个体与整体社会权利的功能，而这些功能的发挥将在基础意义上，比一般意义上更有助于疏解社会怨恨心态。

① 王小章、冯婷：《论怨恨：生成机制、反应及其疏解》，《浙江社会科学》，2015年第7期。

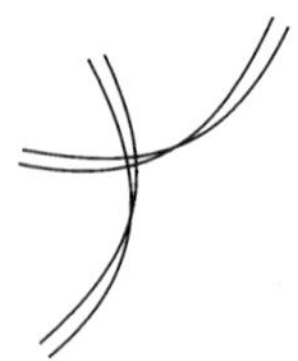

第八章　社会心理的现代变动

作为社会环境、社会生活的反映和反应，社会心理必然表现出人们置身于其中的社会和文化的特征。不过不能否认，并且必须看到的是，在现代化的进程中，在社会和文化之现代性的形塑、推进和扩张中，原本不同的社会和文化呈现出了某些共同的趋势或面临了某些共同的问题，这不能不带来现代社会中人们社会心理的某些共通的变化。在本章我们就来讨论一下这些变化。

第一节　现代化与全球化：现代性的塑造

1992年的诺贝尔经济学奖得主、著名经济学家道格拉斯·诺斯曾经说，如果一个古希腊人神奇地穿越时空来到1750年的英格兰，他会发现许多东西似曾相识。然而，如果这个古希腊人在此后两个世纪才降临英格兰，他会感到自己来到了一个“不真实”的世界，因为他在那里能够识别和理解的东西少之又少。诺斯的这番话形象而生动地向我们说明了西方社会自18世纪中叶以来所经历的巨大而深刻的、脱胎换骨般的变化。也许，历史学者可以通过各种精细入微的考察和分析来说明现代世界与传统社会之间存在这样或那样的联系，但是，正如社会学家吉登斯所指出的那样，现代性断裂的存在是毫无疑问的：“现代性以前所未有的方式，把我们抛离了所有类型的社会秩序的轨道，从而形成了其生活形态。在外延和内涵两方面，现代性卷入的变革比以往时代的绝大多数变迁特性都更加意义深远。……过去三至四个世纪（历史长河中的一瞬间！）以来出现的巨大转变如此剧烈，其影响又是如此广泛而深远，以至于当我们试图从这个转变以前的知识中去理解它们时，发现我们只能得到十分有限的帮助。”①

① 安东尼·吉登斯：《现代性的后果》，田禾译，译林出版社2000年版，第4页。

一、三大革命与现代性的诞生

按照吉登斯的看法，现代性主要产生于两大革命，即以1789年法国大革命为代表、同时也包括1776年美国革命在内的“政治革命”和首先于18世纪肇始于英国、而后在19世纪扩展到整个欧洲和北美的“工业革命”。实际上，就促成现代性的诞生而言，除了这两大革命，还有一场革命也不能忽视，那就是与政治革命、工业革命彼此交织、相互促进而绵延数世纪的思想文化革命。

18世纪的“政治革命”迥异于此前各时代的各种反抗形式，在自由、平等的理想的指引下，彻底动摇和瓦解了传统的政治社会秩序。它终结了“朕即国家”的专制政体，迎来了以公民为主体的民主时代；它从根本上瓦解或者说结束了封建贵族制，迎来了身份平等、自由流动的时代；它终结了“个人的市民地位和政治地位直接等同”的社会状态，“完成了政治生活同市民社会分离的过程”[①]。而如果说，“政治革命”直接改变了人与人的关系，改变了传统社会秩序，那么，“工业革命”则通过改变人与自然的关系，进而改变了人与人的关系，改变了社会的结构和组织方式。“工业革命”带来了“工业社会”。19世纪的社会观察家们注意到，“工业革命”带来了一系列与以往全然不同的新奇现象：(1)工业是建筑在科学的劳动组织的基础上的，生产不是按照习俗进行组织，而是以获得最大效益为目的组织的；(2)由于科学的劳动组织，人类才得以大量地开发资源；(3)工业生产要求在工厂和城镇集结工人，这样就出现了一种新的社会现象：工人的大量存在；(4)工人在劳动场所大量集结导致了职工与雇主、无产者与企业主或资本家之间潜在的或公开的对立；(5)随着财富由于劳动的科学性而不断增加，生产过剩的危机也日益严重，而令人愤慨的是，一方面是大量商品卖不出去，另一方面却是千百万人倍受贫困之苦；(6)与劳动组织工业化和科学化相联系的经济制度，其特点是自由贸易及企业主和商人追逐利润，一些理论家由此得出结论：开发财富的根本条件就是追逐利润和自由竞争，国家干预越少，财富增长越快。[②]

与“政治革命”和“工业革命”在发生时间上的相对集中，以及人的凝聚不同，这里所谓的思想文化革命则绵延数个世纪，包括了诸如宗教改革、文艺复兴、法国启蒙运动、苏格兰启蒙运动等一系列重大事件。思想文化革命之最重

---

① 《马克思恩格斯全集》第三卷，人民出版社2002年版，第100页。

② 雷蒙·阿隆：《社会学主要思潮》，葛智强、胡秉诚、王沪宁译，华夏出版社2000年版，第53—54页。

要、最显著的影响，就是长久以来给了世界一个解释、同时也给了人们以终极关怀和生命意义的宗教世界观、价值观的衰落式微，以及相应的世俗的、理性的世界观、价值观的诞生、兴起和传播，由此，人们逐渐改变了对世界的认识理解方式，不再以神秘的、敬畏的、“万物有灵”的目光和心理来面对世间万物，而是以科学的、机械事理的或者说工具性、功利性的方式来看待和认识世界。

总而言之，思想文化革命、政治革命、工业革命，这三大革命彼此交织、相互促进，共同推动了近代以来宗教的衰落和理性主义的、科学的世界观取代神学的世界观，推动了工业社会的诞生、城市化的发展以及与此相应的社会组织结构、社会阶级结构、社会连接纽带、社会交往方式等的变化，推动了国家与社会的分离、社会和政治的平等化、民主化。最后，一言以蔽之，这三大革命推动了现代性的诞生。

二、全球化与现代性的扩张

三大革命推动、促成了现代性的诞生，而全球化，则意味着现代性的扩张。从根本上讲，全球化是现代性的全球化。

吉登斯认为，现代性有四个关键的制度性维度。其一，资本主义，即一个商品生产的体系，它以对资本的私人占有和无产者的雇佣劳动之间的关系为中心，这种关系构成了阶级体系的主轴线。其二，工业主义，其主要特征是在商品生产过程中对物质世界之非生命资源的利用，这种利用体现了机械化在生产过程中的关键作用；同时，工业主义也形成了生产的规范化组织，目的是使人的行为、机器与原材料的投入和产品的产出协调。其三，监督机器，即政治权力通过对信息和社会督导的控制，实现对被管辖人口之行为的监控指导。其四，军事力量，即在战争工业化（暴力工具与工业主义结合）的情景下现代国家对暴力工具的垄断性控制。[①] 而全球化，尽管由于研究者们侧重点及立场的不同，对它存在着各种不同的理解，[②]不过，在最基本的意义上，全球化意味着这样一个事实，即我们越来越生活在“同一个世界”中，个人、群体和国家越来越相互依赖。或者说，全球化意味着“世界范围内的社会关系的强化，这种关系以这样一种方式将彼此相距遥远的地域连接起来，即此地所发生的事件可能是由几千米以外的

① 安东尼·吉登斯：《现代性的后果》，田禾译，译林出版社 2000 年版，第 49—52 页。

② 莱斯利·辛克莱：《相互竞争之中的多种全球化概念》，载：张军学译，梁展编选：《全球化话语》，上海三联书店 2002 年版。

异地事件引起的，反之亦然”[①]。而这种社会关系的强化，同样也体现在或发生在四个维度上：其一是资本主义世界体系的形成；其二是民族国家体系的确立和变革；其三是世界军事秩序也即军事力量的全球化；其四则是工业的全球化发展或者说全球性劳动分工体系的发展。全球化的四个维度，也就是现代性的四个制度性维度。而在每一个制度性维度的背后都存在着可以被称作“文化全球化”的现象，即由通信技术的发展所带动的知识和信息的全球共享。[②]

实际上，早在吉登斯做出上述分析的一个半世纪之前，马克思、恩格斯即在其对于资本主义——值得一提的是，吉登斯不同意将“资本主义”看作现代性之唯一支配性的制度性关系，但承认“资本主义对于较大的现代性框架具有核心的重要性”，[③]而马克思则将资本主义看作是现代世界之“狭隘的资产阶级形式”[④]——的分析研究中指出，人类历史将进入真正的“世界历史”，现代社会必定是个终结以往“各国孤立状态”的世界性的社会。在《德意志意识形态》中，马克思和恩格斯指出，大工业“首次开创了世界历史，因为它使每个文明国家以及这些国家中的每一个人的需要与满足都依赖于整个世界，因为它消灭了各国以往自然形成的闭关自守的状态。……大工业造成了社会各阶级间相同的关系，从而消灭了各民族的特殊性”[⑤]。在三年以后的《共产党宣言》中，马克思、恩格斯进一步明确地指出：“不断扩大产品销路的需要，驱使资产阶级奔走于全球各地。他必须到处落户，到处开发，到处建立联系。资产阶级，由于开拓了世界市场，使一切国家的生产和消费都成为世界性的。……资产阶级挖掉了工业脚下的民族基础。……过去那种地方的和民族的自给自足和闭关自守的状态，被各民族的各方面的互相往来和各方面的互相依赖所代替了。物质的生产是如此，精神的生产也是如此。各民族的精神产品成了公共的财产。民族的片面性和局限性日益成为不可能，于是由许多种民族的和地方的文学形成了一种世界的文学。……资产阶级日甚一日地消灭生产资料、财产和人口的分散状态。……由此必然产生的结果就是政治的集中。各自独立的、几乎只有同盟关系的、各有不同的利益、不同法律、不同政府、不同关税的各个地区，现在已经结合为一

① 安东尼·吉登斯：《现代性的后果》，田禾译，译林出版社 2000 年版，第 56—57 页。

② 安东尼·吉登斯：《现代性的后果》，田禾译，译林出版社 2000 年版，第 61—67 页。

③ 安东尼·吉登斯、克里斯多弗·皮尔森：《现代性——吉登斯访谈录》，尹宏毅译，新华出版社 2001 年版，第 70 页。

④ 《马克思恩格斯全集》第 30 卷，人民出版社 1995 年版，第 479 页。

⑤ 《马克思恩格斯文集》第 1 卷，人民出版社 2009 年版，第 566—567 页。

个拥有统一的政府、统一的法律、统一的民族阶级利益和统一关税的统一的民族。”[1]可以说，在此，马克思、恩格斯天才般地预言了以资本主义大工业生产方式为核心，并由此带动的全球化，即资本主义大工业生产必定是世界性的或者说全球性的生产方式，而由此带动下成为全球性的，则不仅仅是资本主义生产方式，也不仅仅是经济活动，还必然包括与之相联系的文化、政治、军事等。一言以蔽之，全球化是现代性整体的全球扩张。

三、现代性的心理面相

不否认人们的心理体验、情态结构和他们生活于其中的外部客观世界的结构、制度之间的关联，也不否认内在的人格特征、心性趋向与外部社会文化之基本状态、运行逻辑之间的联系，自然地，我们就会认识到，现代性不会仅仅停留于，或者说仅仅体现在外部世界之结构性、制度性层面上，必然也会进入或体现在生活于现代社会之中的人们的心理层面。也就是说，现代性必然会呈现出其心理的面相。

事实上，不少社会理论家都在其关于现代社会和文化的论述中触及、揭示了现代性的心理面相。而从他们的相关论述中，我们可以发现，现代性所呈现之心理的面相与现代性之外部结构性、制度性的维度及其逻辑之间，存在着多种不同的关系。

其一，现代性的心理面相与现代性之外部结构性、制度性维度之间处于一种交互的动力关系之中，即一方面后者催生了前者，另一方面前者又反过来推动着后者的进一步发展。例如，法国思想家托克维尔分析指出，民主的社会状态，也就是身份平等在全世界范围内无可阻挡的到来，是现时代（现代性）的一个基本特征。而向民主的社会状态的迈进，必然会伴随一系列社会心理紊乱，其中最引人注目的三个现象是：第一，个人日益严重的精神孤独，由此导致社会想象力的贫乏和普遍的社会冷漠；第二，对无政府、无秩序状态的恐惧，由此导致对秩序的强迫性企求；第三，对于差异的日益加剧缺乏容忍性，主要表现为对“他者”的畏惧和妒忌，以及近乎反常的压抑感。而这些社会心理现象，反过来又作为一种心理动力进一步推动人们去追求、推动社会走向“无差异”的身份平

① 《马克思恩格斯选集》第1卷，人民出版社1995年版，第276—277页。

等，以及与此相联系的人与人之间的疏离、孤立、社会的原子化等。[①] 特别是托克维尔所指出的第三点，即普遍蔓延的妒忌、对不平等的不容忍或怨愤憎恨。一方面乃是近代以来被大力宣扬，并为广大民众所普遍接受的平等的价值观念，与不可能真正完全平等的现实社会状态之间之紧张冲突的产物；另一方面，这种社会情绪又是无休止地追求“普世无差异”的“平等”的革命激情之重要心理动力的来源。这与后来德国思想家舍勒所分析的“怨恨”是一致的。从根本上讲，作为一种现代性的社会情感，怨恨乃是平等的价值观念与不平等的现实社会结构之间的张力的产物，而另一方面，“使结构性矛盾转化为阶级对抗的东西在很大程度上正是社会阶级成员行动的怨恨感”[②]。除了怨恨，还有自现代以来日益蔓延的焦虑，与现代社会日益增长的不确定性同样处于一种交互的动力关系之中。[③]

其二，现代性之心理面相的某些方面乃是社会成员顺应现代外部客观世界之运行逻辑的结果。最典型的如现代人主观心智的理性化，或者说，理智至上的人格特征，这显然是主体调适自我行为、顺应外部理性化的客观世界的结果。韦伯所谓的“除魅”，即说明了现代人主观心智的理性化，也是世界图像的理性化。所谓“除魅”，与这样一种认识或信念密切相关，或者说就是指这样一种认识或信念：“只要人们想知道，他任何时候都能够知道；从原则上讲，再也没有什么神秘莫测、无法计算的力量在起作用，人们可以通过计算掌握一切。而这就意味着为世界除魅。人们不必再像那些相信神秘力量存在的野蛮人那样，为了控制或祈求神灵而求助于魔法。技术和计算在发挥着这样的功效，这比任何其他事情更明确地意味着理智化。”[④]齐美尔也同样指出，“理智至上”的理性性格是现代人格的典型特征，而这突出地表现在现代人的算计性格中。与以前相比，现代精神变得越来越精于算计、越来越锱铢必较：“大体上，现代人用于对付世界，用以调整其内在的、个人的和社会的关系的精神大部分可称作为算计功能。这些功能的认知理念是把世界设想成一个巨大的算术问题，把发生的事件

① 阿瑟·卡勒丁：《托克维尔启示录：〈论美国的民主〉中的文化、政治与自由》，雷蒙·阿隆、丹尼尔·贝尔等：《托克维尔与民主精神》，陆象淦、金烨译，社会科学文献出版社 2008 年版。

② J.M.巴巴利特：《公民身份、阶级不平等与怨恨》，载：布赖恩·特纳编：《公民身份与社会理论》，郭忠华、蒋红军译，吉林出版集团有限责任公司 2007 年版，第 53 页。

③ 王小章：《论焦虑——不确定性时代的一种基本社会心态》，《浙江学刊》，2015 年第 1 期。

④ 韦伯：《学术与政治》，冯克利译，三联书店 1998 年版，第 29 页。

和事物的规定性当成一个数字系统……(并且)并非只有物质世界才必须由计量和盘算的思想方式来把握;悲观主义和乐观主义一样希望用乐与悲的相互抵消来确立生活价值,其理想就是计算欢乐与痛苦的数量。”①现代人的这种务求精确的计算心理和以前时代那种比较容易冲动、孤注一掷、任凭情感决定的气质全然不同,这是现代人“对付”、适应现代外部世界运行逻辑的结果。

其三,现代性之心理面相的某些方面则是现代人抗拒抵御外部世界的结果,是对外部世界之运行逻辑的反弹或逃逸。也就是说,现代人并不只是作为被外部世界所塑造的客体而一味地顺从其运行逻辑,他同时也是主体性的自我,寻求自我的表达。8 小时之内的行为顺应着机械化、理性化的逻辑,服从管理,恪守纪律;8 小时之外的行为则可能是另一番情形。齐美尔就列举分析了现代个体抗拒抵御外部世界的许多行为表现形态。比如,由于在货币主宰的大都会生活中个性被忽视,现代都市人就忍不住用最怪异的方式,极端夸张的举止,乃至反复无常、矫揉造作的表现来标榜自己,表示自己的与众不同。这说明,在外部世界的日常生活由“越来越多非个人的以及取代了真正个性色彩和独一无二的东西所构成”时,人们为了保存他最个人性的东西就要“最强烈地呼唤独特性;为了仍然可以保持对自我的意识,人们不得不夸大个人因素”②。这是典型的反弹。齐美尔又分析了冒险、旅行、赌博等现代人热衷的活动,描绘了作为“潜在的流浪者”的“陌生人”的体验,所有这一切都有一个共同的特征,即它们虽然存在于这个世界之中,但却在那单调的、理性的(算计的)、压抑的、窒息的日常生活之外,脱离了日常生活的链条和逻辑,使个体获得一种内心心灵的解放和自由。可以说,这是现代主体对外部世界运行逻辑的一种逃逸。

无论现代性所呈现之心理的面相,与现代性之外部结构性、制度性的维度及其逻辑之间,是一种什么样的关系,不能否认的是,这两者之间存在着紧密的联系。而如前所述,今天我们正在经历的全球化从根本上讲乃是现代性的全球扩张。现代性的全球扩张必然也会伴随着其心理面相进入全世界各个不同的民族社会。在反思自二战后一直到 20 世纪 70 年代一直统治着欧洲社会心理学界的“美国式社会心理学”所带来的困境时,泰菲尔曾经认为:“社会心理学要比心理学的其他分支更依赖于它从中诞生的社会的、政治的、文化的背景。”③因

① 西美尔:《货币哲学》,陈戎女译,华夏出版社 2002 年版,第 358 页。(“西美尔”即“齐美尔”)

② 齐美尔:《时尚的哲学》,费勇、吴燕译,文化艺术出版社 2001 年版,第 198 页。

③ See Cohen,D.,Psychologists on Psychology. New York: Taplinger, 1977, 300.

而，社会心理学必须本土化。这当然是正确的主张，但这只是问题的一个方面，在今天的这个全球化时代，还存在着问题的另一面。这就是，如今随着现代性的全球化越来越明显地如当年马克思、恩格斯所预言的那样日益“消灭各民族的特殊性”，作为现代性在心理层面上的表现的社会心理也必然呈现出各民族之间趋同的一面，至少，不同的民族在今天这个一体化的世界中会越来越多地面临共同的社会心理现象或问题，“这”既体现在上面所列举的那些现代社会心理现象上，同样也表现在下面要论述的那些社会心理问题上。

第二节　文化震荡

在现代社会中，很少有人一辈子都生活在一种单一的文化环境中。作为现代性的一个方面，人们常常不得不遭遇异种文化的碰撞与冲击，常常会身不由己地被“抛入”异种文化之中，并且其自身的文化也时刻处于深刻的变迁之中。“文化震荡”就是这种碰撞、冲击与变迁在人们社会心理上引起的反应。

一、文化震荡的基本含义

所谓“文化震荡”，就是指原本生活在某种已经习以为常的文化中的人，或者由于突然接触、面临了某种全然不同的文化，抑或者由于文化自身的急剧变化，总之，在一种近乎被身不由己地“抛入”了全新的文化环境的情形下，而在心理上所产生的巨大的冲击和震撼。在本章第一节开头所引述的道格拉斯·诺斯的虚构中，那个穿越时空来到 20 世纪 50 年代的英格兰的古希腊人，面对这个奇幻的、“不真实”的世界所体验到的那种错愕、慌张、迷茫、晕眩，就是“文化震荡”或者说“文化震惊”(culture shock)的典型写照。

从上面对文化震荡的描述可以知道，造成文化震荡的，可能有两种原因。第一是与异种文化的接触碰撞。早年由于地理大发现和接踵而来的海外拓殖运动，西方殖民者在与各种非西方文化的接触中就曾体验过由此带来的心理冲击和震惊，这一点，我们从当时那些西方殖民者留下的各种记录中就可以看到。同样，在我国晚清时期，在近代中国人开始“走向世界”的早期，那些率先出国接触到西方文化的人也体验过类似的文化震惊，“这”同样可以从他们留下来的海外见闻录中清楚地看到。不少学者，特别是文化人类学者，都曾研究考察过现代西方文化的进入对原始民族、对非西方社会的心理和行为的冲击。不过，尽管研究者都注意到这种文化进入所引起的文化震荡问题，但对于随后之适应的观点却不尽一致。如，H.墨菲认为，不发达国家的精神疾患率的增高与行为变态者的增多是西方文化移入过快的一种必然反应；①而玛格丽特·米德则从对马奴斯文化变迁的考察中得出结论，认为只要人们能够对变动中的文化进行有效的调适，精神的变态乃至心理的巨大震荡都是有可能避免的。②

造成文化震荡的第二种原因是人们生活于其中的文化本身发生急剧而深刻的巨变。美国未来学家阿尔温·托夫勒将这种文化震荡称为"未来的震荡"："未来的震荡是一种时间现象，它是社会变动急剧加速的产物。它是依附在旧文化基础上的一种新文化的附加物，是人们在自己所生活的社会里所遇到的文化震荡。"简言之，那是"人们在一个极短的时间里承受过多的变化之后感到压力重重，晕头转向，不知所措的现象"③。在不断发展的新科学、新技术几乎每时每刻地带来新的事物、新的生产和生活方式的当今世界，未来的震荡应是更加普遍的现象。

而说到"在极短的时间里承受过多的变化"，在今天这个世界上，又有几个国家能与中国社会相比呢？中国社会和文化在这几十年中所经历的巨变，是"开放"所带来的与其他文化的接触碰撞同自身飞速发展所带来的自身文化的深刻变迁结合在一起的变迁（当然，这在今天这个已经全球化的时代已成为必然的现象）。在短短30多年的时间中，也即在一代人的身上，我们经历了西方社会两百多年所经历的巨大而深刻的变迁。这种急剧迅猛的、巨大而深刻的变迁所带给中国人的那种错愕迷茫、五味杂陈，既有欣喜，又有痛切的体验，那种深刻的"文化震荡"，在以往的历史中是无与伦比的，在当今的世界中也是鲜有其俦的。

二、包容与理解他者

从根本上讲，"文化震荡"是人们在与全然不同的、陌生的"他者"骤然遭遇时所产生的一种心理上的应激反应：与异种文化的接触碰撞是与"空间上的他者"的遭遇，自身文化的急剧巨变则是与"时间上的他者"的遭遇。而如果说，作为与陌生他者骤然遭遇的应激反应，文化震荡的产生具有必然性，那么，"震荡"

---

① Murphy, H., Flight and Resettlement, 1955, 309.

② Mead, M., New Lives for Old :Cultural Transformation-Manus, 1928-1953. New York: William Morrow &Co, 1956.

③ 阿尔温·托夫勒：《未来的震荡》，四川人民出版社1985年版，第1页、第6页。

这个词本身也提示我们，这种反应不可能长久地持续。震荡会过去，会平复，但是，如何对待他者，如何与他者相处的问题却在震荡渐渐平复下来后回到了人们面前。

周晓虹曾将人们在社会文化巨变面前的反应取向概括为三种类型，即进取型、守旧型和反社会型。[①] 进取型的人具有较强的再社会化能力，能随着外界事物的变化重新调整自己，能较快地接受新事物、新思想。守旧型的人固守业已形成的价值观念和思维方式，思想保守，以不变应万变，具有很浓的怀旧心理，甚至表现出"偏执狂"式的人格障碍。反社会型的人在发现自己原有的价值观和生活方式已不再适应，而具有适应性的新观念、新生活方式又难以形成时，心头涌起对新的社会和文化形态的强烈不满和敌意，从而表现出越轨或犯罪行为。实际上，这三种反应取向也就是人们在最初的震惊平复之后，如何对待陌生的他者和如何与陌生的他者相处的三种基本的反应类型。显然，在这三种反应类型中，唯有第一种才是置身于现代世界中的一种适应性反应或者说态度。

而真正进取型的人，在面对他者时必然、必定是一个"开明"的人，即开放、理性的人。开放，意味着愿意接纳、包容，而不是一味地拒绝、排斥；理性，意味着愿意通过与他者的接触、交往、沟通而真切地认识和理解他者，而不是闭目塞听、盲目仇外。实际上，在与他者的相处上，开放的胸怀和理性的态度是彼此联系、相辅相成的：有开放的胸怀，才会愿意去真切地认识、理解他者；而真切的认识和理解，反过来则会增进对他者的包容与接受，即使不完全认同，也会比较愿意与之和平相处。在这方面，我国晚清时期那些率先走出国门，"走向世界"接触西方文化的人为我们提供了典型的例子，比如 1876 年的驻英副公使刘锡鸿。刘锡鸿原本也跟当时大多数中国人一样，认为西方是"夷狄"，但是他愿意去认识、理解西方，于是在他到伦敦的两个月后，就在其《英轺私记》中写道："经过详细考察，我觉得除了父子关系和男女关系两个方面以外，这里的风俗和政治都可以算得很好。没有不勤于职守的官员，也没有游手好闲的百姓。人民和政府之间比较融洽，法律并不暴虐残酷，人们的性情也很诚恳直率。两个月来，我出门的次数很多，见到居民的表情都很安详快乐。可见这个国家不仅仅是富足和强大而已，我们不应该再把它看作过去的匈奴、回纥了。"[②]当然，在那个时代，具有刘锡鸿那样意识的人自然是少数，甚至只是凤毛麟角。但是，在今天这个飞

① 周晓虹：《现代社会心理学——多维视野中的社会行为研究》，上海人民出版社 1997 年版，第 529 页。

② 转引自钟叔河：《书前书后》，海南出版社 1992 年版，第 99 页。

速发展的社会几乎每时每刻都在带来"时间上的他者"、而全球化则已几乎使每一个稍大一点的城市都成了"联合国"的时代，具有这种心理和意识的人无疑已不再只是少数。就此而言，对他者的理解与包容实际上也是人们不得不与他者共处的结果，这从费斯汀格认知失调理论的角度来看，也是可以理解的：当人们面临无可回避的现实时，人们往往会说服自己去接受现实。

三、从"各美其美"到"美美与共"

如上所述，今天，全球化已几乎使世界上每一个稍大一点的城市都成了"联合国"，人们不得不与来自其他文化的人（也即横向空间上的"他者"）共处。这种与异种文化之无可回避、不得不然的共处，在一般普通社会成员那里固然促使了更多的人对异种文化采取理解、包容的态度。但是，在理论上，关于异种文化之间的接触碰撞会导致什么以及异种文化之间如何相处的问题则存在着两种不同的观点和立场。

一种观点以美国学者塞缪尔·亨廷顿的"文明冲突论"为代表。亨廷顿认为，"文明"由建立在共同经历，特别是历史、宗教、语言和习俗之上的种族、国家或民族所拥有的最广泛层次的文化认同构成。在后冷战时期，无论意识形态冲突还是民族国家之间的斗争，都将不再像冷战时期那样影响全球的政治活动，相反，未来的冲突将主要在不同文明之间展开，特别是在西方文明和以伊斯兰教和儒家思想为轴心的非西方文明之间展开。将非西方文明捆绑在一起的，是它们对西方国家历史上的共同憎恨，同时，当今世界范围内的一系列变化，尤其是现代化和全球化也在强化这种"文明意识"。需要指出的是，尽管亨廷顿在做出上述判断时出之以客观诊断的言辞，但实际上，他是在为西方世界如何在后冷战时代、同时也是全球化的时代应对非西方文明指向支招，这一点，他在为《文明的冲突与世界秩序的重建》一书的中译本所写的"中文版序言"中表现得尤为清楚，他承认，他的文章为后冷战时代的世界政治提供了一个"思维框架"。①

与亨廷顿不同，费孝通提出了另一种在今天这个全球化时代不同文化之间如何相处的思想。1990 年 12 月，费孝通先生在其八十寿辰的聚会上，意味深长

---

① 塞缪尔·亨廷顿：《文明的冲突与世界秩序的重建》，周琪等译，新华出版社 1998 年版，"中文版序言"。

地讲了16字箴言："各美其美，美人之美，美美与共，天下大同。"[①]"各美其美"，是指各民族要在"文化自觉"，即清楚地认识和把握自身文化之性格特征的基础上，培育和强化自身文化认同，尊重、守护并发展好自己的文化传统。"美人之美"，是指要尊重其他民族文化，承认世界文化的多样性，并懂得欣赏不同民族的文化。"美美与共，天下大同"则意味着，只有维护世界的文化多元性，并加强不同文化之间的交流、互动、沟通和融合，才能推动人类文明的发展，实现世界文化的繁荣。16字箴言，以高度概括的方式体现了在全球化时代不同文化如何共处这一问题上的中国思维或者说中国智慧。

曾经，世界上的各个民族在几乎不知有其他不同文化存在的情况下按部就班地过着自己的日子，品味着自己的生活，"各美其美"，而不存在"美人之美"或"恶人之美"的问题，而在现代化、全球化已不可避免地将世界上各种不同文化拉到了一起的今天，人们不仅要懂得"各美其美"，而且还要学会"美人之美"，要努力去推动和促成"美美与共，天下大同"。在此意义上，从"各美其美"到"美美与共"所反映出的，正是现代性的推进在文化认知和文化认同上带给人们的影响。

第三节　代际关系的变革

"即使在不久之前，老一代仍然可以毫无愧色地训斥年轻一代：'你应该明白，在这个世界上我曾经年轻过，而你却未老过。'但是，现在的年轻一代却能够理直气壮地回答：'在今天这个世界上，我是年轻的，而你却从未年轻过，并且永远不可能再年轻。'"[②]文化人类学家玛格丽特·米德的这段话也许包含了过多的情感色彩，但她无疑以极其凝练的方式向我们揭示了社会文化的现代变迁给代际关系所带来的深刻影响。

---

① 2014年6月28日，习近平主席在和平共处五项原则发表60周年纪念大会的讲话中也引用了这16字箴言，指出：我们应该把本国利益同各国共同利益结合起来，努力扩大各方共同利益的汇合点，不能这边搭台、那边拆台，要相互补台、好戏连台。要积极树立双赢、多赢、共赢的新理念，摒弃你输我赢、赢者通吃的旧思维，"各美其美，美人之美，美美与共，天下大同"。

② 玛格丽特·米德：《文化与承诺：一项有关代沟的研究》，周晓虹译，河北人民出版社1987年版，第74页。

一、代际关系的社会和文化基础

“代”,既有生物学的含义,又有社会性、历史性的含义,并且,随着历史向近现代的迈进,其社会性、历史性的含义越来越显著,越来越占据主导地位。这一点,从英文“generation”一词之意涵的变化就可以看出。英文“generation”可追溯的最早词源为拉丁文“generare”,其意义是繁衍自己的种族。在“generation”的早期用法中,其含义主要指源自同一父母的后代、子孙。在其后的演变中,词义一直朝向社会性、历史性的含义发展,尽管一直到18世纪中叶之前,“generation”之特别具有影响力的现代意涵——独特的人群或一种独特的观点——还一直没有受到重视,这种意涵的真正普及要到19世纪中叶。19世纪末期,在关于“第一代移民”(first generation)、“第二代移民”(second generation),尤其是美国移民的讨论中,其社会性、文化性、历史性意涵进一步强化,而其生物学意义则越来越淡薄。到20世纪30年代,又出现了“空袭世代”(The air-raid generation)以及“世代意识”(generation-conscious)的概念。特别是后者,到20世纪50年代时,“世代意识”实际上已隐隐包含着“代沟”(generation gap)的意思。从60年代开始,“generation”一词还进一步被用来描述一系列产品的世代,如第一代产品、第二代产品,在这种用法中,其生物学的含义已完全消失无影了。从上述generation词义的演变中,我们可以清楚地看到生物学意义不断减少乃至消失,而社会性、文化性意义不断强化、扩大的进程。而之所以会如此,“其中一个原因就是:在一个极速变迁的时代里,它指(generation——引者)所涵盖的时间很可能缩短,甚至很可能少于生物世代的时间”①。

正如“代”既有生物学的含义,又有社会性、文化性的含义,“代际关系”同样虽有生物学因素的影响,但更受到社会性、文化性因素的影响。只要我们承认所谓“人”主要不是指其作为一个生物有机体的存在,而是指其作为社会、文化塑造的产物的存在,我们就不能否认这一点。实际上,即使是传统的“父慈子孝”“敬老爱幼”,也不完全取决于生物基础,更是社会、文化教化的结果。至于自近现代以来,随着社会、文化的变迁越来越迅速,正如“代”的社会性、文化性含义变得越来越显著,对于代际关系而言,社会性、文化性因素也越来越成为人们关注的主要影响因素。“文化的急剧变动会产生上一代人与下一代人之间的种种差异。他们之间的种种差异可比之于文化与文化之间的种种差异。在这

---

① 雷蒙·威廉斯:《关键词:文化与社会的词汇》,刘建基译,三联书店2005年版,第195页。

一差异里，有一群属于上一代，他们持有显而易见的一种态度；另一群人属于下一代，他们持有着显而易见的另一种态度。”[①]质言之，今天代际关系之引起关注，主要是出于社会文化的飞速变化必然带来生长在不同时代的人们所经历的社会化过程的巨大差异，社会化过程的巨大差异则不可避免地带来不同代的人之间在价值观、行为方式、人格特征等方面的巨大差异，进而带来他们相互之间对对方的观感、态度、行为的变化。

二、代际关系的断裂与对峙

如上所述，社会文化的飞速变化必然导致在不同时代生长起来的人们在价值观、行为方式、人格特征等方面的巨大差异，当这种巨大差异使代际关系呈现为彼此断裂与对峙的形态时，人们便以“代沟”来形容之。许多人常把“代沟”与亲子关系中当子女处于青春期时特别容易表现出来的亲子冲突混淆起来，实际上，这两者之间虽有联系，但其所指是有区别的：常见于子女青春期时的亲子冲突与青春期特定的生理、心理因素有关，而“代沟”则主要意指由社会文化的急剧变迁而导致的两代人之间在价值观、生活态度、行为方式上的断裂与对峙。

较早关注到现代社会中之代沟现象的有美国人类学家杰弗里·戈杰和我国社会学家费孝通。戈杰观察到，由于迁徙到了新的环境中，美国的父辈丧失了欧洲的父辈所具有的权威性，因此常常会遭受更能适应新生活的儿子的拒斥。[②] 而费孝通则在 20 世纪 40 年代的《生育制度》中，辟出专章论述了中国社会由于新旧两种文化的交锋引发的亲子两代人之间的隔膜和冲突：“子女可以时常觉得父母的过分干涉，没有道理，甚至感到压迫，父母是代表着吃人的礼教。在父母看来，子女不能体恤他们，倔强，不肯顺服，进而觉得是悖逆，不孝，大逆不道的孽障。”[③]到 20 世纪 60 年代，台湾作家李敖以一篇《老年人与棒子》，用更激烈的言辞和姿态将现代社会中两代人之间的紧张与冲突分析暴露于世人之前：对于那些拿着“莫须有的棒子”“落了伍的棒子”或“不放手的棒子”的老年人，“有些急进派的年轻人实在看不惯。他们对‘老罴当道卧’的局面感到难以容忍。他们未尝不想自己去另外找棒子，可是老年人慢腾腾地‘跑’在前面，

① Mead, Margaret, “Culture Change and Character Structure”, In: Maurice R. Stein and Others(ed.), Identity and Anxiety, 1962, 90.

② Gorer, G. The American People: AStudy in National Character. New York: W. W. Norton and Co., 1948, Chaps. 1 and 2.

③ 费孝通：《乡土中国　生育制度》，北京大学出版社 1998 年版，第 208 页。

既碍了路，又挡住了视野，于是年轻人想到还是干脆去抢棒子。可是，怪事就在这儿。十次有九次，他碰到的是一位饭斗米肉十斤的腹负将军，或是一位狡猾无比的痴顽老子。除了被饱以老拳之外，连接棒预备队的资格也要丢掉了”①。

关于现代社会中代际紧张和冲突的最有影响的研究，则无疑要数同在1970年于美国出版的两部专著：其一是社会学家查尔斯·赖克的《美国的返青》；其二是文化人类学家玛格丽特·米德的《文化与承诺：一项有关代沟问题的研究》。在《美国的返青》中，赖克将美国传统的中产阶级价值观和美国官方所倡导的价值观分别称为“第一意识”和“第二意识”，与此相应，他认为年轻一代形成了一种和他们的父辈不同的意识即“第三意识”。“第三意识的年轻人不费力地看出政治上的虚假和不诚实，建筑和都市计划的丑陋和徒有其表。因此，年长的一辈应该重新接受再教育，以使他们同样具有这种洞察能力。”②。赖克预言，第三意识最终会导致一场发生在价值观方面的“沉默的革命”；随着第三意识成为社会的主导意识，美国将经历一次普遍的“返青”。而玛格丽特·米德则认为，表现于20世纪60年代后期欧美青年运动中的代与代之间的矛盾和冲突，主要来源于文化传承上的变化和差异。着眼于文化传承的方式，米德将整个人类文化划分为三种基本类型：前喻文化、并喻文化和后喻文化。“前喻文化，是指晚辈主要向长辈学习；并喻文化，是指晚辈和长辈的学习都发生在同辈人之间；而后喻文化则是指长辈反过来向晚辈学习。”③前喻文化，即所谓“老年文化”，是一切传统社会的基本特征。并喻文化，从根本上来说是一种过渡性质的文化，它肇始于前喻文化崩溃之际。后喻文化，即人们所称的“青年文化”，它的出现与人类社会在第二次世界大战后的迅猛变化有关，正是这种变化使得年长者的经验不可避免地丧失了传喻的价值，人类将自己所熟知的世界抛在身后，开始生活在一个完全陌生的新时代中：“今天，无论年轻人生活于其中的社会是多么的遥远和简单；整个世界却没有哪一处的长辈知道晚辈所知道的一切。过去存在若干长者，凭借着在特定的文化系统中日渐积累的经验而比青年们知道得多。但今天却不再如此。不仅父辈已不再是人生的向导，而且根本不再存在向导，无论是在自己的祖国还是在整个世界，人们都无法找到指引人生

① 转引自殷海光：《中国文化的展望》，中国和平出版社1988年版，第204页。

② Reich, Charles, A., The Greening of America. New York: Bantam Books, Inc., 1970, 283.

③ 玛格丽特·米德：《文化与承诺：一项有关代沟的研究》，周晓虹译，河北人民出版社1987年版，第27页。

的导师。没有任何一位长者能够知晓在这20年里成长起来的年轻一代对他们生活于其中的世界有何了解。……古往今来，没有任何一代曾经目睹能源形式的变化、通信手段的更替、人性定义的反复，能够敏悟宇宙开发的限制，有限世界的确定性，以及生与死的不可悖逆；没有任何一代能够了解、经历和吸收在他们眼前发生的如此迅猛的变革。"[①]在时代的剧变面前，老一代不能舍旧和新一代唯恐失新的矛盾，不可避免地酿就了两代人的对立与冲突，也造就了年长一代的"落伍"。立足于此，米德宣称："现代世界的特征，就是接受代与代之间的冲突，接受由于不断的技术化，每一代的生活经历都将与他们的上一代有所不同的信念。"[②]

三、代际关系的重塑

在社会、文化飞速变化的现代世界，不同代的人之间在价值观、生活态度、行为方式上必然出现巨大的差异和分歧，就此而言，传统的代际关系在今天这个时代里必然要经历重塑。不过，重塑的方式和方向则取决于我们对以下两个问题的认识和态度。

第一，如何认识、看待社会文化的飞速变化带给不同代的人之间在价值观、生活态度、行为方式上的差异？也即所谓的"代沟"究竟是不可逾越的绝壑，还是可以蹚过的河沟？前述赖克和米德的著作将关于代沟的研究推向了高潮，但同时也有人指出，他们的言辞过度地渲染了代与代之间的对立与冲突。阿德尔森就曾引用美国《幸福杂志》对18～24岁的年轻人进行的一项民意测验，其结果表明，80%以上的年轻人认为，他们与自己的父母在价值观方面并不存在重大差异。[③] 费孝通先生年轻时也曾充满激情地说："牛顿花了一生才发明的物理定律，现在的大学生一星期就学会了。"[④]这固然是不容否认的现实，但同样不容否认的现实是，亚里士多德的《物理学》固然如今已没有人再来膜拜，但他的《政治学》却依旧是今天的学者们皓首穷经研究的对象。这表明，在人类历史的发

---

① 玛格丽特·米德：《文化与承诺：一项有关代沟的研究》，周晓虹译，河北人民出版社1987年版，第85—86页。

② 玛格丽特·米德：《文化与承诺：一项有关代沟的研究》，周晓虹译，河北人民出版社1987年版，第72页。

③ Adelson, J., "What is Generation Gap?" The New York Times Magazine, 1970, Jan. 18.

④ 费孝通：《美国与美国人》，三联书店1985年版，第85页。

展进程中，社会文化固然在不断地变化，但在这变化中，始终有着共通、连续的东西存在。与此相应，不同代的人之间固然会由于社会文化的变迁而形成价值观、生活态度、行为方式上的差异，但由于那共通的、连续的东西的始终存在，代与代之间也始终存在着沟通联系的通道桥梁。“无论是多么深的沟，最下面总是两边相连的，不然就不是沟而是分成两半了。”①既然代与代之间始终存在沟通联系的通道桥梁，那么，代际关系的重塑也就不应该只是停留于“接受代与代之间的冲突”，更不应该引向对立冲突，而应该在新的基础上重建代与代之间的和谐。

第二，如果所谓的“代沟”并非是不可逾越的绝壑，而是可以蹚过的河沟，那么，着眼于“在新的基础上重建代与代之间的和谐”，作为站在“代沟”之两岸的当事人，该如何对待和处理由社会文化的飞速变化而不可避免地带给他们之间在价值观、生活态度、行为方式上的差异，该如何认识、面对自身和对岸的另一方？可取的态度恐怕只能是，首先，承认并接受这种差异的必然性，把这种差异的存在看作正常的、合理的现象，就像将男女两性的差异看作是自然的现象一样。其次，双方分别都不以敌意的情绪将对方看作是异己的对立方，不将对方看作是对自己的否定，而是看作对自己之欠缺的补充：年长的一代从年轻的一代那里去吸取新的知识和技能，年轻的一代从年长的一代那里去传承传统的人生智慧和社会经验。毕竟，不同代的人们必须、也只能生活于同一个世界中，必须、也只能去适应这个由他们共同构成的世界。实际上，回顾以往半个世纪的历史，我们可以看到，这不仅仅是一种选择上的“应然”，在历史的发展进程中，也已经成为现实社会生活中的实然。在“代沟”现象初现的时刻，当事双方对此现象所表现出来的愕然本是自然现象，就像一直以来生活在一种单一文化传统中的人忽然遭遇来自异种文化的人一样，但随着时间的推移，随着当初的新现象变成生活中的老常态，人们自然而然地会慢慢地适应它，自然而然地掌握了如何应对它，于是当初面对代沟时的那种不适的体验，也就慢慢地转化成了现代世界代际关系的基本生活经验。

第四节　社区感的松弛与网络社会心理

如果说，“文化震荡”主要体现了现代社会变迁对不同文化间之横向关系的

---

① 金克木：《代沟的底层》，《读书》，1989年第6期，第72页。

影响，代际关系的变革体现了这种变迁对于历史纵向维度上人与人之间关系的影响，那么，接下来要讨论的社区感的松弛与网络社会心理，则体现了现代社会变迁对于人与地域空间之间关系的影响。

一、"脱域"与社区感的松弛

德国社会学家齐美尔曾在其《货币哲学》这部巨著中分析了货币所造成的主体与其财产在空间上的分离。[①] 实际上，这种分离作用，也就是所谓"脱域"机制。作为吉登斯所说的现代性扩张的三个动力机制之一，"脱域"机制指的是社会关系从彼此互动的地域性和时间性关联中"脱离出来"。吉登斯具体分析了两类包含于现代社会制度发展之中的脱域机制。第一是"象征标志"，即"相互交流的媒介，它能将信息传递开来，用不着考虑任何特定场景下处理这些信息的个人或团体的特殊品质"。货币就是这样一种象征标志，它将产品与产品的交易从具体的交换环境中抽脱出来，从而成为时—空伸延的工具，使得在时间和空间中分隔开来的商人之间的交易成为可能。第二是"专家系统"，即"由技术成就和专业队伍所组成的体系"，在现代社会中，它"通过跨越伸延时—空来提供预期的'保障'"，从而同样把社会关系从具体的地域情景中抽离出来。[②]

正是这种脱域机制，一方面使人与人之间的社会关系脱离了地域空间的限制而大大拓展，走向一体化、全球化；另一方面，也使得在现代社会中各种法规、政策以及其他治理措施直接以个体为执行对象成为可能，从而帮助推动了社会和生活的个体化。在这种一体化和个体化双重挤压、消解之下，作为地域性社会生活共同体的社区逐渐地、无可避免地走向式微，人们的社区意识也随之松弛、淡漠。实际上，从社会学的经典时代起，一直到今天，许多理论和经验研究都不同程度地在提示我们这一点。早一些的，如滕尼斯、齐美尔以及法国社会学家涂尔干。滕尼斯指出，随着社会联结由"Gemeinschaft"("社区"或"共同体")向"Gesellschaft"("社会")转变，交往的"本地网络"必将为"异地网络"替代，地方性的小共同体必将走向跨地区的，甚至世界性的大共同体。齐美尔则更直截了当地指出："如果社会学想用一种简明的方式表达现代与中世纪的对立，它可以做如下尝试。中世纪的人被束缚在一个居住区或者一处地产上，从属于封建同盟或者法人团体；他的个性与真实的利益群体或社交的利益圈融合在一起，这些利益群体的特征又体现在直接构成这些群体的人们身上。现代摧

① 齐美尔：《货币哲学》，陈戎女等译，华夏出版社 2002 年版，第 256—257 页。

② 安东尼·吉登斯：《现代性的后果》，田禾译，译林出版社 2000 年版，第 18—25 页。

毁了这种统一性。现代……使个性本身独立，给予它一种无与伦比的内在和外在的活动自由。"[①]而涂尔干则认为，随着历史的不断伸展，那些"建立在地方集团基础上的组织"，将一步步走向穷途末路。"地理上的划分纯粹是人为的，根本无法唤起我们内心中的深厚感情，那种所谓的地方精神已经烟消云散，无影无踪。……我们的行动已经远远超出了（地方）群体范围，我们对（地方）群体范围所发生的事也反应冷淡，一切都因为群体的范围太狭窄了。"[②]稍近一些的，如芝加哥城市社会学派，该学派的主将帕克通过对城市社区深入细致的实证研究指出，除了某些种族聚居区，"在城市环境中，邻里关系正在失去其在更简单更原始的社会形态中所具有的重要性"，"在那里，成千上万的人虽然居住生活都近在咫尺，却连见面点头之交都没有，初级群体中的那种亲密关系弱化了，依赖于这种关系的道德秩序慢慢地解体了"。居民与地方的联系变得越来越松弛，他们虽住在同一地方，却互不相干，甚至互不相识。[③] 再如城市社会学"亚文化学派"的代表菲雪尔。尽管菲雪尔关于城市社会生活的观点在许多方面与芝加哥学派不同，但是在认为邻里社区的重要性在现代城市生活中日益趋于没落这一点上却有着异曲同工之妙。菲雪尔认为，居处相近的邻里社区对于人们生活的意义取决于三方面的条件：一是"功能必要性"，即居住于同一地方的人们需要共同行动来满足某些地方性的需求；二是居住于同一地方的人们除了居处相近之外互相之间还存在着其他的关系，如亲戚关系、同事关系、同族关系等；三是与外界联系的困难。但是，在现代都市中，随着满足社区内部的各种功能需求的责任越来越多地由更高层次的市政当局来统一承担，随着住房市场的扩大，人们选择居住地方的自由越来越大，随着人们与超越于狭隘社区的外界的联系越来越方便，上述这些条件都越来越趋于弱化甚至不复存在了。于是，地方性的邻里社区在居民生活中也就越来越无足轻重，居民的社区意识或者说社区感越来越淡漠。[④] 而最近的、在全球化的背景下以更极端的语言表达与上述同样的观点的则可能就是英国社会学家马丁·阿尔布劳了。他指出，资本主义

---

① 齐美尔：《金钱、性别、现代生活风格》，刘小枫编，顾仁明译，学林出版社 2000 年版，第 1 页。

② 埃米尔·涂尔干：《社会分工论》，渠东译，三联书店 2000 年版，"第二版前言"第 40 页。

③ Park, R. E., "The City: Suggestion for Investigation of Human Behavior in the Urban Environment", In: R. Sennet(ed.) Classic Essays on the Culture of Cities. New York: Appleton-Century-Crofts, 1969, 91-130.

④ Fisher, C. S., The Urban Experience. New York: Harcourt Brace Jovanovich, 1984, 131-137.

所带来的必然结果，早已使作为社会经济生活的一种原则的地域性成为明日黄花，家与工作的分离在现代早期就已发生，如今，社会生活已经完全非领土化(deterritorialization)了。从社会性的意义上讲，地域性已不再具有任何明确无误的重要意义。在全球化时代，共同体(community)是没有地方性的中心的，它已和地点脱钩。如果想表明在全球化条件下居住在同一区域中的人们之间的关系的特点，最好是把他们叫作“互不相关的邻里”。① 总之，借用吉登斯的话来说，现代社会的“脱域”机制已经逐步地将人们的社会关系，从它们所处的特殊的地域情境中提取了出来。

二、网络与虚拟社区

在传统现实社区(real community)的社区感日益松弛、淡薄的同时，与网络技术——一种属于吉登斯所说的“专家系统”的脱域机制——发展紧密相连的虚拟社区(virtual commnity)则日益兴盛起来。

早在20世纪90年代之前，计算机技术行业的专家就预言，未来不会是个人—计算机的天下，而会是以·个联系全球的计算机系统——互联网——为主宰，通过这个网络，人们可以迅速了解发生在其他地方的事情，也可以自由传递、表达自己的信息和观点，而且这个网络不属于任何个人或公司。② 今天，当年的预言早已成为现实。互联网已经极大地改变了人们的生活，而“虚拟社区”的发展兴盛，就是这种改变的一个表征。

从最初的起源上讲，最早的“虚拟社区”出现于互联网形成之前。1978年，在芝加哥地区的计算机交流会上，克里森(Krison)和罗斯(Russ Lane)一见如故，经常在各方面进行交流合作。但两人并不住在一起，有些问题电话中又很难表达清楚。于是他们就借助于当时刚上市的调制解调器(Modem)将他们家里的两台苹果Ⅱ通过电话线连接在一起，形成了世界上的第一个BBS，这可以说是最早的虚拟社区。不过，虚拟社区之真正的发展兴盛，则无疑与后来互联网技术的飞速发展分不开。这一点，只要看看研究者们对于“虚拟社区”的界定就很清楚了。尽管，许多研究者从各种不同的角度提出了各自的理解和表述，但对虚拟社区的本质却有着基本一致的认识，也即都认为，虚拟社区存在于与日常经验的物理空间不同的电子网络空间(cyberspace，也译作“赛博空间”)，社

---

① 马丁·阿尔布劳：《全球时代：超越现代性之外的国家与社会》，高湘泽、冯玲译，商务印书馆2001年版，第246—249页。

② 安东尼·吉登斯：《社会学》，赵旭东等译，北京大学出版社2003年版，第594页。

区的居民是"网民"(netizen),他们在一定的网络空间围绕共同的需要和兴趣展开交流沟通等活动,并且形成共同的文化和对社区的归属感、认同感。①

虚拟社区具有现实社区的基本要素,如一定的活动区域(BBS、聊天室、网上论坛等),有一定数量的居民(网民),居民之间存在较频繁的互动,等等。当然,与现实社区相比,虚拟社区更有着其自身的一系列特点。一般认为,虚拟社区的特点包括:(1)人际交往的超时空性。通过网络,人们之间的交流不受地域的限制,你可以和世界上任何地方的人畅所欲言,在网络交往中,身体的不在场取代了传统人际交往中的在场。(2)人际互动的匿名性和彻底的符号性。在虚拟社区里,成员是匿名的,彼此之间看不到对方的"庐山真面目",他们可以随意选择进入社区的身份标识,性别、年龄、种族等各种身份区别失去了实质意义。于是,在网络交往中,他们不仅仅只是"使用符号"进行交流沟通,而且本身也化为符号。(3)人际关系的松散性和社区群体成员流动的频繁性。(4)自由、平等、民主、自治和共享的活动准则。虚拟社区成员的身份获得不受地域、年龄、性别、职业等因素的局限,成员之间基本上都是平等的关系;由于匿名性,现实社会里的地位等级近乎消解;成员共享社区文化和资源;同时虚拟社区实行民主化与自治性的管理,允许每个成员充分发挥其自主性、创造性。②

三、虚拟社区中的人类行为

在很大程度上,正是虚拟社区的上述这些特点,造成了虚拟社区中人类行为的一些不同于现实社区中的特别表现,以及相应的特定效应。

如上所述,虚拟社区中的人际交往具有超时空性、匿名性的特点,这种特点直接影响到人们在虚拟社区中的自我呈现或者说自我披露。研究表明,在网络虚拟社区中,人们的自我表现通常采用自我增值的方式以夸大个人的吸引力。而这种自我披露又直接关系到个人在虚拟社区中人际关系的发展。进一步的研究表明,自我信息披露的数量和意愿通常会增强网络人际关系,但自我披露的真实性反而可能会阻碍关系的发展。对社交技能较低的青少年而言,网络在线交流给了他们一个发展正常有益的友谊关系的平台。匿名和异步通信允许

---

① 韩洪涛:《对网络虚拟社区的社会学考察》,《洛阳工业高等专科学校学报》,2006年第3期。

② 郑杭生主编:《社会学概论新修》,中国人民大学出版社2003年版,第292—293页;韩洪涛:《对网络虚拟社区的社会学考察》,《洛阳工业高等专科学校学报》,2006年第3期;无名氏:《虚拟社区》,http://baike.sogou.com/v269047.htm。

低社交技能的个人透露更多的个人信息，有效应对其他朋友的意见，并认真准备他们的发言内容。研究还表明，虚拟社区中人际互动的超时空性、匿名性、异步性，还有助于提高虚拟群体团体工作的效率和创造力。原因是：(1)网络互动的参加者可以匿名参与，他们的邮件信息简洁，这使他们降低了被评估的压力，增加了整合信息的可能性。(2)网络的团体互动功能高，增加了人们分享其他人的信息的可能性。在面对面的会议中，往往是几个领导成员占讨论的主导地位，这种情况在虚拟世界中往往很少发生，这就使得每个人的意见都会有平等的方式被其他人所了解和接受。①

自由、平等、民主、自治和共享是虚拟社区的活动准则，同时，人际互动的匿名性也为人们在虚拟社区中的言行创造了更多的自由空间，使他们在较大程度上摆脱了现实社会中真实身份的羁绊以及相应的顾忌。在虚拟社区中，人们往往比在现实社会中更加能够、也愿意表达自己的真实感受和意见。也正因此，从 20 世纪 90 年代末到 21 世纪最初的十年间，许多有着比较良好教育的中国公民在赛博空间找到了自己的公共表达方式，使网络成为中国一个比较有效的公共舆论空间。

但也正因为虚拟社区中人际互动的匿名性和彻底的符号性，人们在虚拟社区中往往会降低对自身言行的自我约束，从而产生各种网络越轨行为，如网上欺诈、网络暴力、网络群体性事件以及形形色色的网络有组织犯罪，等等。

最后还值得一提的是人们在虚拟社区中的行为和其在现实社会中之行为的关系。在此须注意两点。其一，从根本上讲，人们在虚拟社区中的行为机制与在现实社会中的行为机制并没有本质上的不同，之所以发生于两者之中的具体行为不同，无非就是行为所发生的环境条件或者外部约束因素发生了变化。其二，在肯定上述第一点的基础上，也要看到，人们在网络虚拟社区的行为会影响其在现实社会中的行为，如线上共同体也会演变成线下共同体，而一个沉迷于网上人际交往的人则可能影响到其网下现实社会中的人际交往能力。

---

① 参见彭凯平、刘钰、曹春梅、张伟：《虚拟社会心理学：现实，探索及意义》，《心理科学进展》，2011 年第 7 期。

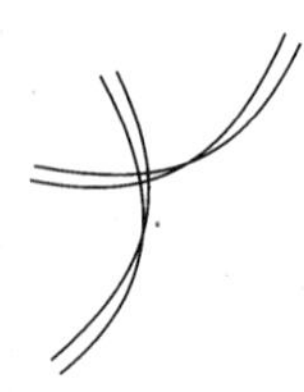

后　记

本书先由我拟定基本体例结构和详细的章、节、目写作提纲，再交由各位参与者分头写出初稿，最后再由我进行统改定稿。在统稿过程中，我对各章节作了程度不等的修改、调整和补充。

承担本书各章节写作的各位作者分别是：

王小章（杭州师范大学政治与社会学院教授）：导论、第二章、第五章第5节；

陈姣姣（浙江大学社会学系）：第一章；

巫微涟（浙江大学社会学系）：第三章第1—4节；

郎晓波（中共杭州市委党校）：第四章、第五章第1—4节；

陈建胜（浙江财经大学）：第六章、第七章；

冯　婷（浙江省委党校）：第三章第5节；

孔　一（浙江警官职业技术学院）：第五章第6节。

王小章

2018年2月